本书为2016 年度教育部人文社会科学重点研究基地重大项目
“高考制度改革研究”（16JJD880029）之成果

高考制度变革综论

刘海峰 著

浙江教育出版社·杭州

总 序
FOREWORD

高考是中国教育改革的关键环节，而整个考试招生制度又是以高考制度为核心的。2014年8月29日，中共中央政治局会议审议通过了《关于深化考试招生制度改革的实施意见》。会议指出，考试招生制度是国家基本教育制度，是人才培养的枢纽环节，关系到国家发展大计，关系每一个家庭的切身利益，关系亿万青少年学生的前途命运。改革开放以来，我国教育考试招生制度不断改进，为学生成长、国家选才、社会公平作出了重要贡献。这是对以高考为核心的考试招生制度的重要而精练的评价。

2014年9月4日，国务院发布《国务院关于深化考试招生制度改革的实施意见》，进一步指出：考试招生制度“对提高教育质量、提升国民素质、促进社会纵向流动、服务国家现代化建设发挥了不可替代的重要作用。这一制度总体上符合国情，权威性、公平性社会认可”。这份纲领性文件充分肯定了考试招生制度的功能与作用，强调了改革开放以来考试招生制度改革取得的成就，是一个实事求是的基本判断。确实，以往高考在科学选拔人才、保证高校生源的质量，促进学生努力向学、提高民族文化水平，维护教育公平、稳定社会秩序，促进社会流动、保持社会活力等方面，一直起着重要的作用。改革开放30多年来，我国基础教育水平的提高、经济的腾飞、社会的发展，都与高考的恢复和改革密不可分。经过高考选拔的人才在接受高等教育后成为国家各行各业的骨干力量和栋梁之材，推动了中国经济的飞速发展，高考制度的积极意义应该充分予以肯定。

同时，该实施意见也指出了目前考试招生制度存在的弊端：“主要是唯分数论影响学生全面发展，一考定终身使学生学习负担过重，区域、城乡入学机会存在差距，中小学择校现象较为突出，加分造假、违规招生现象时有发生。”高考制度也确实存在很多局限性，因为竞争性的统一考试会诱发应试的顽症，如造成学生学习时间长、体育锻炼少、一定程度的偏科、只重分数不重平时表现，等等。虽然各种教育文件中都明文规定全面考核学生的德、智、体、美，择优录取，但在实际操作中，基本上是以“智”即高考分数来衡量学生的。尤其是平行志愿录取模式，更是将分数的重要性推向极致。在某些人口大省，高考分数集中的分数段，提升一分就可能超越千人，因此学生更是竭尽全力地追求分数。

为了克服应试造成的弊端，必须对高考制度进行变革。作为人们共同遵守的办事规程或行动准则，制度一旦形成，便具有一定的稳定性和刚性的约束力。高考制度的利弊都很显著，要对长久以来形成并得到多数民众拥护的高考制度进行变革，具有很大的难度，任何微小的变动都会引起全社会的关注。如何使高考制度与国家人才培养和社会人才需求有机结合起来，使之高效地服务于新时期国家社会经济的发展，是一个全局性问题。因此，必须在长远规划和全面研究的基础上，积极稳妥地推进高考制度变革。

2017年是进行高考综合改革试点的上海、浙江的“3+3”科目改革完成一轮进入录取阶段的年份，也是总结成效和经验、准备推广实施的重要年份，而且是纪念恢复高考40周年的特别年份。高考改革各方面都在推进，出现了许多新气象、新挑战、新问题，亟须进行全面、系统的研究。应高考制度变革的时代与社会需要，我们组织编写了这套“高考制度变革与实践研究”丛书。

本丛书已列入2017年国家出版基金项目。丛书突出高考改革进入新阶段之后的考试招生制度的变化，直面出现的新气象、新挑战、新问题，力图对高考制度变革理论、国外高校招考制度、高考改革热点与难点问题、异地高考政策与随迁子女社会融入、高考录取制度改革、试点省市高考改革、高考改革形势下的基础教育变革、高考法律问题等方面进行系统的研究，为高考制度变革提供理论依据和政策建议，具有特别明显的现实意义和历史意义。

刘海峰

2017年4月12日

目录
CONTENTS

第三章　高考改革大势

第四章　高考历史借鉴

第一章
高考制度新政

高考制度
变革综论

高考制度
变革综论

高考制度
变革综论

高考制度
变革综论

高考改革需要审慎决策[①]

高考改革十分复杂且高度敏感，一有风吹草动，就可能引起轩然大波，成为舆论关注的焦点。尤其是高考科目改革，与广大高中学生和科任老师利害相关，更是受到特别关注。

2014年5月17日，有媒体报道，“中国教育学会会长顾明远在杭州召开的第九届亚洲比较教育学会年会上透露，英语将退出高考，由社会机构组织考试。而高校录取时，不同的学校会对英语提出不同的等级要求”。此消息一出，旋即引发极大关注。

看到此消息，我基本上可以判断该报道文字没有经过顾先生本人过目。因为顾明远先生是原中国教育学会会长、现中国教育学会名誉会长，假如经过顾先生本人审阅，就不会出现“中国教育学会会长”这样不准确的头衔。

果然，5月18日，顾明远先生接受新华社采访时回应称，“英语2017年退出统一高考”系媒体误读，他的原话是“英语不再与其他科目一起在6月7、8、9日考试，而是由社会机构组织考试，学生高中三年可以考多次，取最好成绩计入高考成绩”。但媒体理解为“英语将退出高考”，显然不符合他的原意。顾先生指出，一切要以相关部门正式公布为准。英语实行社会化考试、一年多次考试是改革方向，但这并不等于英语退出高考。

同日，教育部新闻发言人续梅表示：考试招生制度改革，事关千万学子和广大群众切身利益。目前，教育部正在前期深入调研的基础上，紧锣密鼓地研究、制定和完善考试招生制度改革方案。方案力求充分考虑高考改革的复杂性、周期性和长期性，会先试点再推广，以便积极稳妥有序推进。方案

① 本文发表于《中国教育报》2014年5月21日。

确定后，教育部一定会及时发布，按照“三年早知道”的原则，方便考生和家长了解。

“英语退出高考”的传闻在5月9日的新媒体上已经有过一次，结果证明是空穴来风。北京市的高考改革方案征求意见稿中提出降低英语分值，党的十八届三中全会通过的《中共中央关于全面深化改革若干重大问题的决定》中更是明确提出“外语等科目社会化考试一年多考”。这是在社会大众目前高度重视甚至过度重视英语考试科目的情况下提出的。但是，具体如何实行，并未正式公布。

高考改革是一个聚讼纷纭、见仁见智的大问题。由于高考的利弊得失都十分显著，“横看成岭侧成峰，远近高低各不同”，人们从不同的立场、不同的角度论说高考，往往会得出不同的看法。高考是谁都能说得上两句的话题，社会各界、各行各业的人都可以发表看法，都可以谈出自己的道理，十个人可能有六七种观点，然而，将这些看法集合起来，有些可能是互相矛盾，甚至尖锐对立的。因此，高考改革难度极大。

“山雨欲来风满楼。”公众与媒体对将要出台的高考改革方案的期待和焦虑可以理解，但高考改革是一个牵一发而动全身的大事，事关教育全局，因为高考关系到千百万青年学子的人生道路和千家万户的切身利益，关系到高等教育的质量和基础教育的改革，承载着维护教育公平和社会稳定的重任，承载着巨大的社会舆论压力。因此，高考改革方案要尽量取得更多的共识，在征求意见的基础上审慎地决策，这自然要有个过程，大家还是要多点耐心。

招考改革事关教育全局①

近日，北京等地实施基础教育新课程改革后的高考方案相继出台，清华大学、上海交通大学、中国科学技术大学、西安交通大学、南京大学五所著名高校宣布实行联合自主招生，北京大学宣称其自主招生中要实行中学校长实名推荐制……一系列新政策令人目不暇接，引发人们议论纷纷，更是让高考话题持续升温。不过，我认为无论如何改革，统一考试的主体还是无法动摇的。

清华大学等五所大学的联合自主招生，采用统一的报名网站，考生可同时选择两所高校。这样可以节约大学自主招生的人力、财力、物力投入，方便考生就近应试，减少学生的考试次数和经济负担，一次考试可以有较多的选择机会，而且有利于高校在全国范围内招生，以择优录取。这实际上又是从分散走向统一。

统一招考制度是高校招生考试发展到一定阶段的产物，它将各个高校招生工作中的共性方面统一起来，进行集约化运作，高校和考生都能节约大量的时间和经济成本，有利于提高命题水平和试卷质量，也便于以高考成绩来评估各高校的生源质量。

在高考改革的“统独之争”中，我向来属于“统派”，认为应在统考的基础上逐渐走向多样化。尽管统考也带来了在一定程度上加重学生的学习负担、相对忽视德育和体育、使学校特色较少等弊病，但它相比各高校单独招生，好处确实不少。12年前，我在《上海高教研究》1997年第5期发表的《为什么要坚持统一高考》一文中就已说过：“即使改统一高考为各校单独招考，受考试制度发展的内在动力驱使，高校必然还是会自动走向联合招考。”

① 本文发表于《中国教育报》2009年11月30日。

高校自主招生才没几年，且范围有限，便又出现走向联合的趋势。如果高校自主招生范围扩大，考生众多，高校招生工作量剧增，这一趋势还会更加明显。另外，扩大自主与公平选才往往也会产生矛盾，扩大自主是招生考试改革的一个方向，但要注意推进的范围和速度。

北京大学在自主招生中实行中学校长实名推荐，更是引人注目。随着各中学推荐名单的出炉，这一话题还在发酵。模仿美国实行中学校长推荐的办法说了多年，现在终于有大学开始试点了。

有媒体记者问我对此方案的看法，我的回答是持积极的态度。虽然人们的评价差异很大，例如中学的资质确定和选择问题、公平问题都广受关注，但无论这一实验效果如何，总是一次尝试。实践是检验真理的唯一标准，如果效果很好，则可以逐步扩大；如果证明不可行，则不必效仿。

高考是一项高利害、高风险的考试，也是一个长期受到高度关注的焦点话题。

高校招生是牵动千家万户神经的大事，是上至国家领导人、下至普通民众都关心的大事。因为每个家庭在一定时候都可能与高考有关，各有各的立场和视角，谁都可以说上两句。又因为其利弊都十分显著，人们从不同的立场、不同的角度论说高考，往往会得出不同的看法。

由于高校招生考试改革影响重大，牵一发而动全身，事关教育全局，各方意见不一，聚讼纷纭。为使改革能够顺利进行，并为大多数人所接受，应在长期规划和全面研究的基础上逐步推行。以往一般高校教师对招生考试改革不太关心，高教研究界对高考改革研究也重视不够，而当自主招生等逐渐铺开之后，许多问题需要高校来解决和研究，这一局面必然要转变。

自从一千多年前中国人发明科举考试以来，关于如何选拔人才、如何避免只重考试成绩而忽视平时的水平和表现，就一直存在激烈的争论。考试的利弊存废、考试公平与区域定额录取、考试作弊与防止舞弊等问题，在中国已存在了上千年，尤其是如何在考试公平与区域公平之间取舍，更是一个千古难题。

因此，我们的招考改革应该鉴古知今，放眼世界，谋划未来，正如杜甫的《绝句》中所描写的："窗含西岭千秋雪，门泊东吴万里船。"

高考改革应稳中求进[①]

近日，上海交通大学在2012年自主招生中推出“自主选拔科技创新潜质人才”的新策。在首批“自主选拔科技创新潜质人才”试点的江、浙、沪三地，共有300余名学生报名，申请以科技创新潜质人才身份入读上海交通大学。校方对申请材料进行审核，确定复试人选。

按照《上海交通大学2012年自主选拔科技创新潜质人才实施办法》，凡在高中阶段获得省级科技创新大赛一等奖（或以上）的应届高中毕业生，均可向上海交通大学提出申请，进行报名。考生通过面试和特色测试，便可成为上海交通大学预录取人选，虽然仍需参加所在省市高考，但高考成绩只作为最终录取的参考，只要高考成绩达到当地一本线，即可被上海交通大学相关专业录取。2012年1月8日，上海交通大学2012年“自主选拔科技创新潜质人才”复试在闵行校区举行，首批经过专家初审选拔出来的82名学生应邀来到学校，参加答辩、面试及特色测试。

自主招生是国家赋予高水平大学选拔人才权利的改革和创新。上海交通大学参照西方著名大学的招生模式，首次以申请入学的方式来选拔科技创新潜质人才，与近年来北大、清华、人大、复旦在自主招生中的一些改革类似，也是一次值得肯定的尝试。因为高考改革牵涉面太广，而自主招生范围有限，影响面可控，实际上成了中国高校招生考试改革的试验田。

高考改革可以说是中国教育体制改革中难度最大的问题之一。由于高考关系到高等教育资源的分配，改革涉及利益再分配，往往成为教育竞争和社会竞争的矛盾集合点，因而其改革难度大、影响深、波及面广，是一项复杂的、牵一发而动全身的系统工程，高考的每一步改革都受到社会各界的广泛

① 本文发表于《中国教育报》2012年1月16日。

关注，稍有风吹草动，都会引发激烈的讨论。

经过多年的运行，高考的利弊得失都十分显著，对待同一项高考改革措施，不同的群体从不同的立场、不同的角度观察问题，往往会得出不同的看法。高考改革又是一个谁都说得出些看法来的话题，各行各业的人，任何家长、任何学生都可以发表自己的观点。这些观点从某一个角度看可能都有道理，但是将这些意见集合起来，有些可能是互相对立的。

例如，在中国这么一个幅员辽阔，人口众多，各地经济、文化、教育水平差距相当大的国度中，对招生指标分省定额分配的意见，便聚讼纷纭，争论激烈，不同地区的人看法很不一致。进城务工人员的子女就地参加高考的问题，牵涉情理与法规、落实教育平等权利与控制特大城市人口承载规模的矛盾，因此很难有一个两全其美的解决之策。北宋中叶时的欧阳修、司马光等就已遇到人才选拔中考试公平与区域公平的两难选择，一千年后，我们还是难以解决这个千古难题。

在利益、观念、文化多元化的背景下，不同群体的观念不同、利益不同，对高考改革的诉求也不同。民众对高考改革期望很高，诉求很多，由于关系多元利益主体，高考改革时常陷入左右为难的境地，矛盾不容易调和。

非新无以为进，非旧无以为守。我们既不能患“高考改革恐惧症”，也不要患“高考改革急躁症”，要避免改革中的急躁情绪。如何制定兼顾时代需求与易于遵行的高校招生考试制度，是我们应该认真思考与研究的问题。公平与科学有时存在矛盾。高考改革如果不通盘考虑，极容易出现顾此失彼的局面。大众对公平的注重与追求，使得高考追求科学性和效率的努力受到制约。高考改革应以不变应万变，“不变”的是它的公平和科学选才原则，而“万变”的是考试形式与内容，可以不断推陈出新。高考改革万变不离其宗，要尽量兼顾公平与科学，在两者产生矛盾时，要尽量在两者之间求得基本的平衡。

高考改革应该稳中求进。《国家中长期教育改革和发展规划纲要（2010—2020年）》第十二章《考试招生制度改革》提到要“成立国家教育考试指导委员会，研究制定考试改革方案，指导考试改革试点”。相信这个国家级教育改革决策咨询机构的成立能够切实指导和推进招生考试改革。

高考改革：让人民满意　对国家有利[①]

以高考改革为主的考试招生制度改革是教育体制改革中的重点领域和关键环节，全社会极其关注。2014年8月29日，中共中央政治局召开会议，正式审议通过了《关于深化考试招生制度改革的实施意见》。会议指出："考试招生制度是国家基本教育制度，是人才培养的枢纽环节，关系到国家发展大计，关系每一个家庭的切身利益，关系亿万青少年学生前途命运。改革开放以来，我国教育考试招生制度不断改进，为学生成长、国家选才、社会公平作出了重要贡献。"

然而，作为一种大规模统一考试，高考也有其局限性，长期实行之后，会对中小学教育产生一些负面的影响。为了解决人民群众普遍关心的热点、难点问题，促进公平、科学选才，国务院印发了《国务院关于深化考试招生制度改革的实施意见》（以下简称《实施意见》），回应社会关切，兼顾促进公平与科学选才，有不少亮点和新意。

《实施意见》首先充分肯定了考试招生制度的功能与作用，强调改革开放以来考试招生制度改革取得的成就，这一制度总体上符合国情，其权威性、公平性得到社会的普遍认可。确实，高考在科学选拔人才、保证高校生源质量，促进学生努力向学、提高民族文化水平，维护教育公平、稳定社会秩序，促进社会流动、保持社会活力等方面，一直起着重要的作用。改革开放三十多年来，我国基础教育水平的提高、经济的腾飞、社会的发展，都与高考的恢复和改革密不可分。

但是，"物盈则亏，法久终弊"。再好的制度实行久了都会出现问题。1977年恢复高考的时候，人人都说好，但实行多年之后，在充分发挥公平竞

① 本文发表于《中国教育报》2014年9月19日，原题为"让人民满意　对国家有利"。

争机制、选拔大量优秀人才的同时，高考的局限性也日益显现，受到强烈的质疑，特别是对中小学教育产生了一些负面的影响，如中学只抓智育而忽视德育和体育，片面追求升学率，学生学习压力过大、负担过重，等等，因此确实需要不断改革。在高等教育大众化迅速发展的时代，当前中小学课程改革、教学模式改革、高校人才选拔方式改革等，都需要以高考改革为重要前提和基础，高考制度应与时俱进，才能适应时代和社会的发展，继续发挥出正向的功能，减少对基础教育的消极影响，从而具有长远的生命力。

公平与科学，是这次考试招生制度改革的两个关键词。高考改革的目标，或者说改革的出发点和落脚点，必须着眼于让人民满意与对国家有利两个角度，即高考改革一方面要让人民满意，另一方面要对国家有利。

从根本上说，让人民满意与对国家有利两个方面应该是统一的，让人民满意就能促进国家的长治久安，对国家有利最终必定有利于人民，也就能让人民满意。不过，两者也有不相契合的时候。因为方案制定者或教育理论工作者往往比较注重从创新人才的培养、改变应试负担的角度思考问题，相对关注科学选才方面；而普通民众比较容易从自身的立场看问题，最看重改革是否公平，如果不公平，有损公平竞争和切身利益，理论上再好、看上去再美的方案都难得到认可。因此，在设计高考改革方案时，让人民满意与对国家有利两者需要兼顾，既守护招考公平，又讲求选才效率。

公平公正是社会大众对高考最为关注的一个方面，也是高考制度的基本功能和精神之所在。可以说，公平竞争是高考制度的灵魂和根本。民众对高考改革的关注，公平往往是第一位的。老百姓最希望、最关注的还是高考改革要保障公平，最大限度地减少权力、金钱、人情等因素对考试招生的干扰。竞争激烈与否、试题难度怎样，只要对所有考生一视同仁，多数民众便能接受。再好的改革，假如没有顾及公平，老百姓便难以接受。因此，在推进高考改革多样化的同时，应尽可能维护高考制度的公平性，防止升学从“拼学”“拼分”演变为“拼爹”，这是政策制定者始终要考虑的一个问题。

为确保招生的公平公正，让人民满意，《实施意见》提出改进招生计划分配方式，提高中西部地区和人口大省高考录取率，增加农村学生上重点高校人数，完善中小学招生办法，破解择校难题；改革招生录取机制，减少和规范考试加分，完善和规范自主招生；改革监督管理机制，加强信息公开，加大违规查处力度，从制度上保障考试招生公平公正。《实施意见》特别强调公平，将促进公平摆到非常重要的位置，可以说是一个以公平为首的改革方案。

考试招生制度改革的另一个关键词是科学。科学选才对国家有利，最好能设计出既公平客观又能科学合理地选拔人才的高考改革方案。因为自从高等教育进入大众化阶段以后，高校分层更加明显，考生素质千差万别，通过统一考试甄别学生的能力和素质，为所有高校提供唯一录取依据，面临越来越多的问题，“分数决定论”越来越不符合时代发展的要求。要建设创新型国家，高考这样注重统一标准答案的大规模选拔性考试必须加以改革，改变分数至上的教育和招考模式。希望通过高考改革，减轻学生的学习压力，为青少年的成长提供较为宽松的学习环境，促进人人成才，保护学生的好奇心和求异思维，培养学生的创新能力和社会责任感，尤其是保护有天资且有志向学的青少年健康成长。

因此，《实施意见》提出改革考试形式和内容，完善高中学业水平考试，规范高中学生综合素质评价，加快推进高职院校分类考试，深化高考内容改革，改进录取方式，拓宽社会成员终身学习通道。作为一个很有新意的高考改革方案，《实施意见》在促使招考方式多样化、多元化，科学选拔创新人才方面应该说颇有作为。

总之，这次考试招生制度改革既积极，又稳妥，注意回应社会关切，进一步促进教育公平、提高选拔水平，而且注重统筹规划，试点先行，分步实施，有序推进。若通过实践检验，行之有效，则可以逐步推广，需要总结经验的还可以逐渐改进。现在国家对此已经进行了顶层设计，希望通过各地和各校的试点，能逐步形成兼顾公平与科学的分类考试、综合评价、多元录取的考试招生模式。

为什么招生要向特定地区倾斜①

经过上下调研、集思广益、反复制定，2014年9月4日出台的《国务院关于深化考试招生制度改革的实施意见》（以下简称《实施意见》），兼顾促进公平与科学选才两个方面。在促进公平方面，《实施意见》要求改进招生计划分配方式，提高中西部地区和人口大省高考录取率，增加农村学生上重点高校人数，尤为引人注目。

这次考试招生制度改革的主要任务和措施的第一项，就是改进招生计划分配方式，包括提高中西部地区和人口大省高考录取率，继续实施支援中西部地区招生协作计划，在东部地区高校安排专门招生名额面向中西部地区招生。部属高校要公开招生名额分配原则和办法，合理确定分省招生计划，严格控制属地招生比例。2017年录取率最低省份与全国平均水平的差距要从2013年的6个百分点缩小至4个百分点以内。

近年来，教育部、国家发展改革委员会采取多项措施，不断缩小区域高等教育入学机会差距。2007年，全国高考平均录取率为56%，最低的省份与平均录取率相差17个百分点；2013年，全国高考平均录取率为76%，最低的省份录取率也达到70%，两者的差距缩小到6个百分点。《实施意见》提出，到2017年，两者的差距要缩小至4个百分点以内。从6个百分点到4个百分点，虽然只有2个百分点之差，但要实现并不容易。俗话说："百上加斤易，千上加两难。"在高考录取率最低省份与全国平均高考录取率的差距已经降到6个百分点的情况下，要进一步缩小2个百分点，任务十分艰巨。特别是在高校大规模扩招已经结束，每年增加的招生计划有限的情况下，更是如此。

① 本文发表于《光明日报》2014年10月9日。

部属高校要合理确定分省招生计划，严格控制属地招生比例。虽然部属高校属地招生的计划比例已经从2007年的34%降至2014年的22%，但还要继续努力，严加控制，加大投向中西部及入取率偏低的地区，尤其是没有部属高校的省区。控制属地招生比例不仅要看部属高校在本省市招生的比例，更应该考虑该省市部属院校的数量、录取人数占全体考生的比例。因为目前我国部属高校布局很不平衡，多个人口大省只有一所部属高校或“985工程”高校，而一些人口较少的直辖市有多所部属高校或“985工程”高校，因此控制属地招生比例还应根据具体高校的情况区别对待。

《实施意见》还提出，要增加农村学生上重点高校人数。国家将继续实施农村贫困地区定向招生专项计划，由重点高校面向贫困地区定向招生。部属高校、省属重点高校要安排一定比例的名额招收边远、贫困、民族地区优秀农村学生。贫困地区农村学生进入重点高校人数将明显增加，形成保障农村学生上重点高校的长效机制。

国家农村贫困地区定向招生专项计划，总的来讲相当有道理。不同地区经济、文化和教育水平确实有所差异，城乡差距更是明显，很多农村学生的受教育条件远不如城市学生，起跑线就不同。如果不考虑政策倾斜的话，重点高校录取农村学生的比例还会有所下降。近年来国家开始出台专项扶持政策，比如2008年开始实施的“支持中西部地区招生协作计划”，这很有必要。这样做可以促进重点大学的录取人数相对均衡，至少不太会出现重点高校尤其像北京大学、清华大学这样的一流高校的生源高度集中在一些省会城市的所谓“超级中学”“明星高中”，而有的县几年出不了一个的现象。

高考制度本身就有维护社会稳定、促进社会阶层流动的功能，制定高考改革政策时应该要有维护社会公平的意识。要使政策落到实处，还要制定一些比较具体的可操作的细则或者办法。

之前我在接受搜狐网采访的时候就曾说过，如果没有一个刚性的操作规程，就有可能出现新的“高考移民”等现象，所以“增加农村学生上重点高校人数”还需要制定具体的操作规程以促进选拔的公平性、客观性。另外，户籍改革之后，农业户口逐渐取消，对农村考生需要有明确的界定。

近来有媒体报道，不少县城里的富裕家庭不再送孩子去省城读书，而是送往贫困县的高中就读，与农村孩子争夺政策照顾的机会，于是要求堵住政策漏洞的呼声渐起，甚至有人质疑招生向贫困地区倾斜的政策。我认为，要将这一善政用好，确实需要进一步制定更加精细的政策，主要是防止新的“高考移民”。

其实，无论采用什么招考方式，那些在经济资本和文化资本较丰厚的家庭中生长的孩子，如果能够做到与贫困家庭孩子同样刻苦攻读，往往还是能够获得一定的优势，考上理想的大学。因此，即使有部分考上重点大学的机会被农村中家庭条件较好的学生获得，只要他们是通过自身勤奋学习而获得成功，“增加农村学生上重点高校人数”这一政策就有其积极意义。

我国台湾地区从2006年开始逐步实行高校招生中的“繁星计划”，即为实现“高中均质、区域均衡”理念，对近三年未曾有学生进入名牌大学的高中，给予这些学校一两个名额，让学校来选择其优秀的学生进入名牌大学，以弥补城乡差距。这些高中大部分位于较偏远的地方，“繁星计划”在相当程度上实现了初衷。这对我们具有启发意义。

实施国家农村贫困地区定向招生专项计划，能够吸引原本要想方设法争取去省城或个别“超级中学”就读的优秀学生留在本地就读，通过政策照顾考上重点高校，可以部分改变现在考取重点高校的学生过度集中于“明星高中”的状况，对平衡高中教育生态具有积极意义。因此，即使无法做到尽善尽美，国家还是要实施向特定地区倾斜的招生政策，逐步提高中西部地区和人口大省的高考录取率，增加农村学生上重点高校的人数。

高考命题从分到统的历史逻辑[①]

2015年初，时任教育部部长袁贵仁曾表示，2015年将扩大3个省份在高考中使用国家统一试卷，2016年再扩大7个省份，即2016年将有25个省份在高考中使用由教育部考试中心统一命制的试卷。

如此看来，高考命题又走到了分久必合的阶段。

1952年全国统一高考制度建立以后，实行全国统一命题考试。1958年，曾试行分省命题，但仅实施了一年，又回到全国统一命题模式。1966—1976年“文革”期间，高考中断11年，1977年恢复高考，因为非常匆忙，所以实行分省命题，到1978年又实行全国统一命题。1985年，上海首先开始高考改革试点，开始单独命题。2002年，北京也开始实行自主命题。2004年，实行自主命题的省份一下子从原先的2个直辖市增加到11个。到2006年，全国（除港、澳、台地区外）实行分省命题的省份已达16个，这种格局一直延续到2014年。

之所以会有约半数省份自主命题，部分原因是为了适应我国高等教育大众化阶段各地经济、文化、教育等发展不平衡以及新一轮基础教育改革，分省命题有利于根据各省新课改的不同进度进行高考，有利于体现各省的特点，减少因地域差异带来的考试偏向问题。而最直接的动因还是降低大范围的高考安全风险。如果一个省泄题了，或者一个省的试卷被盗窃了，最多影响一个省的考生，而不会引起全国性的变动，造成大范围的公共安全事件。

分省命题改革实践中，各省市都展示出了鲜明的特色。各省市结合自身教育发展实际，在命题形式与内容上进行创新，在试卷结构、命题选材、题

① 本文发表于《中国教育报》2015年3月12日。

目类型等方面，都有所探索。分省命题在一定程度上有利于地方政府对基础教育的统筹管理，增加省级考试机构的专业性，促进地方考试机构研究考试科学等。

然而，分省命题也存在不少问题，主要有以下几个方面。

第一，考试风险在分散的同时扩大化。分省命题，试题泄密只会影响到某一省份而不会波及全国，但从另一个角度看，高考分省命题不但不能将泄题事故降低到零，而且还可能增加本省泄题的风险。众多省、区、市分省命题，保障考试安全的总体压力更大。

第二，命题质量不一，难度波动过大。由于命题队伍水平不同，全国统一命题的科学性和质量明显要高于多数自主命题的省份，具体体现在效度、信度、区分度等方面。有的省份高考试卷的难度波动过大。例如，2011年，有个省的数学考题难度较低，曾出现不少重点高中一些班级所有考生数学满分的情况，次年数学科难度大幅提升，造成“大小年”现象。

第三，选派命题教师困难。教育部考试中心可以从全国选调命题教师，一般每个省份每年只有极少数几名教师参与命题，身份容易保密。但在一省之内，尤其是一些本科院校不是很多的省份，要挑选所有高考科目的命题教师，可选人数较有限，被选上后又要隔离一个月左右，很容易被周遭师生知晓身份，不利于保密。

第四，削弱了高考的权威性，与国际大学入学考试制度发展趋势不一致。全国统一试卷较有权威性，而实施分省命题，部分省份的命题质量、考试安全等问题受到人们的质疑，这在很大程度上降低了高考的权威性。此外，分省命题与国际大学入学考试制度发展的趋势——统一考试与学校自主考试相结合有所出入。如在美国，有近似全国统一的SAT（Scholastic Assessment Test，学术能力评估测试）和ACT（American College Testing，美国大学入学考试）；在日本，有全国统一的大学入学中心考试；在韩国，有全国统一的大学修学能力考试；等等。

命题回归到以全国卷为主的格局后，防范全国性的大范围考试安全风险仍然是要高度重视的问题，在互联网的时代更是如此。不过，即使在原来采用全国卷的省份，教育部考试中心也已经根据各省份不同需求，命制四套全国试卷，供选择使用，如新课标一卷、新课标二卷等。自主命题的省份中，山东、福建、湖北、湖南、陕西、辽宁、海南也有部分科目采用全国卷。另外，几乎所有省份的小语种试卷一直是由教育部考试中心命题的。因此，回归到以教育部考试中心为主命题之后，还是应该考虑到地区的差异和全国性的考试安全防范，命制不同的试卷。

高考的全称为“普通高等学校招生全国统一考试”，统一考试是高考制度的根本特征，因为统一考试具有公平、高效和具有可比性的特点。高考最终应形成以统一命题为主，少数有条件的省份继续实行分省命题的格局，从而最大程度地实现高考公平，提升效率。

全国统考有利于高考公平[①]

高考事关千家万户的切身利益，具有牵一发而动全身的影响力，因此一有风吹草动，就会引起高度的关注。全国大部分省份的高考试卷将统一，便是人们关注的热点问题之一。

从高考命题方式看，一部中国高考史，就是一部“统一分演变史”，即高考改革在统一命题与分省命题之间来回徘徊，分分合合，不断寻求现实的最佳平衡点。

自2004年推行分省命题政策以来，统一命题还是分省命题就成为社会关注的焦点，各界褒贬不一，莫衷一是。有人认为，分省命题是适应我国高等教育大众化阶段各地经济、文化、教育等发展不平衡以及新一轮基础教育改革的必然产物，它具有降低全国大范围的高考安全风险、推动素质教育、促进高考制度改革等功能。然而，客观分析，结合我们在各地调研的实际情况来看，分省命题也存在一些有待解决的问题。

高考作为高竞争、高利害、高风险的大规模选拔性考试，无论是分省命题，还是全国统一命题，安全问题总是第一位的。高考命题人员一般选择大学教师和重点中学教师，而各省主要的大学一般都在省会，这在一定程度上对非省会、非重点的中学不利。而且与全国统一命题相比，分省命题更容易出现泄题或隐性泄题的情况。在现实生活中，各种人情请托、权力、金钱等因素对高考的干扰常常防不胜防，随着命题队伍的扩大，年复一年，能够和这些命题教师接触的人也越来越多，泄题的可能性也随之增大，还可能会产生教育腐败问题。而全国统一命题，一个省（区、市）参与命题的教师只有少数几个，有的甚至一个都没有，命题教师的身份更能保密。

① 本文发表于《中国教育报》2016年3月8日。

而且，从实际情况来看，分省命题虽然可以在一定程度上照顾到各省份的教育实际状况，但要达到统一命题的命题水平却不容易。高考命题质量的高低直接关系到选拔人才的科学性，更关系到一地考生的切身利益和前途命运。有的省份掌握命题技术及管理经验丰富的教师不足，命题队伍结构不甚合理，导致其高考试题的信度和效度不高。或者高考试卷难度波动过大，头一年试题过易、区分度不够，受到舆论的批评之后，次年难度大幅提高，结果过犹不及，区分度还是不够，不利于高水平学生考出好成绩，以及不同层次高校进行区分录取。

另外，分省命题的总成本也比全国统一命题的成本高许多。据统计，近几年分省命题省份每年用于高考的开支都在400万元以上，有的甚至高达700万元。而全国统一命题的年开支一般在1500万元左右。由此推算，分省命题总成本远远高于全国统一命题，形成重复浪费。

2011年，国家教育咨询委员会考试招生改革组的5位委员在15个省（区、市）进行过密集的高考改革调研。当时，除直辖市和少数沿海发达省份外的多数自主命题的省份均表示，自主命题考试确实存在成本高、压力大、质量难保证等问题。有不少省份明确表示希望将命题任务交还给教育部考试中心。

不论是分省命题，还是统一命题，必须从全局考虑，从维护国家利益最大化出发。第一，要有利于高校选拔人才；第二，要有利于引导中学素质教育的发展；第三，要有利于公平、安全、高效，并降低成本。

高考作为我国当代一项独具特色的教育考试制度，因其科学、公平、高效、权威等特点，拥有良好的社会声誉和公信力。这与其全国统一命题、统一组织考试不无关系，因为统一命题可以保证考试题目质量较高，并且可实施规范统一的考务管理，从而有助于保证高考的高效性和权威性。

高考命题回归统一之后，需要特别注意加强高考期间及考前一段时间的互联网监控，以防范出现大面积的考试安全风险。

高考改革的进展与动向①

大家好，很高兴来到天一讲堂，跟大家交流有关高考改革的问题。我今天演讲的题目是“高考改革的进展与动向”。高考是中国一项非常重要的考试，有的人称之为举国大考。中国是一个考试大国，也是当今世界上最重视考试的国家之一。可以说恢复高考三十多年来，高考一直是整个教育界关注的一个热点问题。尤其是在考试季节，高考更是成为大家关注的一个焦点问题。

高考与社会各方面都有密切关系。每年参加高考的考生人数很多，从1977年恢复高考以来，一直如此。2008年全国一共有1050万的考生参加高考，可以说是中国高考人数的一个高峰，后来几年开始下降，2012年只有912万的考生，但是2014年又增加到939万。中国的高考可以说是世界上规模最大的考试，其他任何国家的招生考试都没有这么大规模。比如日本，他们的大学入学中心考试又称为“全国共同学力第一次考试”，通常只有几十万考生。由于参加高考的考生人数特别多，因此影响面也很广。

我今天谈的内容主要有三个方面：第一，高考的重要性；第二，高考改革的新进展；第三，高考改革的动向。

先谈高考的重要性。高考是牵动着千家万户神经的大事，社会各个方面，上至国家领导人，下至普通百姓，都很关心这件事。高考是一个事关中国教育改革全局的问题，关系到千家万户的切身利益，高考与我们每个人可能都发生过联系，或者将发生联系。比如在座各位，你们要么自己参加过高考，要么你们的子女或亲友参加过或者即将参加高考。

在其他国家，大学招生考试当然也重要，但在很多国家，尤其一些西方

① 本文为2014年6月21日在宁波“天一讲堂”的演讲记录。

国家，大学招考只是一种测量手段。比如美国的SAT考试，一年要举办七次，而且参加的人数不是很多，只是一部分人关心的话题。在中国，高考不仅仅是一种考试，一种教育活动，在一定意义上它变成了一种文化——高考文化，有诸多相关的文化活动。高考还变成了一种经济，就是人们常说的高考经济、高考产业。有的时候，它还成为一种社会现象。

关于高考的重要性，我举一个例子。2012年6月7日，上海合作组织领导人峰会在北京举办，原来定下的时间是6月7号上午9点开始。由于那一天上午9点开始高考，为了不影响考生赶考，最后决定把会议推迟一个小时，到10点才举行。一场这么重要的会议，竟然可以为了一场考试推迟一个小时，可见高考的影响之大。

实际上这些年来，越来越多的人开始知晓中国的高考。在英语里面已经出现了一个词，就是我们汉语拼音的Gaokao，它的意思相当于英语中的entrance examination，当然前面还要加上college或者university，就是大学或者高等学校入学考试的意思。

我曾到国外去访问交流，我用英语讲一长串的词来解释“高考”，结果他们告诉我：“你不要讲了，我们知道，你用Gaokao就行了，我们懂的。”

高考和社会各方面都有关系，民众对高考的关注也是多方面的。比如，很多地方都有寺庙，不少家长会去寺庙替孩子祈福，希望孩子能够“金榜题名”。还有一些学校可能有“高考誓师大会”，会说一些口号，比如“目标清华当仁不让，理想北大美梦成真”“不苦不累高三无味，不拼不搏高三白活”。

还有，大家都知道的“高考钟点房”。一些家长会为孩子在考场附近订间房，让孩子中午可以休息一下。有商家趁机推出了678元的“午休套餐”，678就是“录取吧”的谐音。甚至还有1678元的“至尊午休套餐”。

考完以后，各种“状元宴”“谢师宴”很多，这也是一种“高考经济”。

中国人高度重视教育，我们的传统是“万般皆下品，唯有读书高”。一个台湾作家曾经说台湾的年轻妈妈都是“教育狂热分子”，我觉得在一定意义上也可以用来形容大陆的家长。我们提倡减负，其实不少家长是不同意的，忙着给孩子增加各种作业、报各种班。一到寒暑假，一到周末，到处都是家长们，尤其是年轻妈妈带着孩子出入各种辅导班，英语、奥数、绘画、书法、钢琴、古筝，什么都有。人人望子成龙、望女成凤。

中华民族是世界上最重视教育的民族之一。实际上整个东亚地区都比较重视教育，在美国，通常也是亚裔最重视孩子的教育。这和儒家文化的影响是分不开的。

在美国，华人特别热衷于考名牌大学，而有的族群就没这么强烈的愿望，比如黑人、拉丁美洲裔，当然他们当中也有不少人想上好大学，但是相当多的人觉得上一般的大学就可以了。前些年有一个黑人学生被普林斯顿大学录取了，但是学费很贵，一年要5万多美元，他就放弃了普林斯顿大学，选择了一所学费较低，又能提供奖学金的普通大学。但如果是华人，几乎没有一个人会放弃，家长就是砸锅卖铁、借钱贷款，也要让孩子上好学校。

美国有八所老牌的常春藤大学，哈佛、耶鲁、普林斯顿是常春藤大学里面最著名的，被一些美国华人戏称为“大藤”，其他的常春藤大学则被称为“小藤”。美国也划片入学，华人热衷于选择好的学区，严格地培养孩子。如果孩子最后考上了常春藤大学，就戏称孩子的父亲为“藤父”，母亲则是“藤母”。将孩子送进常春藤大学，在华人圈里非常流行。由于过度重视教育，也导致了许多问题。

接下来谈一下高考改革的新进展。1977年恢复高考以来，其实高考在不断地进行改革。大大小小的改革有二三十次，当然包括一些省份的小范围改革试验。2010年国家颁布《国家中长期教育改革和发展规划纲要（2010—2020年）》以来，高考进入了一个改革的新时期。

2013年11月，党的十八届三中全会通过了《中共中央关于全面深化改革若干重大问题的决定》。这个决定纲领性地提到了高考改革的方案，而且2013年12月初，《中国教育报》上初步公布了考试招生改革的总体方案或者说总体框架。这个总体方案不仅明晰了高考改革的路线图，而且明确了改革的时间表，可以说标志着高考改革进入了一个新阶段。接下来国家很快会正式出台比较详细的高考改革方案。

我认为高考是一项较公平的制度，虽然它有很多弊端，但它是中国目前最公平的人才选拔制度。当然是排除了作弊的高考，作弊会损害高考的公平性。

2007年，高考制度恢复三十周年的时候，《中国青年报》等媒体曾经进行过大规模的调查，结果发现，90%的人认为高考是很公平或者比较公平的，大多数人认为高考是一种很好的应该坚持的制度，当然也有很多人认为高考应该进行改革。高考可以说是一种受到广大民众拥护的教育制度，一直到现在为止，大家还是认为高考制度总体上是好的。那我们现在为什么要对高考进行改革？据说，有的高中老师最怕听到又要进行新一轮高考改革了，觉得高考最好保持稳定，改来改去，容易造成中学教学和学生备考无所适从。那么，为什么要对高考进行改革？最主要的原因是，任何制度实行久了，它的弊端都会越来越明显。就像唐代的沈既济讲到当时的选拔制度，包括科举制度时说的，“物盈则亏，法久终弊”。再好的办法，到一定时候，都会出现弊端。

清朝末年，康有为在戊戌变法的时候给光绪皇帝上了份奏折，这份奏折的名称叫作《请废八股折试帖楷法试士改用策论折》，里面讲的是改革科举的考试内容。其中有一段话非常精辟。他说：“凡法虽美，经久必弊。”不管什么法，就是再美好、再科学，久了以后也一定会产生弊端。当时代或者社会已经变化，如果“不与时消息，改弦更张，则陷溺人才，不周时用，更非立法求才之初意矣”。如果政策实行很久以后，不与时俱进进行改革，它会违反立法者的初衷，没办法实现既定目的。

所以“凡法虽美，经久必弊”。不仅是教育，实际上其他方面的改革，或者其他方面的制度，也有类似的问题。因为上有政策，下有对策，很多东西想得很好，但是刚出来时人们可能还想不出对策，过了一两年或许就不一样了。比如高考防止作弊就非常典型。我觉得作弊与防止作弊，在考试中是典型的“道高一尺、魔高一丈”的“魔道之争”。这几年，实行标准化的考场，规定每个考场都要有摄像，还要查验身份证、按指纹。我们都知道指纹是唯一性的，做不了假，直到杞县闹出高考作弊事件，大家才发现原来指纹也可以造假！2014年，杞县的高考考场里面抓到127个替考者，他们利用指纹膜仿冒考生的指纹进入考场。无论有什么办法，这些想破坏公平竞争的作弊者总想得出对策，因为所有办法都是人制定的，任何制度实行久了都可能出现被攻破的漏洞。因此，高考也必须进行改革。

每到高考的时候，不少地方似乎整个城市都在进行高考。不少路段实行交通管制，交警们随时做好准备，哪个考生出现紧急状况，警车会想办法将他送达。一些地方还有“爱心的士”，如果这一天你是考生，拿着准考证，师傅会免费送你去考场……很多城市有各种各样的优待考生的办法。国家还专门发文，要动员教育、卫生、公安、交通、水电等部门，一起来抓高考。有一年某地高考时，下大雨交通不便，甚至动用了两栖装甲车载考生过河参加高考。这在其他国家是不可想象的。

高考在公平选拔人才，促进社会阶层流动，维护社会公平、教育公平以及社会稳定方面，起着重要的作用。而且在促进学生努力向学，提高整个民族的教育和文化水平方面，也起着非常重要的作用。可以说，改革开放以来，中国经济的起飞和高考的公平竞争、选拔出千百万优秀人才进入高校深造，然后进入各行各业是密切相关的。我国的社会经济发展和高考制度的恢复与不断改革是密切相关的。但是，高考同时也造成了很多消极影响，例如，使学生学业负担沉重，很多中小学生起早摸黑地读书，初三、高三的学生更是辛苦。

高考竞争特别激烈，经常是一分就相差几十人、上百人，甚至上千人。高考确实是一把非常锋利的双刃剑，它的优点非常多，但是消极影响也很大。在这种情况下，一方面我们要坚持高考，另外一方面也需要改革高考。

2013年11月，国家出台了考试招生改革的总体方案，也就是我们讲的新方案。

2014年“两会”期间，教育部部长说，2014年上半年要出台高考改革方案，也可能会推迟一点。这不奇怪，因为对高考改革方案很容易见仁见智，意见很不统一。高考改革在一定意义上，可以说是“横看成岭侧成峰，远近高低各不同”。站在不同立场、不同的观点来看，实际上看到的是很不一样的。每个考生、每个家长，都能提出对高考的看法，比如在座的每个人，叫你谈谈高考应该怎么改，你肯定可以谈出一些道理来，但不同人的意见可能很不一致。比如，有人提出英语应该退出高考，而有的人说英语就应该保留，还有人说英语应该降分；有的人说应该减少高考科目，而有的人说高考科目越多越好，应文理皆考。各种意见结合起来，十个人可能有七八种看法，而且有些看法甚至是完全对立的。所以高考改革方案的制定非常困难，不可能有一个大家都满意的方案，因为高考涉及千家万户的切身利益，很难做到大家都满意，只能是取得基本共识，能够让多数人赞成。

高考改革方案大概分成以下几个方面。

第一，是分类高考。具体说是加快推行职业院校分类招考和注册入学，体现职业教育的特色。一些报考高职院校的学生可不参加高考，学校依据其高中学业水平考试成绩和职业意向测试成绩来录取。也就是说，专科或者高职院校跟一般的普通本科分开，这就是《国家中长期教育改革和发展规划纲要（2010—2020年）》里面讲的分类考试。应用技术大学，或者应用技术学院——实际上就是高职高专——跟学术型或者研究型为主的本科的招生考试分开。这点讨论了很久，有的省实际上已经在试行，比如上海的很多高职高专已经是单独考试了，让学生申请入学或者参加联考，而不需参加统一高考。

第二，是推行高中学业水平考试和综合素质评价。现在基本上是高考考几门，多数高中就主要教几门。高一高二的时候还多学一些，高三基本就是高考考几门就备考几门，很多学校高三一整年就是进行备考复习。在这种情况下，就要引导学生学好每门课程，全面学习所有课程，同时引导学生参加公益服务和社会实践等。现在的高考，特别是实行平行志愿以后，都是以分数作为决定因素。分数高1分就是优先了，平时的成绩和表现，包括社会服务和体育成绩，基本上不参考。其实理论上是要参考的，自从恢复高考以来，招生文件里都规定要“德、智、体全面考核，择优录取”，但是最后却演变成各个高校录取时都只看考生的分数。比如体育成绩就很难作为参考，当然现在中考越来越重视体育，不少地方将体育成绩量化成中考分数，但是高考很难。比如跑100米，如果一般人跑14秒、15秒，我跑20秒你就可以不录取我吗？所以体育方面的考察应该倡导，但是很难作为绝对标准把一些人排除在外。德育也是相对难以客观量化的、没有可比性的方面。教师评语、成长记录都是很难参考和比较的。这也导致多年来，大家都只看考分。现在虽然提倡综合素质评价，引导学生参加公益服务和社会实践等，但要作为高考录取时的参考，还有很长的路要走。

第三，是现在广受关注的外语科目实行社会化考试，一年多考。实际上在2010年公布的《国家中长期教育改革和发展规划纲要（2010—2020年）》中提到，探索有的科目一年多次考试的办法，探索实行社会化考试。2013年11月党的十八届三中全会的决定明确了外语科目实行社会化考试，一年多考。外语不在统一高考时举行，由学生自主选择考试时间、考试次数，增加学生的选择权，并使外语考试成绩的表达和使用更加趋于科学、合理。这个问题广受关注。有的人说，社会化考试，是指政府退出高考吗？或者是外语退出高考吗？那如何防止作弊？每年高考都采取各种各样的措施来防作弊，但还是会有各种作弊事件，而且这些只是被抓出来的，可能还有一些没被抓出来的。不在统一高考时举行，那在什么时候举行？这也是一个问题，还需要探讨。还有考试次数，到底考几次？一年多考，那至少是两次，到底是几次好，这也很难确定。实际上一些省份的外语听力考试已经不止一次了，这些年已经实行两次考试。外语如果实行社会化考试，会不会降低它的权威性？这也是个问题，需要考虑。

进一步说，为什么首先是外语学科进行高考改革探索？外语其实主要是英语，因为其他小语种的考试，包括日语、德语、法语、西班牙语、俄语，参加人数很少。英语可以一年多考，主要是它有比较成熟的、标准化的考试经验。我国在20世纪80年代从西方引进英语标准化考试到现在，各个科目，包括语文、数学广泛采用标准化考试，就是选择ABCD这种，即客观题，是从英语科目率先实行的。英语标准化考试有比较成熟的经验，而且国际上对语言类的测试有比较好的经验，也有比较好的方法、手段、技术支撑，能够支持一年多考。一年多考，关键是不同次的考试要能够基本等值，考试难度应该是差不多的，如果起伏很大，那一年多次考试肯定实行不下去。

还有，外语为什么要一年多考呢？还有一个因素就是降低它的难度。北京2013年提出了一套方案，还没有正式实行，要把英语的分值从150分降为100分，语文从150分提高到180分。可能英语的分值降得偏多了一点，如果降到120分，可能比较合适。当然，这还不是最后的方案。

那为什么英语要进行改革？一是它有比较成熟的标准化考试经验。二是英语在目前社会上的各类考试中占据着很高的地位。很多人花了很多时间在英语上面，不管感不感兴趣、适合不适合，都要学英语。当然，社会在不断进步，英语作为国际通用语言，学好英语很有用。但社会发展还没有到大家普遍需要用英语的程度，有的人中学毕业以后，基本上没什么用到英语的地方，还有一部分人用得很少，但都要用大量的时间来学英语，某种程度上确实会造成很大的浪费。

现在各个省的高考方案，基本上是语文、数学、外语三门主科，加上文科综合和理科综合。语文、数学、外语三门主科都是150分，这三门主科里面有两门是语言类科目，而语言类科目一般更有利于女性，这是科学家通过科学研究得出来的结论：女性更擅长语言类，而男性更偏向逻辑思维。现在“阴盛阳衰”在高考成绩甚至大学学习成绩上是普遍现象，我认为这和英语在高考和大学中占据这么重要的地位有密切关系。

当然，女性受教育的比例，受高等教育的比例超过男生，是社会进步的表现。实际上目前我国高校中的女生比例已经超过50%了，甚至一些传统上男生占绝对多数的工科专业，女生也越来越多，而我国男孩的出生人数是超过女孩的。因为完全按分数录取，不考虑性别（实际上也很难考虑），所以造成一些问题。一方面是社会就业，很多岗位需要男性；另一方面是大学里面女生数量超过男生，导致性别失衡，引发各种问题。女生受高等教育的比例超过男生是社会进步的表现，西方发达国家也是这样，比如美国、澳大利亚、加拿大，他们高校中的女生比例大概在55%到60%，我们可能也会走到这一步。但是我们发展的速度过快，这跟外语非常重要也有关，我认为未来也是需要进行改革的。

第四，是探索减少考试科目。减少考试科目，减到多少呢？我们原来实际上是语文、数学、外语三门，加上文科综合或理科综合，文科综合包括历史、政治、地理，理科综合包括物理、化学、生物。实际上是文科考六门，理科考六门。减少考试科目，怎么减？减到多少科？这都是需要探讨的问题。有媒体说，英语将退出高考，后来又澄清，英语不是退出高考，只是不在高考时举行，计分还包括在内。另外，要探索文理不分科。现在语文、数学、外语三门基本文理不分科，当然数学有些区分，文科数学跟理科数学难度还是有点区别的，文综、理综是分科的。将来不分科怎么考？这是一个问题。只剩下语文、数学、外语三门的话，那当然是不分科了。如果是和高中学业水平考试挂钩，又要怎么做？这是需要进行研究的。

方案里面明确说减少高考科目，不分文理科，我个人认为还需要在试点的基础上谨慎推行。因为减少高考科目不见得就能够减轻想上高水平大学的考生的负担。减少高考科目的出发点或者初衷，是为了减轻学生负担，但是我认为即使减到一科，大部分学生的学习负担仍是减不下来的。因为高考是高利害、高风险、高竞争的考试。作为一种竞争性考试，或者按专业术语叫常模参照考试，它要在考生里面拉开分数，决定谁上名牌大学，谁上一般的学校。即使只考一门，为了保持区分度，也必然要保持相当的难度。如果总分是100分，大家都考95分以上，根本就没有区分度，怎么来录取？所以它一定会变得很难。因此，即使考一科，学习负担依然减不下来。因为要应对这个难度的考试，学生还是要刻苦学习。

例如，日本早就进入高等教育普及化阶段，基本人人可以上大学。当然，有的人可能上的是短期大学，那种两年制的短期大学。但人们常形容日本是“考试地狱”，为什么这么说呢？因为要上好的大学，比如东京大学、京都大学等一流大学，必须刻苦学习。日本流行一种“四上五落”的说法，什么意思呢？就是说一个学生要准备参加大学入学考试，晚上睡四个小时就能考上名牌大学，睡五个小时就会落榜。人人可以上大学，竞争依然如此激烈。

实际上，高考哪怕只考一科，还是会竞争激烈的。这有点像体育比赛，要想获得金牌肯定是很辛苦的。所以高考，我认为科目要保持一定的覆盖面，如果科目太少的话，会造成进一步的偏科。关键的问题是到底要减到多少科目，这是一个重大而复杂的问题。高中学业水平考试，当然应该覆盖高中阶段学习的所有科目，但是在全面推行高中学业水平考试以后，高考到底应该考几门，这是一个值得探讨的问题。我前面讲了，只考一科，学生的负担依然减不下来。比如只考书法，人人都把书法练到最高水平，当然实际上还是要分出高下，那就要挖空心思、搜肠刮肚来想办法。如果高考只考语文一科，那就必定会出很多偏题怪题，不然怎么拉开分数呢？所以高考的覆盖面不宜太窄。

第五，是综合评价、多元录取。普通高校逐步推行基于统一高考和高中学业水平考试成绩的综合评价多元录取机制，这是高考改革的主体目标，就是要改变原来的一考定终身，或者分数至上的局面。现在为什么应试那么激烈，就是因为只拼分数，分数高一分就可能差很多。如果能够综合考察学生平时的表现、成长记录，自然最好。但是我觉得这个是很难实现的。在中国这么一个大而复杂，又重人情关系的国家中，要想参考平时的成绩或者表现，来综合评价、多元录取，难度非常大。实行不好的话，一定会出现各种问题。我一再讲，高考改革是要朝多样化、多元化发展，但是一定不能损害了公平性。所以这个综合评价、多元录取机制，是非常难的。

为了制定高考改革方案，使改革方案更加科学和民主，2012年成立了国家教育考试指导委员会。这个委员会的成员有26人，我很荣幸也在其中。

美国学者布鲁贝克写了一本书《高等教育哲学》，他在这本书里面讲过一句名言："就像战争意义太重大，不能完全交给将军们决定一样，高等教育也相当重要，不能完全留给教授们决定。"发动战争不是将军的事，肯定是国家最高领导人的事情。高等教育也十分重要，为高校选拔人才的高考自然也很重要，它的改革不光是教育行政部门的事情，它是跟全民相关的，跟整个教育界相关的，所以需要成立国家级的委员会来研究方案，需要考虑各方面的意见，集思广益来做这个方案。

2012年9月7日，时任教育部部长袁贵仁在国务院新闻办的发布会上说，在各项改革中，高考改革是最复杂、最敏感的一件事情，因为对上它涉及高校人才的选拔，对下它是基础教育的指挥棒。高考改革涉及千家万户，涉及每个孩子的前途，这件事情很复杂、很敏感。高考是各种社会矛盾和教育矛盾的结合点，所以它的改革非常复杂和艰巨，可以说是牵一发而动全身的事情。

高考改革的原则应该是积极稳妥、统筹兼顾、试点先行、有序推进。改革一方面应该充分考虑现有的改革基础，考虑相关的实施主体对改革的实现能力和社会各方面的承受能力；另一方面改革的幅度不能太大，否则大家很难接受。还要加强具体实施方案的可行性论证，审慎操作，而且要做好试点，逐步推开。

高考改革会受到社会政治、经济和文化的制约，不可能脱离中国的国情来实行某种招考制度。高考改革的发展动向或者说方向，我认为有以下几个方面。

第一个趋势是高校招生考试多样化。以往的高考是比较大一统的，将来的高校招生考试应该会朝多样化的方向发展。尽管统一招考现在是主渠道，但是经过这些年的努力，其实现在的高校招生已经相当多样了，在一定程度上已经是一种多元化的入学制度了。比如有保送录取，比如艺术和体育类专业是单独考试的，当然文化课还要参加高考，只是分数要求比较低。还有自主招生，经过十来年的试点，已经有相当多的经验。目前高校招生已经有十多种方式，比如保送生里面就有很多种，有一些是外语类的单独招生。全国有好几所外国语中学，这些学校有很多保送生指标，因为要考虑培养小语种人才等因素。从长远发展来讲，高考录取制度必然会朝多样化的方向发展。

分省命题，实际上也是向招考多样化发展的重大转变。作文命题最典型，以前全国统一命题的时候，作文就是一两种，现在有十多个省市是单独命题，每年高考以后我们会看到各省市五花八门的作文题。作文题目公布后，一些作家也会来试考，还有人点评。单从分省命题这一点来看，高考命题已经相当多样化了。

自主招生当然也是体现招考多样化的一个典型。前几年出现了“北约联盟”“华约联盟”，加上以同济大学为首的“卓越联盟”，这三个联考的差别很大。自主招生的面试题目或者说单独考试题目更是五花八门，应该说是尽显特色。它的设计能够，或者说本来就是为了打破高考过于单一的局限，体现各个学校的特色，这对培养创新人才是有利的。

第二个趋势是录取方式多元化。要考虑综合评价、多元录取，就要探索引入高中学业水平考试成绩、成长记录等作为录取依据。要改变过度应试的状态，改变分数至上的现状，改变一切围绕分数转的现象，就要考虑综合评价、多元录取。但是怎么来做，还是很值得探讨的。

第三个趋势或动向，是制定弱势群体入学机会保障政策。比如自主招生，对农村考生实际上是不利的。因为这些自主招生的高校，原来有80所后来有90所左右，都集中在大城市里面，考生要报考几所就要到几所大学去面试。有的考生报了好几所，坐高铁、坐飞机，一个人去考，家里三四个人陪着，有的考生光参加自主招生就花了好几万块钱。这对家境比较清贫的考生来讲是一件比较困难的事。这些年在各方面的舆论压力之下，一些高校针对农村考生处于不利地位的情况，推出了均衡招生扶助弱势群体的政策。比如前两年清华大学制定了针对国家级贫困县的县级及以下中学的优秀学生的“自强计划”。中国人民大学推出了“圆梦计划”，拿出一定指标，招收边远、贫困、民族等地区县（含县级市）以下高中的农村优秀学生。

2012年，教育部专门拨出招生计划，由部属高校来招收贫困县的学生。今年又扩大了，比如规定连片贫困县的农村户籍的学生报考重点大学或者部属院校时，给予一些照顾，让这样的学生在重点高校中保持一定比例。

我要强调，尽管会有各种多元化措施和发展方向，但是我国还是要坚持以统一考试作为高校招生考试的主体，因为高考改革涉及面广，社会大众最关心的还是公平性问题。过去几乎所有全面考核择优录取的努力，都因为人情与关系等影响到公平而没有办法坚持下去，而不得不回到考试的老路上来。如果人情泛滥，没有一定的制约，会造成社会的无序。所以中国人很早就发明了考试来制约、制衡人情的干扰，今后仍要坚持。

高考改革，任重道远。我国的国情决定了无论高考怎么改，高校招生考试的方式还是会以统一考试作为主体。因为在招生考试领域，管理权小于法律，法律又小于规律，如果不符合规律，无论制定出看上去再好的改革方案，也无法贯彻落实。只有符合招生考试规律，而且符合主流民意，改革才可能长久实行下去。

我认为，只要重人情关系和面子的社会环境没有根本改变，只要诚信体系没有真正建立，未来相当长的时期内，统一考试成绩还将是我国高校招生的主要参考因素。无论怎么改，还是需要以考试成绩作为主要指标。如果没有刚性的指标、客观的标准可以衡量，必然会导致招生录取中人情关系盛行，损害公平。

虽然中国的高校招生考试制度会逐步走向多样化和多元化，但考虑到中国的国情，未来相当长的时间内，高考还将是高校招生的主渠道。有什么样的国情，实际上就有什么样的招考制度；有什么样的文化环境，就可能出现什么样的招考模式。高考制度总体上是适应中国国情的，它需要不断地改革，也需要我们长久地坚持实行。

天一讲堂：1977年恢复高考以来，高考让很多优秀的人才脱颖而出，为国家建设作出了贡献。同时，恢复高考到现在三十多年，也出现了各种问题。2013年底，国家教育部做了一项数据统计，指出全国高考人数从2008年的1050万的高峰值，开始逐年下降，到2013年只有900多万。为什么会出现这一变化？请刘教授帮我们分析一下。还有一个现象，目前一些高职高专院校招生不足，技能型的人才培养以及选拔陷入困境，许多企业纷纷表示人才匮乏。这个现象又是怎么造成的？

刘海峰：高考报考人数从2008年开始下降，当然今年（2014年）又反弹了，原因是多方面的。2014年3月我应邀到美国威斯康星大学麦迪逊分校去讲高考的时候，他们也问了这个问题。他们说会不会和很多中国的中学生跑到美国或者其他国家去留学有关。我说这只是其中一个因素，但不是主要因素，最主要的因素是适龄人口下降。这不是现在才发现的。2001年，厦门大学教育研究院有一个博士研究生研究了中国高等教育大众化。高等教育大众化需要计算高等教育毛入学率，就是适龄人口中有多少人可以上大学。当时他就已经预计到2008年是中国的18岁人口的高峰，这之后会往下走，高考报考人数自然也会下降。因此，适龄人口下降是高考报考人数下降的最主要因素，当然还有其他因素，出国留学也是一个因素，但是数量不是非常大，尽管现在在逐年增加，但跟总的人数比，还是不多的。还有一个因素是前几年，随着高校扩招，一些大学生毕业后找不到合适的工作，上大学不仅没有实现改变命运的理想，而且还可能“因学致贫”，有的家庭砸锅卖铁，供孩子上大学，毕业后又找不到合适的工作，这种情况造成新的“读书无用论”抬头。有些学生就不读高中了，或者读完了高中就去打工，不参加高考了。当然还有其他各种各样的原因，我觉得最主要的是这三种。

你问的第二个问题是近几年有的学校完不成招生计划，尤其是一些高职高专，要么学生报考率低，要么报到率低，被录取了又不去读。这个问题确实是日益严重，这也和报考学生总量下降有关。

2014年高考报考人数比2013年又增加了27万，从912万增加到了939万。为什么呢？我认为和新的招生政策有一定关系。2014年的招生政策中，给予农村考生报考重点大学一些指标，尤其是对连片贫困县的农村籍考生有一定优惠，这会使"读书无用论"的影响有所下降。

总体来讲，因为生源减少了，而招生量还是很大，有接近700万，考生数只有900多万，大部分省、市、区的高考录取率都达到了百分之七八十。有的省，包括福建省，前年、去年的录取率都达到了百分之九十，浙江省也是很高的。在这种情况下，一些考生本来是想考比较好的大学，可是没考好，就不填志愿，或者录取后不去报到，准备参加第二年的高考，这也是造成报到率低的一个因素。

怎么改变这一现象呢？其实是很难的。因为中国人特别喜欢上名牌大学，重学轻术、重道轻器是中国传统文化的一个非常明显的方面，不仅大陆如此，我国台湾地区也差不多。台湾地区有普通大学，也有技职教育体系，不仅有专科，还有本科的职业教育体系，台湾的高职院校还培养硕士、博士。近些年，因为广设大学，一般的技职院校招生也非常困难，有些就裁并掉了。即使在高职院校读到硕士、博士，大家还是觉得不如在学术型、研究型大学读书好。大陆这种情况这几年也日益严重。以前就有"劳心者治人，劳力者治于人"的说法，好像管理者、领导者就是高大上的，而蓝领工作，在有些人的观念里，就好像低人一等。在这种情况下，观念如果没改变，高职高专的问题就很难解决，现在有的民办高校已经面临着生源不足的问题，有的甚至没办法办下去，这样的情况接下去还会更严重，不可能完全改变。

天一讲堂：国家教育部在2003年的时候就已发布通知，在全国22所高校开展自主选拔录取学生的改革，到现在为止，大概已经有90所高水平的大学开展了自主招生。那么如何让自主招生更加公平？

刘海峰：自主招生确实是高校招生改革的一块试验田，因为它招生量不大，一般控制在这90来所高校招生总数的5%。它们可以实行多样化的体现各个学校特色的改革，无论从命题、面试还是录取方面都可以看出来，这对探索高考改革有一定好处。而且自主招生的初衷是为了选拔统一考试不容易考出来的有某方面特长的人才。

但是实行下来，有的学校会选拔少量的有特长的人才，但更多的学校实际上还是演变成了选拔全面优秀的学生。包括北大的中学校长实名推荐制，它的推出有它的道理，但是各个中学推荐上去的基本上不是偏才或者怪才、专才，为了公平起见或者为了平衡，基本上都是推荐各方面都优秀的学生。比如北京大学给某中学三个推荐名额，某个年级排名100名的学生在某一方面很突出，但也没有说有什么重大发明，校长敢推荐这个有一点专长的学生？一般中学校长都不敢，基本上还是推荐排名最前面的那些学生。这就跟改革的初衷有一点偏离，这也是受各方面因素制约导致的。

2013年以前所有高校都不公示自主招生的考生的成绩，只公示考生的姓名、考号，其他都没有，引起较多质疑。我认为有些信息还是应该要公示的，至少应公示该学生从什么中学来，自主招生的笔试成绩和面试成绩最好也能够公布。公示，就有一定的制约性，就是放在阳光下。从最近的情况来看，很多高校制定的政策已经涉及这方面，即公示自主招生的学生的成绩。还要对学校进行监管，比如学校的监察部门、纪检部门要参与进去，不是走过场，是真的参与进去，要参与面试的整个过程。面试应该从更大范围来选取老师，然后随机抽样组成面试小组，这样可以减少作弊的可能。我就简单回答这些。

天一讲堂：实行新课程改革之后，更加注重素质教育。但是教育基础薄弱的欠发达地区，现实的状况使得那里的孩子的综合素质得不到很好的提升。之前的高考大家还觉得农家孩子也可能考上北大、清华等名校，现在这个梦想似乎更加遥远了。但是大城市中，大家对于高考改革就是满心期待，跃跃欲试。您觉得应如何看待教育机会公平的问题？

刘海峰：农村学生的受教育条件和城市学生，尤其城市里的重点中学的学生相比，确实要差不少。他们要考上好的大学，从起点上实际上就落后了。如果高考改革不加以注意，农村考生上好大学的比例还可能下降，这些年实际上已经在下降了。因为在考试竞争中，其实越多元越多样，越不利于弱势群体。原来的高考比较刻板，完全看考试分数，而且原来比较注重考知识而不是考能力，比如考背诵，如果刻苦读记，就比较容易获得高分。当考试内容和题型越注重考能力而不是考知识时，更需要多方面的联想、多方面的能力，刻苦攻读、诵读不辍取得高分的可能性其实是下降的，而社会资本、家庭环境、受教育条件这些因素的影响会上升。

实际上，各高校自主招生时已经考虑到了学生的家世背景。然而面试总是会更有利于家庭背景好的人。因为语言表达、仪表姿态、穿着打扮、气质修养等，农村的学生很难和大城市的孩子比。再比如才艺，很多农村学生连钢琴都没摸过，他怎么去考级？农村孩子主要靠刻苦读书，要叫他谈吐不凡、见多识广，跟城市里的孩子比，他们天然就处于不利地位。所以美国一些高校招生时根本不进行面试，因为他们认为面试不利于弱势群体。高考改革对这一点目前还不大重视，更多强调面试可以看出学生的素质，实际上在公平性方面是会造成一定问题的。

这些年的高考改革从方向来讲是对的，但是我也一再讲，高考改革既要注重选拔人才的效率，因为考能力确实从理论上说是最好的，但是另外一方面，我们也要考虑到高考改革必须代表最广大人民群众的根本利益。目前，县及县以下中学的学生大约占全部高中学生的66%，也就是说，三分之二的高中生还是县及县以下的城镇、农村孩子，高考改革必须考虑他们的利益。有的理论是很好，但是这些理论的提出者，大多是大城市里的研究者或者决策者，即使原来是农村出来的，现在也多属于社会经济地位较好的人士。他们往往更多考虑到经济发达地区的文化，关注美国怎么样，欧洲怎么样。有人提出，新课改有城市化倾向，在保障公平性、保护弱势群体方面需要加大力度。这方面高考改革也应该加以注意。

我国台湾地区的招生考试改革就注意到了这一点，前些年他们出台了“繁星计划”，规定最好的大学拿出一定比例的招生名额给边远或乡村中学，而不要都被那些“明星高中”拿走。

现在媒体经常报道和宣传“最牛高中”“最牛班级”“最牛宿舍”，实际上没有考虑到公平问题。将来制定政策时，我觉得应该更多考虑公平性问题。教育界现在也有“马太效应”，好的中学越来越好，一些省还允许最好的中学全省招生，把最好的尖子生全部集中起来，我认为这是只考虑效率，而有损公平的。

天一讲堂：异地高考也是高校招生考试改革当中面临的一个巨大难题，现在虽然各省（区、市）都已经出台了异地高考的政策，但是各省（区、市）的异地高考政策差别非常大。所以有人建议，干脆不要各省（区、市）自己来制定异地高考政策，让国务院或者教育部来制定这项政策。异地高考的问题我们该如何加以解决？

刘海峰：异地高考是这几年社会大众最关注的高考改革问题之一，但是对异地高考，很难出台一项全国统一的政策，这也是现实。在中国这么一个幅员辽阔、人口众多，各地经济、文化和教育水平差距巨大的国度里，考试公平与区域公平的矛盾是长期存在的。我讲的考试公平是指完全看成绩，区域公平是考虑区域配额，类似于现在的分省定额录取。这个问题从北宋中叶就出现了，所以这对矛盾可以说是一个千古难题。现在因为流动人口巨大，使得问题更复杂。这几年中央、国务院着力推动异地高考，很多进城务工人员，包括家长和子女也都热切期盼能够出台好的异地高考的方案，让他们的子女能够在读书和生活的地方参加高考。

为什么我说很难制定全国统一的异地高考政策呢？因为各个省（区、市）的差异很大，如果一刀切地制定一个方案，根本就无法实行，只能因地制宜。各个省（区、市）的人口流动情况不同，有的是人口流出地，有的是人口流入地，因此很难规定一个统一方案。有人认为可以规定某个省属于哪一类，这也是不现实的，因为情况随时可能变化，很难规定说某个省属于流入地还是流出地。以前没有讨论异地高考问题的时候，已经存在不少问题，比如“高考移民”问题。像北京、上海、海南、新疆、西藏等属于高考洼地，分数线比较低；而有的地方是高考高地，比如山东、湖北、湖南、河南等，那里的一些考生就会想方设法到容易考的地方去考。

如果制定比较宽松的政策，允许考生就近高考，会带来很多问题。像北京、上海，除了进城务工人员，还有很多白领长期在北京、上海工作，可是没有北京、上海户口，他们的孩子也长期在北京、上海生活读书，两部分加起来，数量巨大，很难一下解决。而且如果完全放开的话，可能会有大量的“高考移民”跟进，很多人会移居到北京、上海，而北京、上海本身就已经是超负荷运转的特大型城市了，不仅交通拥堵，而且资源缺乏，如果高考全面开放，更多人涌来，根本承受不了。

所以只能是根据各个省份的情况，因地制宜来制定异地高考的政策，不可能一刀切。目前来看，北京、上海基本是一类，广东是一类，福建、浙江可以算一类……为什么有些省的异地高考政策放得那么松？为什么在全国异地高考政策都未出台的时候山东省就出台了，而且放得很松，基本上只要在山东就读三年，没有户口都可以参加？因为他们知道几乎没有外省的考生会到这几个省去参加高考。2013年，全国有12个省份出台了异地高考方案。理论上应该有约10万人参加异地高考，然而最后真正报名参加异地高考的只有4000多人。为什么会这样？因为这些省份基本是考试竞争非常激烈的地方，比如江苏、浙江。在这些省高考比在他们的户籍所在地考要难得多，因此大多数人也不要异地高考了，宁愿回户籍所在地考。再比如江西，它的高考竞争不是很激烈，可是它的异地高考政策放得很松，因此江西变成了全国异地高考报名人数最多的地方。这些异地高考者，有的真的只来了一年就参加高考，如果他们的分数很高，占了不少名校招生名额，我估计接下来江西的异地高考政策就要收紧。所以这是个非常难的问题，中央很难下令说一定要怎么样，也无法出台统一的政策，只能根据各地的情况因地制宜来制定政策。像新疆、西藏的异地高考政策是最严的，宁夏也非常严，有的要求入籍六年、七年，基本上很难在那边高考。科举时代就有类似“高考移民”的问题，当时叫冒籍考试，就是冒充籍贯参加科举考试。

天一讲堂： 很多人在传高考改革方案2017年要开始实施了，而且英语要退出统考，那么到那个时候，高考政策会有怎样的变化？我们该如何做这方面的准备呢？

刘海峰： 考生和家长肯定对这个问题十分关注。不过大家也别担心，因为高考改革方案一般都需要提前三年公布，即使现在公布方案，也要三年以后才开始实施，不会在目前在读的高中生中实施，肯定是新入学的高中生学习三年以后参加新高考。所以说，明后年一般不会有什么变化。如果今年出台高考改革方案，最可能也是一些试点省份先推行。

至于说英语退出高考这个问题，媒体上已经谈得很多了，我这里也不多说了。我刚才已经讲了，它是指英语不在统一高考时考，并不是指退出高考。至于究竟什么时间举行，这就很难说了。这个就像现在有的省份英语听力考两次，这两次什么时间举行，各地不一样。我就简要回答这些。

高考与高中学业水平考试如何挂钩①

高考改革重大而复杂，其中一个重要方面是处理好高考与高中学业水平考试的关系。党的十八届三中全会通过的《中共中央关于全面深化改革若干重大问题的决定》中提到："推行初高中学业水平考试和综合素质评价。加快推进职业院校分类招考或注册入学。逐步推行普通高校基于统一高考和高中学业水平考试成绩的综合评价多元录取机制。"这比《国家中长期教育改革和发展规划纲要（2010—2020年）》中提出的"全面实施高中学业水平考试和综合素质评价"又进了一步。在实行高中学业水平考试的基础上，高考如何改革？高考与高中学业水平考试关系如何？这是需要认真考虑的问题。

一、从会考到学业水平考试

虽然近年来各地都大力推行高中学业水平考试，但实际上高中学业水平考试并不是新事物，其前身就是高中会考。

20世纪80年代初期，恢复高考的喜悦和兴奋逐渐平静下来，高中教学片面追求升学率的问题日益显现。高考升学率成为评价学校、教师和学生的唯一依据，高考落榜的高中毕业生被视为"失败者"。为了改变这种状况，在调研的基础上，1983年，教育部在《关于进一步提高普通中学教育质量的几点意见》中提出："毕业考试要和升学考试分开进行，有条件的地方可按基本教材命题，试行高中、初中毕业会考。"

1986年，国家教委发布《普通高等学校招生制度"七五"期间改革规划要点》，进一步提出高中毕业考试与高校招生考试分开的初步设想。1988

① 本文发表于《中国教育报》2013年12月9日。

年，上海市和浙江省正式作为全国高中会考和高校招生考试制度改革的试点省市。1990年，国家教委发布《关于在普通高中实行毕业会考制度的意见》，明确普通高中毕业会考是国家承认的省级普通高中文化课毕业水平考试。从此，高中会考全面铺开。到1993年，当时中国内地的30个省、自治区、直辖市全部实行高中会考制度。

高中会考制度的建立被看作考试制度的重大改革。高中会考是以测量和评价学生学业水平、学校教学质量为主要目的的水平性考试，其成绩作为评价学校教学质量和招工、招干、参军的文化成绩依据。高考是选拔性考试，是为高等学校选拔新生的升学考试，理论上不作为评价高中办学水平的依据。

当时的高中会考就是高中的毕业考试，也实行全省统一考试。高中会考分为考试科和考查科，考试科分A、B、C、D四档，C及其以上为及格，高中会考全部通过可以领取高中毕业证书并参加高考，否则就是高中肄业，没有资格参加高考。

如果命题稍难的话，会考会增加学生平时的学习压力，加重学生的学习负担。由于各地各校水平差距较大，为了让绝大多数的高中毕业生能够拿到高中文凭，高中会考的试题一般都不难，通过率自然很高，重点中学几乎百分之百都能一次性通过。于是，个别省对实行高中会考出现动摇，对是否有必要实行会考制度提出意见。

2000年，教育部下发《关于普通高中毕业会考制度改革的意见》，将普通高中会考改革的统筹决策权下放到省（区、市）。湖北、西藏随即取消了高中会考，少数省市将高中会考管理权下放到市、县或学校。到后来，多数省份实际上都取消了高中会考。

2004年以后，随着基础教育改革的深入，新一轮高中课程改革的实行，与会考一脉相承的高中学业水平考试又被提上议事日程，山东、海南、宁夏进入新课改，同时宣布实行高中学业水平考试。随后每年进入新课程实验的省份也都宣布实行统一的高中学业水平考试。

2008年下发的《教育部关于普通高中新课程省份深化高校招生考试改革的指导意见》提出："高等学校招生录取要在高考成绩基础上逐步增加对学

生学业水平考试及综合素质的考查。一些国家重点建设的高水平大学要深化自主选拔录取改革，在选拔综合素质高、有创新精神和潜质的人才方面，进一步探索高考、高中学业水平考试和综合素质评价与学校测试相结合的多元化评价选拔办法；示范性高等职业院校和条件成熟的省市要进一步探索符合高等职业教育培养规律和特点的人才选拔模式，可将学生学业水平考试成绩与学校组织的考试成绩相结合作为录取依据。” 高中学业水平考试日益受到重视。

到《国家中长期教育改革和发展规划纲要（2010—2020年）》出台后，高中会考正式转型为高中学业水平考试，或者说高中会考通过高中学业水平考试的形式得以重生。

二、“软挂钩”还是“硬挂钩”

高中学业水平考试是由国家统一要求、由各省组织实施的水平性考试，反映普通高中学生的学业修习状况和高中教学质量。它具有促进学校端正办学指导思想、全面评价和监测普通高中教育质量、有效认证高中学历等功能。建立和完善省级统一的高中学业水平考试之后，其成绩可以作为高职院校入学依据和普通本科高校录取的重要参考。

接下来的问题是：高中学业水平考试如何作为普通本科高校录取的重要参考？其成绩在高校录取中占多大的比例？

在实施高中会考时，会考成绩与高考是否应该挂钩、如何挂钩的问题，便已经凸显出来。只提“参考”而不限定高中会考成绩具体量化比例或分数，称为“软挂钩”；如果将高中会考成绩按一定比例折成分数与高考分数累加作为高校录取时的依据，则是“硬挂钩”。

采用“软挂钩”，必然出现应付会考、对付高考的现象，这是过去绝大多数高中的实际状况。现在许多省规定学业水平考试和综合素质评价、三年的各科学分及参与社会实践、特长等情况，都将作为高校录取参考。但因为没有可以量化的客观指标，不具有操作性，实际上绝大多数高校在录取学生时也都没有充分参考。特别是在实行平行志愿投档录取模式的情况下，“录取参考”基本上流于形式。

实行“硬挂钩”，如果高中学业水平考试成绩只占很小的比例，则不会受到重视。只要比例稍大一些，即使只占高考分数的5%，在高考按总分录取，一分之差或许就相差千人的情况下，也会使多数学生重视每一门课程的学习和考试。但随之而来的是考生的压力大大增加，每一门课都变成竞争性考试，高考一次的磨难变成高中三年的磨难。

高考是典型的高竞争、高利害、高风险的大规模选拔性考试，高中学业水平考试是检测高中生学业成绩的水平性考试，两者性质不同。高考与高中学业水平考试的关系很容易陷入左右为难的境地，这是一个典型的两难问题，很难解决。在这两者之间，是不是非此即彼？如何兼顾高考和高中学业水平考试？这需要全面深入的研究。全面实行高中学业水平考试，可以解决学生偏科的问题，但又可能会出现学生负担加重的问题。

还有，高中学业水平考试普遍实行之后，高考科目应该考几门？减少高考科目的话，应该减少到几门？这是十分重大的问题。科目太少的话很可能造成学生进一步偏科。因为即使高考只考一科，对那些想考上一流大学的考生而言，学习负担仍然不可能减下来。在高度竞争性的选拔考试中，多数考生必然会将自己的学习时间和潜能用到极限，这就像竞技体育中准备参加百米赛跑与准备参加万米赛跑的运动员，在平时训练时的艰苦程度没有多大差别一样。

多样选择应是高考改革的原则之一。实行新课改后，对高考的多样化提出了新的要求。在我国高等教育已经进入大众化阶段的情况下，高校招生考试的内容、形式、录取办法等许多方面都面临着更新，正在走向多样化。在高考改革的制度设计和政策实施中，应允许各省份、高校、学生有不同的选择，减少行政手段和简单划一的做法。

高考关系到千百万青年学子的前途和千家万户的切身利益，关系到高等教育的质量和基础教育的改革，承载着广大学生、家长和教师的期望，承载着维护社会公平和社会稳定的重任，承载着太多的社会舆论压力。高考改革一定要在长期规划和全面研究的基础上渐进推行，才能使高考的正向功能得到充分的发挥。

高考：社会化考试如何推行①

党的十八届三中全会通过的《中共中央关于全面深化改革若干重大问题的决定》（以下简称《决定》）中明确提出："探索全国统考减少科目、不分文理科、外语等科目社会化考试一年多考。"《决定》关于教育改革的内容涉及许多方面，其中最引人注目的就是这句话。2010年7月颁布的《国家中长期教育改革和发展规划纲要（2010—2020年）》中，已提出"探索有的科目一年多次考试的办法，探索实行社会化考试"的设想，《决定》进一步将规划纲要中的"有的科目"探索实行社会化考试的设想明确到外语科目。而2013年12月初步公布的"考试招生改革总体方案"，在探索"外语科目实行社会化一年多考"改革方面，更具体地提出："外语不再在统一高考时举行，由学生自主选择考试时间和次数，增加学生的选择权，并使外语考试、成绩表达和使用更加趋于科学、合理。"高考科目有许多门，为什么社会化考试首先要以外语为改革对象？社会化考试应如何推行？须注意哪些问题？

一、为什么要探索社会化考试

高考改革是中国教育中一个带有全局性的关键问题，是深化教育改革、全面推进素质教育的关键环节。高考改革敏感而复杂，涉及面广，是事关民生的重大议题。如何推进高考改革，人们见仁见智，提出了许多改革设想，其中之一就是要改变一试定终身，实行一年多次考试。

我们认为，由于学生可以通过复读不断参加高考，而且确实有大量的学生多次参加高考最后实现了自己的理想，所以高考其实并非"一试定终身"，只是对当年招考的"一锤定音"。但一年一考对部分学生来说确实存在着一定的偶然性，为防止偶发情况影响考生发挥，降低高考风险，缓解考生

① 本文发表于《光明日报》2013年12月30日。

和家长的心理压力，多年来一直有人提出实行一年多考，还有人提出像美国的SAT一样，一年考7次。不过中国目前还很难全面实行一年多考。进入高等教育大众化阶段后，外语科目实行社会化一年多次考试逐渐取得了更多的共识。

2009年9月，我主持的首批教育部哲学社会科学重大课题攻关项目“高校招生考试制度改革的理论与实践研究”最终成果《高校招生考试制度改革研究》正式出版，在该书的改革建议部分提出：推进外语考试改革。以英语为主的外语考试改革多次作为中国高考改革的先行试点，其标准化考试形式的推进有着较成熟的经验。近几年内，部分省市的英语科目可考虑改为社会化考试。像英语测试这样稳定性比较强的科目，将来可以考虑改为一年多次的社会化水平考试，实行自适应考试，即按照英语新课程大纲要求的7—9级，赋予等级。学生高二可以开始考，因此可以进行多次水平测试，选择成绩最好的一次作为报考的依据，这样每个高中生实际上有4次以上的机会。大学可以按照自身需要公布对英语的要求，学生则相对具有一定的考试灵活性。另外，当前高考偏重语文、数学、外语三科，其中有两科为语言类科目，尤其是外语科目，相对有利于女生，这在一定程度上会过早地限制部分男生的发展潜力，加重性别上的不平衡，因此，可以考虑推动在高考和计分录取中降低英语分值的改革。该书结论部分还以“高考改革的思路、原则与政策建议”为题在《教育研究》2009年第7期上发表，并以“统考为主，逐步走向多样化”为题在2009年10月14日的《中国教育报》上发表。

近年来，有越来越多的人提出改革英语科目高考，改革英语教学和考试的压力日益增大，全国“两会”上也有人提出改革英语教育和考试的提案，民间对改革英语考试的呼声也愈来愈高。可以说，对英语科目高考进行改革是大势所趋，也顺应民意。

之所以选择外语作为“探索有的科目一年多次考试”的首选科目，是因为以英语为主的外语是最有条件和有可能试行一年多考的科目。20世纪80年代，英语就是标准化考试的先行先试科目，现在又作为一年多考的改革试点科目，这是由其本身的性质和特点所决定的。因为外语考试成绩稳定性比较强，外语考试标准化程度较高，测量结果比较可靠，外语社会化考试在国际上有比较成熟的经验，技术上也比较可行，且有美国的托福、英国的雅思和中国的出国人员外语等级考试作借鉴，因此外语科目采用社会化考试具有比较多的共识。改革外语科目高考不足为奇，我们应该用平常心看待，不必作过度的解读。如果试行英语一年多考证明确实具有可行性，将来其他科目也可以实行一年多考，等于是积累了经验。

二、社会化考试一年多考应注意的问题

目前已经明确提出外语科目实行社会化考试一年多考。不过，真要实行社会化考试一年多考，还面临着不少问题，比如：由什么机构承担？成绩如何表达和使用更加科学？如何防止作弊？这是应该注意的几个问题。

社会化考试是一种向全社会开放的考试，是社会上各类人员都允许自由报考的考试。但社会化考试并不是社会上什么机构都适合承担，尤其是高考的社会化考试不能完全脱离教育部门的监管，应由教育部考试中心或省（区、市）教育考试院这类具有公信力的专业机构来承办，这样才能保证权威性和公正性。同时，社会化考试应实行严格的教考分离原则，负责考试的机构不能举办培训业务，举办考试培训的机构当然更不合适来承办考试。

社会化考试成绩应该以怎样的方式呈现？是百分制还是等级制？从形式上看，外语科目实行社会化考试一年多考，类似于雅思、托福以及大学英语四六级考试。由于考虑不同次考试的成绩等值问题，这些一年多考的考试通常采用标准分。20世纪90年代我国曾有8个省市的高考采用标准分，但因为民众接受度不高，且确实存在着一定的局限，因此这种国际上通行、理论上说比较科学的计分方法最后只有海南一省在勉强继续实行。为了避免不同次考试难度差别过大，对命题的科学性会提出更高的要求，是否采用标准分，需全面论证后再实行。另外，如果高考外语科目实行社会化考试并采用等级制的话，一个考生的外语在什么等级可以报考相应等级的高校和专业，也是一个值得考虑的问题。

一年多考到底考多少次最好？考多次会大大增加组织考试的工作量，因此我认为，在探索阶段，最好先从一年两次开始试行，取得经验后，再考虑将来是否朝一年三次以上发展。

社会化考试一年多考最大的挑战还在于防止考试作弊。多次考试、社会化考试使防范作弊面临着比一年一次考试大得多的压力。有考试就可能有作弊，而替考是最为严重的作弊手段之一。现在成人高考、自学考试以及大学英语四六级考试等都存在一些替考作弊现象。由于高考竞争激烈，试题覆盖面广且具有较高的科学性，每年试题内容不断翻新，除了高二学生提前替考，上一年的高考尖子或在校大学生甚至研究生若无专门的复习准备也很难在下一年的高考科目中考出高分，这就在很大程度上减少了替考的可能性，因此其他科目替考较少见。由于外语水平具有比较高的稳定性，各类水平高的人替考都可能考出高分，这就增大了防止替考作弊的难度。

在大规模考试中，如何防止考试作弊是一个大问题。为确保高考考试和录取安全，2013年5月，教育部与各省、自治区、直辖市高等学校招生委员会（以下简称“省招委”）签订安全责任书，明确省招委是本辖区内高考工作的组织者和领导者，是治理高考环境、维护考试安全、整治考风考纪、组织考试和实施录取的责任主体。省招委主要负责人是第一责任人，教育厅（教委）分管领导是直接责任人，省招委相关部门的主要领导对本部门高考职责范围内的工作负全责。省招委要组织教育、公安、安全、保密、宣传、监察、建设、交通、工商、通信管理、无线电管理、卫生、疾控、地震、气象、电力、环保、食品药品、武警、政府应急办等部门对高考进行综合整治，完善、落实齐抓共管的工作保障机制。省招委要在高考期间设立高考指挥部，统一调度指挥，快速有效地处理高考中出现的各类突发、偶发事件。

即使组织二十个政府部门齐抓共管来防止作弊，也无法杜绝高考中的作弊行为，而每年不在统一高考时举行的外语社会化一年多次考试，如何保证考试的安全性，将是考试主管部门要重点应对的问题。

高考新方案渐次推广是最优选择①

高考是国家基本教育制度，是人才培养的枢纽环节，关系到国家发展大计，关系每一个家庭的切身利益，关系亿万青少年学生前途命运，因此格外受到各界关注。

除了上海、浙江于2014年9月开始进行高考改革试点以外，最近一段时间，各省（区、市）的高考改革方案陆续推出，计划在2017年以后开始进行高考科目方面的改革。这又一次引起人们的议论，有人认为这些方案的出台恰逢其时，有人则认为操之过急。

在各种教育改革方案中，高考改革方案是最难制定的。因此，《国务院关于深化考试招生制度改革的实施意见》才会历经多年研制，到2014年9月4日才“千呼万唤始出来”。一经推出，便影响广泛，引人注目。

此次高考改革最受人们关注、牵涉面最广的是上海、浙江的高考科目改革试点。在两地的新方案中，语文、数学、外语三门科目的成绩，加上从思想政治、历史、地理、物理、化学、生物（浙江还加技术）中自主选择三门科目的学业水平考试成绩一起构成高考总成绩。希望通过此项改革，增加学生的选择性，缓解学生的考试压力，促进学生全面而有个性地发展。

这是本次高考改革中力度最大也最为复杂的部分，无论是对高中教学计划、学生选考科目、班级组合方式，还是对考试成绩换算、高校不同专业对学业水平考试科目的要求、录取时不同科目组合的可比性和调剂等，都有重大的影响，充分体现了高考改革“牵一发而动全身”的特征。

竞争性考试有其自身的规律，将三门科目的高中学业水平考试成绩带入高考计分录取，使这三门科目的性质发生了变化，实际上已经不是学业水平

① 本文发表于《中国教育报》2016年3月25日。

考试，而是选拔考试，也就是高考科目了。

这一改革打破长期以来高考的文理分科，对增加学生的选择性、高中办学的多样化、高校录取学生的多样化有重要的影响，将促进学生根据兴趣和专长选学选考、高中进行分层教学、学校实行走班制等。浙江省的方案设计中高考录取环节是志愿填报专业优先，这将会倒逼高校对薄弱专业进行优化或调整。

这一改革试点在积极效应明显的同时，也带来了一系列的挑战，如：选考科目两次考试如何等值？如何调整不同科目的教师人数与选修人数不匹配的问题？如何避免条件较差的县以下中学或弱势学校在高考竞争中进一步处于不利地位？一些学生选考科目不是真正根据自己的兴趣和专长，而是趋易避难，导致有的科目选考者众多，而物理等科却相对较少人选择。此外，选科和走班十分多样和复杂，教师和管理人员的工作量将大大增加，如何增加人员编制或增加经费以保证他们的工作积极性？有的师资和教室条件不够的学校无法实行走班制，仍坚持文理分科，“以不变应万变”。还有，原来高三的竞争压力向下延伸，虽然高三毕业时的高考压力略为减轻，但高二和高一选考的压力加大，总体负担并没有减轻，甚至在某种程度上可以说是加重了。尤其是到录取时若出现选考科目与高校指定科目的招生计划不匹配的情况，如何调剂才能确保不影响招考的公平性？种种问题，都需要认真、细致、客观地调研，仔细考虑解决办法或应对预案。

正是由于高考综合改革的复杂性，出于既积极又稳妥的考虑，启动了改革试点。2014年9月19日，上海市、浙江省分别出台高考综合改革试点方案，从2014年秋季新入学的高中一年级学生开始实施。现在，多数省（区、市）根据顶层设计，参考上海、浙江的试点方案，推出了各自的高考改革方案，这是各省（区、市）考虑自身的情况和条件做出的选择。

实践是检验真理的唯一标准。由于高考试点改革的利弊得失需经过一轮实施之后才会充分显现出来，因此，各省（区、市）的跟进方案都在上海、浙江2017年试点一轮之后再渐进展开。这样试点先行，分步实施，经过检验行之有效的可以逐步有序推广，确有需要总结经验、调整改进之处，也来得及调整。

保送生制度研究报告①

保送生制度是指由确定的中等学校推荐、保举成绩优秀或有特长的学生，经高等学校考核同意，免予他们参加全国统一高考而直接进入高等学校学习的制度。该制度自1984年开始试点推行，几经改革调整，从保送条件到推荐报名、从考核录取到保送规模都发生了巨大的变化。当前，面临新一轮高考制度改革，在破格录取、推荐录取、自主招生等多元录取方式并存的格局下，保送生制度的“存与废”就成为改革的焦点之一。本报告从梳理保送生制度的历史沿革与现状出发，在分析保送生制度面临的现实问题，以及借鉴国外保送生制度实施经验的基础上，探讨保送生制度该存还是该废，并拟出具体改革目标及其实现路径。

一、保送生制度的历史沿革

保送生是指应届高中或中等师范学校的优秀毕业生不经过普通高等学校招生全国统一考试，由中学推荐、大学考核后进入普通高等学校学习的学生。追根溯源，高校招收保送生由来已久，早在1958年，就对工人、农民、工农干部、老干部及工农速成中学的优秀毕业生采取过面试保送的办法。由于这一办法不利于鼓励学生学习，导致新生质量严重下降，在社会上产生了一些不良影响，因此，1959年就停止了招收保送生。此后，1972年高校恢复招生（文化考试并未恢复）后，也采取过与保送生制度类似的“自愿报名、群众推荐、领导批准、学校复审”的招生办法，并一直实行到1976年。除这两次特殊情况外，从20世纪50年代初高考制度建立至80年代中

① 本报告与李木洲合作，于2011年10月提交国家教育咨询委员会考试招生改革组。

期，高校招生都是以高考成绩为主要录取依据的。[①]事实上，高校招收保送生作为一项明确的制度实施，始于1988年《普通高等学校招收保送生的暂行规定》的颁布。回顾保送生制度的发展演变，大致可分为三个阶段：

（一）试点阶段（1984—1987年）

“文革”后，1977年恢复统一高考制度。一方面，随着竞争的逐年加剧，片面追求升学率现象愈演愈烈，学生负担日益沉重，应试教育的弊病也日益凸显，主观上促使人们探索多元入学方式，打破“一考定终身”的局面；另一方面，受社会发展需求的调控，高校招生专业逐渐出现热门与冷门之分，热门专业生源丰富，而冷门专业则生源匮乏，难以为继，客观上需要国家给予政策支持，才能确保高校冷门专业的发展。因而，在主客观双重诉求驱动之下，1984年，北京师范大学等“冷门”的行业性院校开始试点招收保送生，希望以此打破唯看高考分数的招生方式，并确保高校行业性冷门专业的延续发展。在进行试验、取得经验的基础上，1985年保送生试点院校扩大到包括北京大学在内的43所高校。国家教委于1985年12月31日颁发了《关于做好普通高等学校试招中学保送生工作的通知》，随该通知下发的还有两个附件：《关于1986年普通高等学校试招中学保送生的意见》和《1986年试招中学保送生的高等学校名单》。这些文件规定：保送生的保送条件为德智体一贯优秀，有较强的创造能力的应届高中毕业生，且无须参加高考；保送招收人数控制在计划招生总数的2%以内（师范院校控制在5%以内），可列在招生计划来源的机动数中；中学保送学生比例占全校毕业生人数的5%。据统计，1985年全国普通高校招收保送生6000余名，占招生总数的1.2%；1986年招收3000多人，占招生总数的0.56%。[②]1987年，国家教委又颁布了《普通高等学校招生暂行条例》，其中第九章有关招收保送生的条款明确规定：“为了全面贯彻教育方针和因材施教的原则，弥补考试的不足，由国家教育委员会授权的高等学校可以招收保送生。招收保送生的办法，由国家教育委员会另订。”

① 郑若玲.保送生制度：异化与革新[J].教育发展研究，2006(2):43.

② 基俊主.中国高校招生制度[M].哈尔滨：东北师范大学出版社，1990:103.

（二）推广阶段（1988—2000年）

经过四年的试点并取得较好效果后，1988年2月，国家教委印发了《普通高等学校招收保送生的暂行规定》，正式以制度形式开始推广保送生制度。该规定确定招收保送生的普通高等学校为：北京大学、清华大学、中国人民大学、北京师范大学、北京工业学院、北京钢铁学院、北京航空学院、北京化工学院、北京医科大学、北京林业大学、南开大学、天津大学、山西矿业学院、吉林大学、东北师范大学、大连理工大学、东北工学院、哈尔滨工业大学、哈尔滨船舶工程学院、复旦大学、同济大学、上海交通大学、华东师范大学、上海医科大学、华东化工学院、中国纺织大学、厦门大学、南京大学、南京工学院、浙江大学、山东大学、中国科技大学、武汉大学、华中理工大学、华中师范大学、华中农学院、中山大学、华南理工大学、湖南大学、国防科技大学、长沙水利电力师范学校、四川大学、重庆大学、成都科技大学、西南师范大学、成都电讯工程学院、四川农学院、西安交通大学、陕西师范大学、西北工业大学、西安电子科技大学、兰州大学52所学校。各地未经国家教育委员会许可不应确定除师范、外语院校以外的其他高等学校招收保送生。招收保送生的目的"在于完善我国普通高等学校招生制度，更好地为社会主义现代化建设服务"。招生工作应本着"相互信任、相互负责、相互尊重的原则，在各省、自治区、直辖市招生委员会的组织下进行"，要"有利于培养和选拔德智体全面发展的优秀学生，有利于更好地全面贯彻教育方针，鼓励和引导学生德智体全面发展"。保送生必须具备以下条件之一：一是"德智体美和在劳动教育中表现一贯优秀的高中应届毕业生"。二是"德智体全面发展，学习成绩优秀，志愿献身教育事业，并具备从事教师工作素质的高中及中等师范学校的优秀应届毕业生"。三是"德智体全面发展，各科成绩优良，并参加国际中学生学科奥林匹克竞赛集训的优秀高中应届毕业生"。有权招收保送生的高校招收保送生的"数量最多不得超过该校当年招生计划总数的3%（师范院校可达10%）"，有权保送的"中学、中等师范学校以及外语学校推荐保送生的比例，由省、自治区、直辖市招生委员会确定。中学原则上不应超过该校当年应届毕业生总数的5%；中等师范学校不应超过2%”。[①]此外，该规定还对“招保双方”的权力与职责、具体工作程序以及招生纪律等也作了较详细的说明。此后到20世纪90年代，保送生政策基本稳定，但学科特长生的认定范围逐年扩大，招生人数也逐年上升。1992年招收保送生约1.4万人，约占招生计划总数的2%；1993年招收保送生16272人，约占1.7%。据不完全统计，从1984年至2000年，共有10万名高中生通过保送生制度进入大学。但保送生政策存在的一些缺陷日益显现，少数学校开始“推良不推优”，甚至“推劣不推良”，走后门、拉关系、徇私舞弊、弄虚作假、违法乱纪等现象越来越严重。为此，教育部要求对保送生进行综合能力测试并提出高中会考成绩的等级要求，同时要求各中学接受社会监督，公布保送条件和保送名单。自1999年起，有资格招收保送生和有资格推荐保送生的高校、中学，分别由教育部和各省、自治区、直辖市教育主管部门确定，且规定保送生必须参加教育部考试中心命题的综合能力测试。2000年教育部还要求各省、区、市在保送生参加综合能力测试以后划定最低录取控制线。然而，堵塞漏洞的修补措施并没有杜绝弄虚作假现象。部分中学和学生家长通过各种手段获取指标，甚至学校与家长联合起来造假。2000年湖南隆回一中、山东泰安一中等保送生舞弊案引起了社会和教育主管部门的极大关注。[②]至此，保送生制度受到严峻挑战，其公平性、公正性及存在的必要性受到社会广泛质疑，亟待改革、完善。

（三）调整阶段（2001年至今）

鉴于保送生制度实施多年来，招生工作受到了不正之风的干扰，出现了弄虚作假、拉关系、走后门、徇私舞弊，甚至违法乱纪的现象，造成了较坏的社会影响，为规范保送生工作，杜绝不正之风的干扰，2001年普通高校招收保送生工作按照“压缩规模、严格标准、严格管理”的精神进行了较大调整。具体调整内容有：一是招生院校。有资格招收保送生的院校必须经教育部批准，未经批准的高校不得招收保送生。各省、自治区、直辖市和高校可自行确定本地区、本学校停招保送生。二是招生规模。当年普通高校招收保

①《普通高等学校招收保送生的暂行规定》及通知。该规定根据《教育部关于废止部分规章和其他规范性文件的通知》（教政法〔2004〕9号）已于2004年9月20日废止。

②李峻.保送生政策变迁的多源流分析[J].大学教育科学，2011(2):47.

送生总规模不得超过5000人。三是保送生条件。具有保送生资格者须符合下列条件之一：①省级优秀学生，即按《中共中央办公厅、国务院办公厅关于适应新形势进一步加强和改进中小学德育工作的意见》（中办发〔2000〕28号）和《教育部关于学习贯彻〈中共中央办公厅、国务院办公厅关于适应新形势进一步加强和改进中小学德育工作的意见〉的通知》（教基〔2001〕1号）评选的省级优秀学生。②在高中阶段获全国中学生学科奥林匹克竞赛省赛区一等奖和获得全国决赛一、二、三等奖的应届高中毕业生。各学科竞赛包括省赛区的竞赛［具体名称为全国高中数学联赛、全国中学生物理竞赛、全国高中化学竞赛、全国青少年信息学（计算机）奥林匹克竞赛、全国中学生生物竞赛］和全国竞赛［具体名称为全国数学奥林匹克（全国中学生数学冬令营）、全国中学生物理竞赛、全国高中学生化学竞赛暨冬令营、全国青少年信息学（计算机）奥林匹克竞赛、全国中学生生物竞赛］两类。③根据原国家教委教基〔1993〕9号文件精神，在北京大学附属中学、清华大学附属中学、北京师范大学附属实验中学和华东师范大学第二附属中学举办的“三年制高中理科试验班”中的优秀应届高中毕业生。④根据外语院校及其他高校外语系、专业历年来在有关外国语中学招收保送生的实际情况，下列外国语中学各语种中思想品德和学习成绩均特别优秀的应届高中毕业生具有保送生资格（各校推荐保送生的比例不超过本校应届高中毕业生总数的20%）。这些学校是：天津外国语学校、长春外国语学校、济南外国语学校、南京外国语学校、杭州外国语学校、武汉外国语学校、重庆外国语学校、郑州外国语学校、太原外国语学校、成都外国语学校、深圳外国语学校和上海外国语大学附中、广东外语外贸大学附中。上述中学具有保送资格的学生只可报北京外国语大学、北京语言文化大学、外交学院、上海外国语大学和广东外语外贸大学五所外语院校和综合性大学的外语系、专业。⑤公安院校招收公安英烈子女。其中前四类保送生条件的调整与1988年颁布的《普通高等学校招收保送生的暂行规定》的条件相比，虽然门槛更高、更具体，也更加具有可操性，但除了第二条外，其余三条实质上仍未跳出“软标准”的框框。此外，操作程序上的调整还包括取消了保送生的综合能力测试、加大招生信息公开、加大违规处罚力度等。此后，保送生制度又进入了相对稳定期，仅在

2007年，作为高考招生诚信机制建设的一部分，教育部增加了对提供虚假材料的保送生进行处罚的规定。

尽管保送生制度演变可分为三个发展阶段，但从总体上看，从1984年试行以来，以2001年为分水岭，分为两个政策重点有明显差别的阶段：从保送生规模来看，前一阶段保送生范围从农、林、师等冷门专业扩展到所有专业，招收的人数多达25000人，占整个招生计划的2%左右；在后一阶段，每年招收保送生的规模在6000至8000人，占招生计划的1%左右。从保送标准来看，前一阶段试图回避统一高考“死标准”的弊端，偏重于保送的“软标准”，操作空间非常大；而后一阶段为了维护保送生政策的公平性，侧重于保送的“硬条件”，其政策弹性空间很小，特别是2006年又开始对保送生实行文化测试和相关考查制度，几乎使得最初意义上的保送生政策荡然无存。从政策导向来看，前一阶段重内容建设，不断丰富政策的适用范围，后一阶段重政策意义建设，不断增强政策的公平性。①

二、保送生制度的现状分析

高校招收保送生从1984年试点推行以来，经过不断改革调整，形成了现行保送生制度，即《2010年普通高校招收保送生办法》（教学司〔2009〕32号文件）（按照2011年普通高等学校招收保送生工作的通知，2011年保送生招收工作亦遵照该办法执行）。当前，高校招收保送生的计划纳入国家核定的各高校当年招生总计划之内，其招生简章需遵循教育部、国家体育总局、公安部等部（局）有关招收保送生的各项规定，并通过学校网站提前向社会公布。基本现状如下：

（一）具有招收保送生资格的高校类型丰富、层次多样

具有高等学历教育招生资格的普通高等学校（本科专业）均可按保送生办法与要求招收保送生，高校类型涉及理、工、农、林、医、政、师范、地质、财经、体育、军事等，高校层次涵盖一本、二本、三本等本科专业。2011年全国具有招收保送生资格的高校有86所，包括：中国人民大学、外交学院、四川大学、清华大学、北京大学、河海大学、北京理工大学、天津

① 李峻.保送生政策变迁的多源流分析[J].大学教育科学,2011(2):4.

大学、重庆大学、复旦大学、西北工业大学、电子科技大学、东南大学、上海交通大学、西南大学、南京大学、西南财经大学、南京航空航天大学、浙江大学、西安交通大学、南京师范大学、华中科技大学、厦门大学、大连理工大学、东北大学、同济大学、中南大学、兰州大学、南京农业大学、上海财经大学、华中师范大学、长安大学、中山大学、山东大学、哈尔滨工业大学、华北电力大学、中国药科大学、吉林大学、华东师范大学、华东政法大学、西北农林科技大学、武汉大学、中国海洋大学、南开大学、湖南大学、华中农业大学、中央财经大学、对外经济贸易大学、湘潭大学、北京外国语大学、北京大学医学部、广东外语外贸大学、北京航空航天大学、北京邮电大学、郑州大学、北京林业大学、北京师范大学、北京外国语大学、中国青年政治学院、南京医科大学、南方医科大学、上海外国语大学、首都经济贸易大学、天津财经大学、西南政法大学、上海海事大学、苏州大学等。

（二）保送条件要求高，名目多样

目前，能够获得保送资格者需符合下列八种条件之一：①在高中阶段被评为省级优秀学生的应届高中毕业生；②高中阶段在全国中学生学科奥林匹克竞赛全国决赛（包括中国数学奥林匹克、全国中学生物理竞赛决赛、全国高中学生化学竞赛、全国青少年信息学奥林匹克竞赛、全国中学生生物学竞赛）中获得一、二、三等奖的应届高中毕业生；③高中阶段在全国中学生学科奥林匹克竞赛省赛区竞赛［包括全国高中数学联赛（省级赛区）、全国中学生物理竞赛（省级赛区）、全国高中学生化学竞赛（省级赛区）、全国青少年信息学奥林匹克联赛、全国中学生生物学联赛］中获得一等奖的应届高中毕业生；④高中阶段在全国青少年科技创新大赛（含全国青少年生物和环境科学实践活动）或“明天小小科学家”奖励活动或全国中小学电脑制作活动中获得一、二等奖的应届高中毕业生；⑤高中阶段在国际科学与工程大奖赛或国际环境科研项目奥林匹克竞赛中获奖的应届高中毕业生；⑥根据高校外国语言文学类专业对生源的特殊要求，经教育部批准具有推荐保送生资格的外国语中学，可向高校的外国语言文学类专业推荐思想品德和学习成绩优秀且高中阶段均在本校就读的应届高中毕业生（全国具有推荐保送生资格的外国语中学名单及推荐限额如下表所示）；⑦符合国家体育总局、教育部等六部（局）印发的《关于进一步做好退役运动员就业安置工作的意见》（体人字〔2002〕411号）中有关保送要求的退役运动员，即曾获得全国体育比赛前三名、亚洲体育比赛前六名、世界体育比赛前八名和获得球类集体项目运动健将、田径项目运动健将、武术项目武英级和其他项目国际级运动健将称号的退役运动员；⑧符合公安部、教育部印发的《普通公安院校招收公安英烈子女保送生的暂行规定》（公政治〔2000〕138号）的公安英烈子女。总体来看，上述八种保送条件可分为三大类：一是综合评价类，即评定为优秀生者，主要指条件①；二是竞赛优胜类，也可称为学科特长生，主要包括条件②、③、④、⑤、⑥五种；三是政策照顾类，即对国家或社会作出积极贡献者或其子女给予的优惠与鼓励就学政策，主要指条件⑦和⑧。

全国具有推荐保送生资格的外国语中学及推荐限额

外国语中学	推荐限额(人数)	合计(人数)
天津外国语学校	115	2480
石家庄外国语学校	170	
太原外国语学校	160	
长春外国语学校	165	
上海外国语大学附中(含浦东、浦西校区)	170	
南京外国语学校	195	
杭州外国语学校	140	
厦门外国语学校	155	
南昌外国语学校	135	
济南外国语学校	220	
郑州外国语学校	190	
武汉外国语学校	145	
广东外语外贸大学附中	90	
深圳外国语学校	185	
重庆外国语学校	125	
成都外国语学校	120	

（三）保送程序公开、透明，审核严格

按照保送办法，明文规定各类获得保送资格者必须经过所在单位的推荐与公示，并经过相关部门的审核。具体推荐、报名及审核等相关规定如下：①省级优秀学生、相关竞赛获奖学生，由本人向所在中学申请并经中学审核公示。公示时间不少于2周，要在中学校园显要位置张榜公示名单、所在班级、获奖项目等关键信息。中学须于寒假开始前将经公示的保送生推荐名单报所在地省级招办，并向有关高校寄送加盖中学校章的学生情况材料。省级教育行政部门、中国科学技术协会于每年2月中旬前分别将省级优秀学生名单、相关竞赛获奖学生名单上传至教育部“阳光高考”平台（http://gaokao.chsi.com.cn）集中公示。②具有推荐保送生资格的外国语中学须按规定制定本校推荐办法，报所在省级教育行政部门、省级招办审核备案后在本校公布（公示期不少于2周）。省级招办应在本省（区、市）招生网站公布本省具有推荐保送生资格的外国语中学的推荐保送生办法。各外国语中学经公示的推荐名单由所在地省级招办审核后上传至教育部“阳光高考”平台集中公示，之后，外国语中学方可向有关高校寄送加盖中学校章的推荐学生情况材料。③符合保送条件的退役运动员，可向国家体育总局申请，并由国家体育总局进行资格审核后向有关高校推荐。④符合保送条件的公安英烈子女，可向烈士生前所在单位或英烈现工作单位提出书面申请，逐级报至省（区、市）公安厅（局）政治部审核。各省（区、市）公安厅（局）政治部于每年3月底前将推荐保送生的材料和审核意见报公安部政治部审批。⑤符合保送条件的省级优秀学生、相关竞赛获奖学生、外国语中学推荐的优秀学生、退役运动员及公安英烈子女，均须参加其户口所在地省级招办统一组织的高考报名。

（四）保送违规风险较高，处罚力度较大

对保送主客体的违规监管及处罚具体规定有两条：一是对提供虚假身份证明或获奖材料取得保送资格的学生，一经发现并核实，取消其当年普通高校招收保送生录取资格及参加普通高校招生全国统一考试资格，并记入考生高考诚信电子档案；已被录取进入高校学习的，由相关高校取消其学籍。二是对在推荐保送生工作中提供虚假证明材料或违反规定推荐的中学，一经发现并核实，要通报批评，并由有关部门对其当年所有推荐保送学生进行重新

审查；对弄虚作假的中学，视情节严重程度，暂停其1至3年推荐保送生资格；对造成恶劣影响的中学，将取消其今后推荐保送生资格。上述规定，对规范保送主客体的行为、确保保送生质量有重要意义。

（五）考核与录取程序“因类而异”，各不相同

按照保送生考核与录取规定，不同类型的保送生，其考核与录取程序不同，具体如下：①高校须对本校拟录取的保送生进行文化测试及相关考核。招收外国语中学推荐保送生的高校须在教育部“阳光高考”平台集中公示相关保送资格学生名单后，在公示名单范围内组织本校外国语言文学类专业保送生文化测试及相关考核。②高校对符合保送条件的退役运动员进行考核后，将合格名单报国家体育总局，由国家体育总局于每年4月中旬前将高校拟录取的退役运动员名单统一报教育部备案，教育部高校学生司发函通知相关省级招办办理录取审批手续。③符合保送生条件的公安英烈子女须参加公安部统一组织的考试。经复审达到要求的，有关公安院校须将拟录取名单报生源所在省级招办备案并办理录取手续。各省（区、市）所属公安院校原则上只招收本地区的保送生。公安部直属院校面向全国招收符合保送生条件的公安英烈子女，其录取的公安英烈子女保送生人数不超过当年全国公安英烈子女保送生总数的20%。④经省级招办审核录取的保送生免于参加普通高校招生全国统一考试。

三、保送生制度面临的问题

国家实行保送生制度的目的十分明确：一是通过全面考核保送生在中学阶段的德、智、体情况，对鼓励中学生的全面发展产生良好的导向作用；二是使高等学校通过对保送生进行面试，了解其专长，选拔出具有较好的专业适应性的优秀人才，扩大高校招生自主权；三是建立一种以考试为主、以保送为辅的招生制度，把考试与保送两种形式的长处集中起来，以克服各自的不足。对保送生而言，则可以免去统考的负担，有利于他们健康成长。客观地说，从十余年的实际运作来看，保送生制度的确在相当程度上达到了以上目的，产生了一定的效果。一是为高等学校输送了一批德、智、体全面发展或有某些特长的优秀培养对象。一般而言，保送生的政治素质好，专业思想

稳定，创造能力和发展潜力都比高考生要高。南京大学曾对本校1985—1993年共9届计466名保送生（占保送生总数的70.8%）进行了大面积、高密度、多方位的调查，并以高考生作参照，进行对比分析。调查表明，保送生在学业成绩的优良比例、人均获奖次数以及上研究生的比例等方面，都高于高考生。[①]二是作为对优秀学生的鼓励，保送在广大中学生中产生了较好的影响，在一定程度上促进了中学生德、智、体、美、劳全面发展。三是通过保送，让有志于教育事业并具备教师素质的优秀学生进入师范院校学习，增强了师范院校的竞争实力，提高了师范院校的教育质量，促进了教育事业的发展。此外，对于扶持民族或欠发达地区的教育和社会发展也发挥了一定的作用。[②]然而，保送生制度也存在诸多弊端，其问题可以从以下两方面加以讨论：

（一）理论方面：存在制度缺陷，易受不正之风侵蚀

保送生政策可以弥补统一高考在选才时过于"标准化"而缺乏差异性甄别的弊端，使一部分"偏才""奇才"中学生通过特殊的选拔机制进入高校学习，对人才选拔起到了积极作用。但是制度作为借助国家权力而推行的规范化的实践策略，在指向一定目标和问题解决的同时，又可能会产生新的问题。由于受社会不正之风的侵蚀，保送生制度一度滋生出种种腐败现象，违背了保送生政策实行的初衷。对中学而言，为了追求升学率，"推良不推优"，甚至"推劣不推良"，拉关系，走后门，徇私舞弊；对高校而言，则可能会将保送作为寻租的手段。具体来讲，保送生制度存在两大漏洞：

其一，保送条件过于弹性。在《普通高等学校招收保送生的暂行规定》关于保送生的三项条件中，除了第3条"参加国际中学生学科奥林匹克竞赛集训"的标准较为明确外，第1条"德智体美和在劳动教育中表现一贯优秀"、第2条"志愿献身教育事业，并具备从事教师工作素质"都是软性标准，随意性大，而且很难利用技术手段防止"荐良不荐优" 和弄虚作假等问题。据统计，某市1988—1994年的1718名保送生中，只有210名保送生获得过国家级或省级学科竞赛奖，而校级"三好学生"和无获奖者达766

① 黄细良，赵清.从南京大学实践看招收保送生的可行性和规范化建设[J].中国高等教育，1998(11).

② 郑若玲.保送生制度：异化与革新[J].教育发展研究,2006(2):43.

人，占总人数的43.8%。[①]调研中参加座谈的不少人反映，当前的保送生办法存在漏洞，包括省级优秀生、青少年科技创新大奖以及“明天小小科学家”等评选都存在人为操作的风险。

其二，权力机制失衡。《普通高等学校招收保送生的暂行规定》指出，保送工作坚持考生的报名权、中学的推荐权、高校的录取权和教委的审批权“四权分离”原则，四者既要互相信任、支持，又要互相监督、制约。但是由于高校具有最终取舍权并且缺乏制约机制，因此，中学的权力越来越小，大学招生办的权力越来越大。20世纪90年代中期，保送生政策开始出现异化现象。权力具有逐利的本性，只要有利益存在，就有权力渗透的可能。高考政策的实质是利益分配机制，如果这个机制没有刚性的制度壁垒，就可能会逐步被权力吞噬。保送生政策如果没有刚性的“防护壁垒”，就容易成为权力的角力场。实践中，一部分保送生指标是高校主动投放给有保送资格的中学的，更多的指标则是中学甚至一些家长到高校争取而来的。高校对名气大的重点中学投放的指标多，一般的中学则要“找米下锅”。一些高校招生负责人员甚至利用保送生指标寻租，收取数额不等的费用。20世纪90年代中期，不少地方出现了乱保送、假“三好学生”的事例，导致不少大学出现了保送生、“三好学生”不如一般学生的现象。1995年，河南省某中学保送的8名学生中有7人的成绩作假；1996年，湖北省某市教委主任利用职权篡改儿子会考成绩，并指定将其评为省级优秀学生干部，从而获得保送资格；1997年，中国人民大学清退了3名成绩弄虚作假的保送生；2000年，湖南省某中学竟在推荐保送生中采用偷梁换柱和考试舞弊等手法作假。[②]保送生制度出现种种问题，主要原因是保送生制度监管及处理机制存在缺陷，为腐败的产生提供了条件。以处罚力度来说，一旦发生舞弊现象，多以清退学生、处分校长告终，责任人很少被追究刑事责任，其违规成本比较低。此类事件多次发生，考生、中学、高校之间的信任逐渐被瓦解，社会对“取消保送”的呼声渐高。[③]

---

① 罗立祝.高校招生考试政策研究[M].武汉：华中师范大学出版社，2007:208.

② 周其俊，吴湘韩.保送生选拔黑幕重重[N].文汇报，2000-8-16.

③ 李峻.保送生政策变迁的多源流分析[J].大学教育科学，2011(2):48.

（二）实践方面：保送机会存在较大阶层差异①

有学者从阶层再生产理论入手，采用辈出率研究方法，对不同社会阶层的子女获得重点大学与热门专业的保送机会的差异进行实证研究。在D市教育招生考试院的大力支持下，研究者查阅并记录了该市从1988—2005年的原始保送生档案资料共3525份，其中1988—1994年保送生档案1758份，1995—2005年保送生档案1767份。调查统计项目主要包括保送生的性别、民族、家庭背景、保送高校层次与类别、高中获奖等级、高中成绩排名等。研究者通过数据整理分析，对我国保送生升学的高校层次、热门专业、获奖等级以及高中学业排名的阶层差异进行了实证研究，结果如下：

其一，保送高校层次的阶层差异。重点大学的保送入学机会主要被干部和国家与社会管理者阶层子女所获得，但专科学校的情况与重点大学不同，农民子女占保送生总数的67.7%，比其他阶层高得多。

其二，保送热门专业的阶层差异。兼有权力、文化、社会网络资本较高优势的国家与社会管理者阶层的子女占计算机与电子信息、外语、国际贸易三大热门专业保送生人数的比例分别为21.16%、21.88%和23.53%，而处于社会弱势地位的农、林、牧、渔阶层子女只占4.4%、6.3%和0%。这说明国家与社会管理者阶层子女获得保送热门专业的入学机会比农、林、牧、渔阶层子女高得多，而且国家与社会管理者阶层子女获得热门专业保送的机会比具有文化技术优势的专业技术人员阶层的子女要高。

其三，保送生获奖等级的阶层差异。国家级竞赛获奖者中，干部阶层子女所占百分比为50%，而农民和工人阶层子女所占比例较低。省级竞赛获奖者的阶层分布情况与国家级竞赛相似。但在获省、区、校级“三好学生”（或优秀学生干部）称号的保送生中，知识分子阶层子女所占比例比其在国家与省级竞赛中获奖比例有大幅度降低，干部阶层子女所占比例降为35%左右，而工人阶层子女所占比例比较稳定。可以解释为，由于获得国家级与省级各学科竞赛的奖项不仅需要丰富的文化积累，而且赛前准备活动需要大量的经济投入，相比较而言，农民阶层与工人阶层在文化和经济上不如干部阶层，而知识分子阶层子女具有文化优势，因此他们在各学科竞赛这类需要较

---

① 罗立祝.社会阶层对保送生高等教育入学机会的影响[J].高等教育研究,2008(8):38-44.

多文化知识的比赛项目中获得更多机会。此次调查样本中，共有210名学生获得国家级与省级各学科竞赛奖项，其中有193人被保送升入重点大学。省、区、校级“三好学生”（或优秀学生干部）与无获奖者合计有1505人，其中有1085人被保送至一般本科院校，有162人被保送至重点大学，还有258人被保送至专科学校。值得指出的是，校级“三好学生”和无获奖者竟然占保送生总数的42.7%，而校级“三好学生”是刚性与可信度较低、人为操作性较强的奖项，这一奖项却成为保送入学的最大通道，因此保送生制度的合法性遭到质疑在所难免。

其四，保送生高中学业成绩的阶层差异。在1988—1994年D市的1758份保送生档案中，只有903份记录了学生所在班级或年级的总人数，并记录了排名情况，其中有845人的高中学业成绩排名在班级或年级的前20%；有428份只记录学生在班级或年级的排名，但没有记录所在班级或年级的人数，这428人中有337人的成绩排名在班级或年级的前10名。在上述记录班级（或年级）排名与所在班级（或年级）总人数的903人中，有857人（占95%）所在班级或年级的总人数超过了50人，因此我们推断这337人所在班级（或年级）人数超过50人，因此他们的高中学业成绩排名也处于班级或年级的前20%。由于当时的高考录取率大约在22%左右，从理论上说，这些高中学业成绩排名在班级（或年级）前20%的1182名保送生即使参加高考，也能凭其学业成绩考上大学；但另外149人（占总数的11%）排名在班级或年级20%之后的保送生若参加高考，则很可能无法考上大学，却被保送升入了高校。这149人中，干部阶层子女占了一半比例，获得保送入学的机会明显高于工人、农民阶层子女，可能权力在保送生入学机会竞争中起了一定作用。

研究表明：干部、国家与社会管理者和知识分子等阶层的子女所获得的保送上重点大学与热门专业的机会大大高于农、林、牧、渔阶层的子女，而且干部、国家与社会管理者阶层的子女所获得的重点大学与热门专业的保送入学机会也高于知识分子阶层的子女。

此外，还有研究显示，高校招收的保送生的优势并不十分明显，且高校还要耗费大量的人力、物力来执行这一制度。据教育部问卷调查，平均每所高校每年为招收保送生（占年招生总计划的3%）支出经费3万元左右，派出工作人员22人。同时，由于家长“跑名额”“打通关节”的情况增多，为了考查保送生是否真的优秀，高校还要拨出专款，派人实地调查了解，而且由于多方面的原因，还不能确保每个考生都调查属实。①综上所述，当前保送生制度确实存在较大的缺陷。

四、国外“保送制度”及其经验

（一）美国的入学推荐制度

美国并没有与我国的保送生制度相对应的招生方式，唯一与我国的保送生制度有类似的是“入学推荐制度”。其实，美国的“推荐”只是招生过程中的一个环节而已，并不具备直接录取功能。

一般而言，在美国，由中学为申请就读高校的学生出具推荐信，是大部分美国高校尤其是部分著名的私立大学和州立大学录取新生的必备程序。美国学生申请就读大学时必须提供两封推荐信，推荐人的身份、地位、声誉对学生能否被名校录取有较大影响。从美国高校招生制度和实践来看，中学教师推荐学生上大学的做法非常普遍，由校长直接推荐某个学生的情况并不多见。因为校长对学生的了解程度远远不如任课教师，而学生找最了解自己的教师写推荐信，能最大程度地保护自身的利益，也显得更有说服力。

美国的新生入学推荐信，其中涉及校方对学生的评价部分，须由任课教师单独填写，并单独寄出。主要内容包括：教师的个人情况；学生的情况，包括其在学校的排名、是否受过处分、是否有与众不同的特点、参加课外活动的情况、品德和创新能力方面的独特之处等。对于推荐信的公正性，高校也有自己的对策。新生入学后校方会对其进行全方位的考查，如果存在舞弊现象，学生会被开除，出具推荐信的教师也会受到相应的处罚。美国社会强调诚信，公众非常重视自己的签名权，对落实到纸面的东西非常慎重，对出具推荐信这种非常严肃的具有法律意义的文书更是如此。②

① 杨兆武. 高校保送生政策分析[J]. 吉林教育,2007(8):82.

② 刘华. 美、日大学招生如何实行“校长实名推荐制”[EB / OL].http://www.china.com.cn/international/txt/2009-11/27/content_18968441_2.htm

美国大学的录取标准比中国要复杂得多，且综合性很强。推荐信固然重要，但不会是一刀切地起到“减××分”的作用，录取与否，还要综合考虑学生的个人陈述，以及SAT、托福、平时成绩等。美国大学的自主招生比较灵活，包容性强，有利于发现各种类型、有各种特长的学生，对弱势群体也有一定的照顾，但总的来说更倾向于精英群体。美国的多数学校采用“学业成绩+综合素质”的录取模式。[①]所以，整体而言，美国的“入学推荐制度”赋予中学教师推荐学生的权力，其形式灵活多样、严格，也显得比较科学、客观和可信。

（二）俄罗斯的竞赛优惠入学制度

进入21世纪后，随着国家统一考试的逐渐普及，俄罗斯大学自主招生的权力受到很大的制约。2006年，俄罗斯总统普京签署命令，拨款奖励有才华的14—25岁的年轻人，选拔这些青年才俊的重要手段就是组织各种奥林匹克知识竞赛（简称“奥赛”）。2007年2月25日，在俄罗斯大学校长联合会的建议下，俄罗斯政府通过以下法令：作为国家统一考试录取招生的补充手段，允许中学生奥林匹克知识竞赛的获奖者在报考高校时享受一定的优惠。这一法令中所指的中学生奥赛不同于其他赛事的最重要的一点是，参加这类竞赛并获奖者将在进一步求学中名正言顺地得到种种优先权。这一定程度上保障了某一领域有着特殊才华的学生不会因通不过全国统考而不能上大学。

为保证招生过程中的公平和公正，规范奥赛组织评比、提高奥赛质量，2007年10月，俄罗斯成立了俄罗斯中学生奥林匹克知识竞赛委员会，委员会的具体组织工作由俄罗斯大学校长联合会承担，其主要任务是协调全国中学生的知识竞赛活动，保证其学术性、创新性和竞赛结果的公正性。俄罗斯中学生奥林匹克知识竞赛委员会是一个全国性的权威机构，是以教育科学界人士为主导的义务性组织。委员会主席及成员由俄罗斯教育科学部根据大学校长联合会的推荐进行审批。委员会下设18个专家组，其主要成员是学校和科研院所的教授、学者和科学家。专家组和委员会最重要的任务就是审查各地区申办此类奥赛的材料，决定是否可以列入每年的奥赛清单。这一清单

① 黄宝权，周洪宇. 从美、日入学推荐制看北大“中学校长实名推荐制”[J]. 高教发展与评估，2010(2):10.

最终须报俄罗斯教育科学部审批通过，只有参加列入此清单的奥赛并且获奖才有可能享受上大学的优惠。专家组在筛选过程中着重审查的是奥赛题目的创新性，保证奥赛的高质量，同时兼顾地区和学科平衡等，以便通过竞赛选拔出真正的拔尖人才。

1. 俄罗斯中学生奥林匹克知识竞赛的举办程序及规定。

为加强对各地奥赛组织工作的指导和规范，2007年10月22日，俄罗斯教育科学部颁发了组织中学生奥林匹克知识竞赛的规定程序，对申请组织奥赛的程序、应具备的条件、获奖人在报考大学时可以享受的优惠等作了明确的规定。该规定在实施的过程中又陆续发现了一些新的问题，经过社会各界的讨论，特别是教育科学界的反复论证后，2009年12月9日，俄罗斯教育科学部又颁布了对这一规定的修改意见，该修改意见已在俄罗斯司法部注册备案。这一规定如下：

（1）举办中学奥林匹克知识竞赛的目的是启发中学生的创新能力，提高他们对科学研究的兴趣，发现和支持有天赋的年轻人，在青少年中普及科学知识。

（2）申请举办奥赛的单位可以是一个或数个联邦主体（俄罗斯的联邦主体相当于我国的一个省）、一所或数所通过国家资质认证的高校，举办单位还可以吸收一所或数所通过国家资质认证的中等职业技术学校共同举办奥赛。

（3）奥赛举办时间是每年的9月1日至来年的5月15日（俄罗斯5月中旬开始大学升学考试）。可以举办一次即结束，也可以分几个阶段进行；可以采用远程答题的方式，但是最后的决赛阶段必须是现场答题。

（4）俄语为奥赛的正式语言。奥赛的试题应该属于中学普通教学大纲中某一科目，也可以是包含多科知识的综合性试题。

（5）奥赛举办者要制定出赛事的组织程序、参赛条件、设计试题等，所有有关奥赛组织工作的规定应经过一定程序的审核批准。举办者自行解决组办经费问题，不得向参赛者收取报名费。

（6）奥赛获奖等级共分三级。第一级胜出者将获得一级获奖证书，第二、三级胜出者分别获得二级和三级证书。获得一级获奖证书的人数不得超过决赛总人数的10%，获得一、二、三级获奖证书的总人数不得超过决赛总人数的45%。

（7）所有获奖证书的标准式样须由俄罗斯教育科学部核准，严格编号。赛事组办者需保证证书预定、保管、内容题写等环节不出问题。

（8）奥赛组办人应该在每年5月15日之前向获奖者发放获奖证书，向俄罗斯中学生奥林匹克知识竞赛委员会提交所有获奖人的名单，在奥赛组委会的网站上公布有关获奖者的信息。

（9）获奖者在得奖后一年内报考大学时有如下优惠：最高级优惠是获奖证书持有人可以免试入学，即该证书等同于大学录取证书；第二级优惠是获奖证书持有人可视为已取得获奖科目国家统一考试的最高分，即不管实际上该生考试得了多少分，都承认该生已通过这一课程的入学考试。如果报考的学校和专业，除了统一考试之外，还要由本校对所有的报考者加试这一课程，则获奖证书持有人可以免试，即承认他已经通过考试。

（10）各大学应该在6月1日前公布当年将给予获奖者何种入学报考的优惠。

专家组在对奥赛申请进行审查时应掌握的标准如下：在申请之前两年中，组办方曾举办过类似竞赛；竞赛题目或其他类型的测试题应具有创造性；所有具备参赛资格的学生均可自由参加；举办竞赛的条例、竞赛或测试的题目、题型、参加人员、获胜者姓名等信息都必须公开，便于公众查询；举办者应具备必要的组织竞赛的经验，具有组织竞赛的人力、智力、经费等基础条件；委员会另行提出的其他条件。

举办方须在每年6月1日前向俄罗斯中学生奥林匹克知识竞赛委员会提交申请，俄罗斯教育科学部在当年的9月1日前确认新一学年的奥赛清单。清单中须包括每项奥赛的级别、比赛的科目（单科或多科目的综合竞赛）、举办者的全称等。

2. 俄罗斯中学生奥林匹克知识竞赛中存在的问题。

（1）地区发展不平衡。奥赛项目评审的专家们尽量让更多的地区性比赛进入到奥赛清单，但是从最终通过的清单来看，目前各地区在这方面的工作发展极不平衡。相对来说，中央联邦区、西伯利亚联邦区和西北联邦区在组织奥赛方面积极性较高，而且奥赛组织质量也高。

（2）自然科学学科赛事少。专家们指出，目前举办的奥赛多是人文科学方面的，自然科学知识竞赛较少。俄罗斯科学院的诺维科夫院士指出，在第一级奥赛中没有一项物理学科的竞赛，而且被认为是21世纪前沿科学的生物学科的竞赛也极少举办。专家们认为，要想提高奥赛的质量和效益，应该组织更多的自然科学学科竞赛。

（3）国家对组织工作经费投入不足。按照俄罗斯教育科学部的规定，奥赛举办者应自己负担举办赛事的经费。很多参加奥赛工作的专家都是“凭着一腔热情”在工作。俄罗斯中学生奥林匹克知识竞赛委员会主席萨多夫尼奇认为，国家应该承担奥赛的一些必要开支，如为每项奥赛开设网页，出版有关奥赛的书籍材料，支付评审专家们的酬劳，最起码要有经费来保证阅卷人的阅卷工作。

俄罗斯在大学招生制度改革方面是循序渐进地推进的。在实施国家统一考试和中学生奥林匹克知识竞赛过程中，重视普通考生的权益；注重立法，依法实施；重视社会舆论对教育改革的认同和支持，公众参与度极高；重视发挥教育科学界专家学者的权威和作用；注重开发学生的创新能力和对科学研究的兴趣，努力做到公开、公平、公正。

（三）日本的推荐入学制度

日本类似于我国保送生制度的入学方式是推荐入学制度。据日本文部科学省的统计，2010学年，日本有717所大学采用了推荐入学方式，占日本四年制本科大学总数的92%。这一年，日本四年制本科大学一共招收新生605329人，其中通过中心考试招收的新生为334312人，占总数的55%；另外45%的新生则是通过推荐入学等方式进入大学的。如果再加上短期大学（2—3年制）的新生人数，推荐入学的比率接近50%。由此可知，推荐入学是日本目前一种重要的大学入学方式。

日本的推荐入学，过去一般是指由高中向大学推荐成绩优秀的学生，大学根据高中的推荐意见和学生在高中阶段的成绩，只通过面试或提交小论文来综合判断是否录取。目前日本推荐入学的形式大致分为两大类，一种是公开推荐方式，另一种是指定校推荐方式。公开推荐方式是指只要符合大学提出的推荐入学资格，任何人都可以申报，即使没有高中的推荐信也可以。国立和公立大学大部分采用这种方式，有的学校还要求学生参加中心考试，或者要求学生参加大学自主进行的学科考试，然后综合高中阶段的学习成绩和参加社会活动情况以及大学举行的面试、小论文的成绩等，最终确定是否录取。指定校推荐方式是指大学确定一定的推荐名额给高中，高中校长在本校范围内进行选拔，然后向大学推荐，大学根据高中校长的推荐对学生进行面试等，然后决定是否录取。许多私立大学采用这种推荐方式。这些大学与一些声誉较好的高中建立起相互信赖的关系，以确保生源质量。

由此可见，日本的入学推荐制是以自荐和校荐等为录取的主要依据，完全或部分减免考生的学业考试的招生录取办法，但一般情况下学生都需参加全国的中心考试或大学单独举行的面试等，以此确保推荐者的学业水平。

（四）韩国的“免试入学”制度

为了应对21世纪的挑战，2002年起韩国开始实施大学能力考试、学校生活记录簿、论述、推荐信、面试并行的多种遴选招生制度。实施这一制度最主要的目的是让中学摆脱应试教育，推动中学教育的良性发展，促进合理竞争，真正实现教育的本质目标。缓解过热的课外辅导与降低辅导费用，提高大学的自主性也是该制度的目的之一。该制度通过多种遴选方式扩大了学校的自主权，各学校可依据各自的情况自行扩大或开发招生方式，以利于中学教育良性发展，缓解课外辅导费用过高的问题。该制度在遴选材料上允许大学自行决定，遴选材料基本上由学校生活记录簿、大学要求的材料以及大学修学能力考试成绩等构成。这一制度规定私立大学也要废除以语文、数学、外语为主的单考，把大学能力考试的三个考试领域（语言、数学及探索、外语）扩大到五个（语言、数学、社会探索、科学探索、外语），并且随着第七次教育课程的实施，考生可以自主选择参考科目，并增加了职业探索与汉语两个新科目，废除能力考试的总分制，引入九等级制。在招生上除了实施一般与特殊选拔外，还有免试招生和推荐制等。

经韩国大学入学委员会审议，韩国大学教育协会发布了全韩200所四年制大学（包括教育大学与产业大学）的2012年度大学招生计划。根据该计划，这些学校2012年的招生人数为38万2773人，其中62.1%（23万7640人）通过免试招生录取。虽然韩国政府反对在免试招生中进行论述考试，但是庆北大学、西江大学、弘毅大学等35所大学仍进行论述考试，比2011年还增加了一所。另外，各所大学接收免试招生申请书之前，会告知考生考试日期与时间。据估计，2012年，韩国免试招生比例达招生总数的60%，但其中有20%—30%会重新被安排为正式招生。

许多发达国家没有保送生制度，如加拿大、澳大利亚、德国等，尤以德国最为典型。德国为了杜绝入学舞弊，保证招生公平、公正，坚决不实行保送生制度。一些国家即使有类似的保送入学方式，学生也都要参加学校另外举行的加试。

五、保送生制度改革目标

保送生制度作为我国高考制度的组成部分，随着高考制度整体改革的不断推进，保送生制度存在的内外部环境也发生了相应的变化。其中最为突出的是，《国家中长期教育改革和发展规划纲要（2010—2020年）》第十二章明确提出“建立健全有利于促进入学机会公平、有利于优秀人才选拔的多元录取机制”，即“普通高等学校本科招生以统一入学考试为基本方式，结合学业水平考试和综合素质评价，择优录取。对特长显著、符合学校培养要求的，依据面试或者测试结果自主录取；高中阶段全面发展、表现优异的，推荐录取；符合条件、自愿到国家需要的行业、地区就业的，签订协议实行定向录取；对在实践岗位上作出突出贡献或具有特殊才能的人才，建立专门程序，破格录取”五种基本录取方式。其中“自主录取”“推荐录取”和“破格录取”三种招生方式，可更加科学、规范地取代保送生制度所具有的特定功能。

鉴于前文所说的保送生制度存在的诸多弊端，以及国外保送生制度之经验，结合《国家中长期教育改革和发展规划纲要（2010—2020年）》提出的建立自主录取、推荐录取和破格录取等多元录取制度，我们认为，保送生制度可以被上述三种录取方式合理分解，并逐步取消。具体取代办法如下：

其一，推荐录取方式可取代保送生中的第①类，即“高中阶段被评为省级优秀学生的应届高中毕业生”。

其二，自主录取方式可取代保送生中的第②、③、④、⑤、⑥类，即

"高中阶段各种竞赛优胜生，包括全国中学生学科奥林匹克竞赛全国决赛、全国中学生学科奥林匹克竞赛省赛区竞赛、全国青少年科技创新大赛（含'明天小小科学家'活动及全国中小学电脑制作活动）、国际科学与工程大奖赛或国际环境科研项目奥林匹克竞赛以及外国语中学的优秀应届高中毕业生"等。

其三，破格录取方式可取代保送生中的第⑦、⑧类，即"优秀退役运动员与公安英烈子女"等。

综上所述，按照《国家中长期教育改革和发展规划纲要（2010—2020年）》的改革精神，为不断优化高考制度，保送生制度的改革目标可设定为：逐步取消。即将保送生制度纳入以自主招生制度改革为主体的多元录取制度改革系统之内，逐步以自主录取、推荐录取、破格录取等招生方式分解招收保送生制度所鼓励、优惠的各类优秀人才，最终建立一套公平公正、科学规范、严谨合理的多元录取制度。

六、保送生制度的改革路径

为使保送生制度平稳地被自主录取、推荐录取、破格录取等多元招生录取制度所取代，我们建议让保送生制度改革随自主招生改革的试点推广而逐步推进。具体可分为三个阶段：

第一阶段：构建自主录取、推荐录取、破格录取等替代制度，并试点推行，同时继续实行保送生制度。

第二阶段：在自主录取、推荐录取、破格录取等制度尚未全面推广之前，3—5年内仍继续实行保送生制度，但逐渐减少保送名额，同时，增加自主录取、推荐录取、破格录取的招收名额。

第三阶段：在自主录取、推荐录取、破格录取等制度全面推行后，取消保送生制度。

文理分科乎[①]

高中文理科目，分，还是不分？这是一个问题。

我认为，在一定意义上说，高中文理分科是一个“存在即合理”的现实。

最近许多人谈到，高中之所以实行文理分科，主要是由于高考是文理分科考试。确实，有考试就会有备考，只要高考分文理不同科目，高中文理分科就是很自然的事。那么，问题的关键便成为要不要高考，以及高考要不要分科的问题了。

高考的利弊存废问题过去已讨论过许多。作为中学与大学之间的桥梁，高考不仅对大学选拔新生、中学的教育和教学具有调节与指挥作用，而且承载着整合教育系统、维系社会稳定的重任。它上关国家安定和民族前途，下系青年学生的个人命运和千家万户的切身利益。既然实践证明而且多数人都认为高考是一个适应中国国情的教育考试制度，必须坚持，剩下的问题便在于高考要不要分科。

自从清末引入西方教育制度后，直至民国时期，各高校多数时候实行单独招考，不同高校的考试科目略有不同，或者文理兼考，或文、法、商院系与理、工、医、农院系对史地、理化的考试要求难易和范围不同。中华人民共和国成立后，1952年建立了统一高考制度，一直实行文理分科考试。例如，1953—1954年，报考理、工、卫生、农、林学科的考试科目为语文、政治常识、数学、物理、化学、生物、外语7门，报考文科、政法、财经、体育、艺术学科的考试科目为语文、政治常识、历史、地理、外语5门。此后，一直到1965年，高考都是文理分科考试，只是考试科目略有变化，如1955—1958年的高考，理科的生物科改称“达尔文主义基础”。

① 本文发表于《中国教育报》2009年3月9日。

1977年恢复高考以来，基本上也都是文理分科招考。只有前几年，部分省区在“3+X”科目改革中试行了“3 + 大综合 + 1”的科目方案，其中的“大综合”包含政治、历史、地理、物理、化学、生物6个科目，实际上是文理不分科。由于加重了学生的学习负担，在各方的反对之下，试行的省份纷纷改为“3 + 文综 / 理综”的模式，也就是“小综合”模式。为什么代表“全面培养”教育理念的“大综合”会无疾而终？为什么代表“特长培养”的“小综合”会被广泛采用？很值得我们现在讨论文理分科时认真思考。

不同的人的学习倾向有所差异，有的人喜欢文史，有的人偏好理化，当然也有文理各科都很全面的学生，但多数人还是有一定学习倾向的。生活中人们也常常津津乐道当年钱锺书数学只考15分、吴晗数学只考6分，却分别被清华大学外文系和历史系破格录取，强调要关心偏才。实际上，选拔专才与全面考核往往是无法同时兼顾的两难问题。

过去所有省（区、市）都实行高中会考，现在大部分省（区、市）也还有高中学业水平测试，而会考或学业水平测试要考所有科目。因此，高中文科班学生并不是对理科知识一无所知，理科班的学生也对历史、地理等知识有一定的掌握。当然，只要会考或学业水平测试与高考仅仅是“软挂钩”，多数人重视的还是高考学科。其实，大学实行过窄的专业教育，造成学生知识偏狭，问题并不亚于高中文理分科。如果大学注重进行通识教育，规定所有学生必须跨学科门类修习一定的课程，可以在相当程度上解决高中文理分科的缺陷。

高考改革是一个牵一发而动全身的问题，在制定高考改革方案时，必须综合考虑各种复杂的因素，改革设想和政策不仅要符合教育原理，还要具有可行性和可操作性。因为理论上正确不一定是可行的，只有可行的才是有效的。在充分考虑各方面意见的基础上，如果确实要试行高考文理不分科，制度设计时，也应使报考文科院系和理科院系的考生，史地与理化科目的分量与难度有所区别。而且要进行改革试点，试点结束后应该有一个反馈、总结、论证的过程，根据结果来讨论能否推广。

中国高考制度改革的两难选择[①]

很高兴有机会来哈佛大学参加今年的“哈佛中国论坛”，我们这个分论坛的主题是“中国教育考试系统改革的影响与挑战”，具体讨论中国中小学教育实践中的高考制度面临怎样的冲击；在不远的将来，中国的高考制度可能有哪些变化，这些变化意味着什么；并讨论近期和未来中国高考改革的方向。这些问题跟我的研究方向十分契合，因为我主要是研究中国的考试制度，尤其是高考制度的。

中国是考试制度的发源地。中国不仅是一个考试古国，而且是一个考试大国。许多西方国家的大学招生考试只是一种测量手段，通常只引起小范围的关注，是一个少数人关心的话题。然而，受传统和现实的影响，中国人却将高考变成了文化，变成了经济，变成了产业，变成了一种各方面关注的社会活动。因此，高考在中国教育和整个社会中占有非常重要的地位。今天，我准备在谈中国高考的发展趋势的基础上，着重谈谈高考制度改革的两难问题。

一、中国高考改革的趋势

《国家中长期教育改革和发展规划纲要（2010—2020年）》第十二章《考试招生制度改革》指出：“探索招生与考试相对分离的办法，政府宏观管理，专业机构组织实施，学校依法自主招生，学生多次选择，逐步形成分类考试、综合评价、多元录取的考试招生制度。”分类考试具体表述为：“逐步实施高等学校分类入学考试。高等学校普通本科入学考试由全国统一组织；高等职业教育入学考试由各省、自治区、直辖市组织。”我们要探索分层次的考试录取改革。一张试卷既选拔科技、学术精英，又选拔高技能

① 本文为2010年4月17日在哈佛大学“哈佛中国论坛”上的演讲记录。

劳动者，确实很难兼顾。“综合评价、多元录取”是指“普通高等学校本科招生以统一入学考试为基本方式，结合学业水平考试和综合素质评价，择优录取。对特长显著、符合学校培养要求的，依据面试或者测试结果自主录取；高中阶段全面发展、表现优异的，推荐录取；符合条件、自愿到国家需要的行业、地区就业的，签订协议实行定向录取；对在实践岗位上作出突出贡献或具有特殊才能的人才，建立专门程序，破格录取”。“探索有的科目一年多次考试的办法，探索实行社会化考试。”部分科目如外语考试中，实行自适应考试，即考生可以进行多次水平测试，选择成绩最好的一次作为报考的依据。科目组合和考试内容更为多样。“加强考试招生法规建设，规范学校招生录取程序。”我国将探索制定考试法或教育招生考试法，加强依法治考、依法治招，加强高校招生考试管理。大体而言，中国的高考改革方向是从统一走向多样，从招考合一走向招考分离，最终建立符合中国国情的以统考为主、统分结合的多元招生考试制度。

高考改革的目标，是逐步建立起以国家统一考试为主，与多元化考试评价和多样化选拔录取相结合，高校自主招生、自我约束，政府宏观指导、调控，专业机构命题和组织考试，社会有效监督的具有中国特色的高校招生考试制度 。兼顾统一性与多样性，是高考改革的方向。中国社会具有重视人情与关系的文化传统，而文化传统的变迁是缓慢的，传统习惯并非短时间能完全改变。即使高等教育进入普及化阶段，一流大学的入学考试竞争仍然相当激烈。

二、高考改革中的两难选择

高考改革中存在着一系列的两难问题，若只注意问题的一面而未看到问题的另一面，改来改去可能又“回”到了原点。只有理清这些两难问题，才能使高考改革沿着正确的轨道顺利前行。我们要认识高考改革的困难性和复杂性，避免“头痛医头脚痛医脚”，使高考改革积极稳妥地进行，必须对高考改革有全面的认识。概括地讲，有八对矛盾存在于高校招生考试改革之中。

1. 统一考试与考查品行的矛盾

要保证统一考试的公平性，就必须以考试成绩为录取标准，即不管家世出身和平时水平如何，在考试分数面前人人平等。这好比体育竞赛中，只看比赛时发挥出的水平而不考虑平时训练成绩来决定谁可获得名次。这种办法的好处是唯才是举，公正客观，排除了人为因素的干扰，不足的是这种“才”只是考场上发挥出来的才学，更大的缺点是可能重才轻德，因为单凭考试成绩无法判断考生的品行。考试的局限，恰好是推荐的长处。因为从理论上说推荐可以考查学生平日的品行表现，可以选拔出德才兼备的人才，不致出现高考制度下唯分数是求、智育一枝独秀而忽视德育的局面。只是推荐制实行时很难有客观标准，很容易弄虚作假，受到人情关系的干扰，只好两害相权取其轻者，以统一考试来摆脱人情困扰。

2. 统一考试与选拔专才的矛盾

高考最大的好处是公平择优，不足之处是无法测出个性独特及具有某些方面特别专长的人才。高考用统一的标准去衡量几百万千差万别的考生，会在一定程度上压抑考生的个性和求异思维，这是大规模统一考试固有的局限。公平客观与选拔专才往往成为两难选择。一千多年的中国考试史表明，要么追求公平客观却可能遗漏某些特殊人才，要么注重选拔专才却可能出现录取不公的现象，在这两者之间，绝大多数考生和家长宁愿选择前者，选择平等的竞争。比如，我们为了照顾某些特长生，如有体育特长的考生，在招生中允许降分录取地区及以上体育竞赛获奖者，结果有的地方地区级运动会一年开几次，一些获奖者升入大学后运动成绩平平，或以身体不好为由不参加校系组织的运动队。韩国也曾出现假体育选手混入大学校园的现象。竞争性考试注重普通学识而非专门科目，这样有利于公平比较。若考试科目分组太细，“个性”太强，甚至难以跨组录取，则体现不了高考升学机会尽量均等的公平原则。1985年以后的几年，有一些省市实行新的高考科目组合，打破了文理两大类的划分办法，设置了4个以上科目组合，但由于科目太少、分组过多，实行起来遇到许多问题，几年后实验便告结束。1999年广东省的“3＋X”科目组合也遇到过类似问题。由于多数考生选择了“3＋1”，而这“1”科考试的报考人数、考试难度差别相当大，造成新的不公。有人不明白公平客观与选拔专才往往难以兼顾的道理，提出要让高考促进学生个性的发展，或设置一些针对某些专门领域的考试科目以突出个性。实际上，要求高考在统一测试的同时又能在促进学生个性发展方面起重要作用是难以成功的。专才的选拔只能通过非统一考试的方式进行，较理想的是在全国统一高考之后再由各高校举行专门的考试或面试。

3. 考试公平与区域公平的矛盾

实行统一考试，各地各校的考生必须接受相同的测试标准，脱颖而出者总体而言要比名落孙山者具有更高的文化水平。因此，科举中试人数的多寡是中国一千多年间衡量一个地区文化教育发展水平的特别重要而客观的指标之一，科名也成为地方集体追求的对象而不仅仅是个人奋斗的目标。中国科举史上曾多次出现分区取士与凭才取士之争，其中尤为著名的是北宋中叶的大争论。司马光主张分区定额录取，欧阳修坚决反对，认为考试应一切以程文（科场应试者进呈的文章）定去留，以保证考试的公平性和客观性。发展到明代，科举考试从最初完全按考试分数高低来决定录取逐渐演变为分区分省定额取中。分区定额录取的办法带有优待、照顾边疆和文化教育相对落后地区的用意，从自由竞争的角度来看，与考试的公平原则有矛盾之处，但从调动落后地区读书人的学习积极性、促进当地人文教育水平提升以及维护中华民族的统一等角度看，则有其合理之处，所以这一两难选择的发展规律为：越到后来越是从考试公平趋向区域公平。这一传统一直影响到近代以来中国高等学校的区域布局和高考分省定额划线录取制度的实行，只是近年来京、津、沪三个直辖市由于高校数量集中、考生较少而出现了新的区域公平问题，与科举时代的区域公平问题又有所不同。2007年7月，我参加凤凰卫视中文台的《一虎一席谈》节目，讨论的主题就是“全国高考分省命题公平不公平”，当时特邀嘉宾和参与的听众便分成鲜明的两派，观点很难调和。

4. 保持难度与减轻负担的矛盾

如何在保持考试的难度和区分度的同时，不加重考生的课业负担是大规模选拔性统一考试的又一两难问题。从理论上说，考试应该用教材中的重大问题或重要的知识要点来命题，这样可以学用一致选拔有用之才。可是从命题的实际运作来看，考试制度实行较长时间后，若教材和考试大纲未变而又不允许超纲，则几乎是必然要出偏题甚至怪题，不如此则不足以防止猜题押题，也无法拉开距离，从众多考生中挑选较优秀者。为了保持区分度和难度，出题者往往不按常规命题以扩大命题的范围，但出偏题势必增加学生的学习负担，使学生穷于应付，并随时根据新内容、新题型想出新的对策，于是便会出现水涨船高、层层加码的命题趋难现象，这就有如一些国家之间的军备竞赛。科举考试中八股文命题从正大典雅走向偏难险怪，最后使八股文这种中国古代的标准化考试文体走到穷途末路，给我们留下了深刻的教训。前两年语文高考试卷受到文学界的激烈批评，一个原因就是为了防止主观试题评分误差和保持区分度而导致命题过于琐碎。

5. 考查能力与公平客观的矛盾

高考从考知识向考能力方向转变。为了公平客观地检测考生的基础知识，20世纪80年代以后，语文高考逐渐引进标准化考试题型，这对促进学生掌握扎实的语文基本知识起到了一定的作用。但年复一年，为了拉开分数，只好不按常规命题，甚至钻牛角尖出一些偏题，带来了部分试题支离破碎的问题，导致1998年前后对语文高考的激烈抨击。于是，1999年语文高考作文出了《假如记忆可以移植》这么一个十分灵活的题目，而且允许考生用诗歌以外的任何一种文体，这使考生得以充分发挥其个性和想象，受到许多人的好评。不过，也有一些人尤其是中学语文教师认为这样出题“不规范”，很难掌握评卷标准。命题作文与平日的文学创作是有所不同的，考场中所写作文应有一定的规范性，这是大规模选拔性考试维持可比性和客观评卷公正性的必然要求。有人认为，现代化的教育不应该压抑学生的个性，但是，为了保证考试的公正性，却又不能不压抑考生的个性，这就是为什么发达国家普遍采用最无个性的规范化、标准化考试的原因。命题作文考的是实实在在的作文能力，也就是表达、说理的能力，而不是想象力，在考场上一般不能任意发挥“白发三千丈”的奇思异想，而应根据命题来铺叙。考测知识主要采用标准化的客观试题，考查能力偏重于使用主观试题，这在语文科考试中表现得尤为明显。然而，过于强调考查能力往往会与高考的公平客观原则产生矛盾。如果作文题目过于开放，考生较容易事先背一些范文去应试，反而不利于客观公正地考测出考生的真实水平。而且，考测能力推行的速度和程度，应考虑城乡教育条件存在差别的现实。因为在偏重考测知识面和记忆力的情形下，刻苦攻读、记诵不辍也可能取得高分，而当高考日益倾重于考查能力的时候，勤奋刻苦的因素在高考中所起的作用会有所下降，受教育的条件和环境所起的作用则会有所上升。

6. 灵活多样与简便易行的矛盾

兼顾统一性与多样性是高考改革的一个原则。现在部分省市的科目改革已体现出一定的多样性和灵活性，综合科目的开设在一定程度上有利于学科交叉和考测能力，但同时也出现了操作纷繁复杂和教学无所适从的问题。在原来大一统的高考模式下，各省、区、市之间的高考成绩具有可比性，且管理操作简便易行。省时、省力、省钱、公平、高效是统一高考的突出优点。为了培养和检测学生的能力并增加高考的灵活性和多样性，科目设置和命题变得更加复杂灵活，有的省份报考科目和选填志愿也变得纷繁复杂，尤其是那些频繁改革的省份，不仅高中学生、家长、老师心中无数，一般大学教师和社会大众也难以弄清高考科目与大学系科之间的对应关系，管理操作亦复杂费事。而且，如果过于强调试题的综合性，还会造成高中组织教学的困难。现在的中学师资原本就是分科培养出来的，当大学生和中学教师都还不易进行跨学科的学习和讲授的时候，对高中生的跨学科综合分析能力也不宜要求过高，否则会加重他们的学习和心理负担。在灵活多样与简便易行这对矛盾之间，高考改革应朝着灵活多样努力，但也应尽量考虑方案的可操作性，不可完全抛开简便易行这一原则。

7. 扩大自主与公平选才的矛盾

扩大高等学校办学自主权是中国高等教育的改革方向。当扩大自主权与公平选才原则产生矛盾时，通常的做法是限制高校的自主权，而这又与扩大高校自主权的改革方向背道而驰，因此这也是一个两难选择。在发挥为高等学校选拔人才功能的同时，高考还担负着维护社会公平、维系社会稳定的重任。公平选才是社会大众对高考最为关注的一个方面，也是高考制度的基本功能和精神之所在。不患寡而患不公，不患苦而患不公。自古以来，中国人在考试方面一直强调公平性，不怕竞争，就怕不公；不怨竞争激烈，不怨刻苦学习后考不上，就怕不公平竞争。在公平竞争的情况下，哪怕没能考上大学，考生和家长只会怨自己而不会怪别人。如果是因为不公平竞争而落榜，他们怨的则是高等学校和政策制定者，还可能与政府和社会产生对抗心理。

许多老百姓担心扩大高校招生自主权会给人为因素大开方便之门。公平选才与全面考核之间往往难以兼顾，在以分取人与舞弊不公这对矛盾之间，人们往往宁愿选择公平竞争，接受艰苦的考试，而不愿选择理论上较能全面考核实际上容易被走后门者利用的扩大自主权。

8. 考出特色与经济高效的矛盾

统一高考采用相同的试卷、相同的题目和标准答案，各个高校的招生没有什么不同。要真正考出特色，体现招生考试的多样性，就必须实行各校单独招考，这又与高考的经济高效原则相矛盾。统一高考的一大好处是具有规模效益，可以比单独考试节省大量人力、财力、物力，从经济角度来看具有很好的效益，在“穷国办大教育”的情况下尤其如此。20世纪80年代以来，教育界不时有人提出要改革统一高考，教育部也曾允许愿意尝试的大学进行单独招考改革试点，结果没有大学想试。因为如果单独招考，从各科命题、印发试卷到组织考试、评卷、录取等各个环节，工作量难以想象，即使是委托各地招办主持监考，整个招考工作的费用也将成为学校的一笔沉重负担。在单独招考的情况下，如果所有考生都集中到报考院校去应试，就要来回奔波，十分不便，尤其是报考多所院校的话，必然会穷于应试，而且造成沉重经济负担。现在部分实行自主招生的大学出现联合考试的动向，也说明统一或联合考试对高校和广大考生来说较为方便、经济。但统一高考在经济高效的同时，确实会在一定程度上影响大学和中学的多样性，使其缺少特色，这也是不易兼顾的两难问题。

以上我简要谈了一下高考改革中的八对矛盾，或者说八个两难问题。这些两难问题，抽象一点说，其实就是理想与现实之间的矛盾、公平与效率之间的矛盾。具体一点说，很多问题实际上就是不同利益主体之间的矛盾。高考是一个关系多元利益主体的重大民生问题，高考改革时常陷入左右为难、举步维艰的两难境地，其原因之一就在于改革牵涉的各利益群体之间的冲突、矛盾难以调和。可见高考改革是一项复杂的系统工程，具有很大的难度和重大的影响。如果只看到问题的一面而忽视另一面，就有可能使高考改革走弯路。高考改革影响巨大，即使是一个省一年的改革不当，也会影响数万甚至数十万考生的前途和机会。在高考改革中的一些两难问题上，不应企望十全十美的办法，只能是在两难之中求得平衡，把握一个度。千万不能受到一点压力就立马进行各种改革，对高考作出重大改变应在全面研究和长期规划的基础上渐进推行，这样，才能使高考改革健康稳步地前进。

第二章

高考改革热点

高考制度变革综论

高考制度变革综论

高考制度变革综论

高考制度变革综论

高考改革的争论与思考①

非常高兴能够应邀来耶鲁大学“中国经济论坛”作专场演讲。今天上午我到学校总图书馆看书，并在校园里转了转，直接感受到校园的美丽，更加了解了耶鲁辉煌的历史，对耶鲁大学有了一点感性认识。在座的同学能够进入这所世界顶尖大学读书，真是幸运，想必也经过了激烈的入学竞争。我们都知道，要上耶鲁通常必须参加SAT或ACT，在中国上大学就必须参加高考。高考影响重大，是中国教育中特别重要的制度。甚至英文世界中，当谈到中国的高考时，有时也不用“普通高等学校招生全国统一考试”的直译，而是按拼音，用“Gaokao”这一专门词语来表示。确实，高考改革历来是中国整个教育界甚至全社会关注的一个敏感而重大的理论与实践问题，作为教育体系中的一个重要环节，高考对高等学校培养人才具有基础性作用，对基础教育则具有导向功能。高考关系千家万户的切身利益，高考改革是重大的民生议题。在中国教育改革中，高考改革大概是最容易引起争论的问题之一。今天下午，我就主要谈谈关于高考改革的争论，再分析一下传统文化对高考改革的影响，最后谈谈高考改革将何去何从。

一、关于高考改革的争论

高考改革是一个聚讼纷纭、见仁见智的问题。由于高考的利弊得失都十分显著，人们从不同的立场、不同的角度论说高考，往往会得出不同的看法，因此高考是谁都能说上两句的话题。这里我简要介绍一下关于高考改革的十个争论性问题。

第一，关于是否要坚持统一高考的争论。近年来，关于高考改革有各种

① 本文为2010年4月19日在耶鲁大学“中国经济论坛”上的演讲记录。

各样的争论，对高考制度也有诸多质疑，但最为尖锐，最为根本的，是要不要坚持统一高考的问题，即关于统一考试与单独考试之争，简称为高考改革的统独之争，实际上是高考存废之争。学界对高考的看法往往趋于两极，观点向来相当对立。一派主张应废止全国统考制度，实行各校单独招考，采用类似美国高校的招生考试方式，属于高考改革的“激进派”。另一派主张根据中国国情，必须坚持统一高考，属于高考改革的“稳健派”。在高考改革的激进派与稳健派、理想派与现实派、“独派”与“统派”的分野中，我属于后者。我觉得，研究者应该脚踏实地追求理想，不能天马行空。

第二，关于高校是否实行“宽进严出”的争论。一派学者认为高校应实行“宽进严出”的办法，如华东师范大学的唐安国在《改革是向传统文化的挑战》一文中，提出要改革统一考试模式，改为各校单独考试，扩大高校招生自主权，让更多的青年入学。在学期间学校教师严格要求，用高淘汰率来保证毕业生的质量。而另一派则认为考虑到我国教育特别是高等教育发展的现状，中国的高校不宜推行“宽进严出”。我就发表过《传统文化与高校招生考试改革》《中国高校不宜推行“宽进严出”》等论文，指出要面对现实，立足中国国情，勉强推行“宽进”，很可能导致“宽出”，其后果是教育质量的严重下降。两派一直争论不断。

第三，关于科目改革的争论。有人认为应尽量减少高考科目，以达到减少学生学习负担之目的；也有人认为高考科目的设置有其客观规律，应保持一定的覆盖面，既不能过多，也不宜过少，否则容易造成偏科。科目改革一直是高考改革的重点，它不仅关系到中学教学和备考的范围，而且影响到某些学科的发展及其在中学中的地位。科目设置也不宜过于多样化，否则不同科目组没有可比性，很难跨组录取，从而影响公平。

第四，关于全国统一命题与分省命题的争论。自2004年全面推行分省命题以来，统一命题与分省命题就成为社会关注的热点，各界褒贬不一，莫衷一是。褒者认为，分省命题是适应我国高等教育大众化阶段各地经济、文化、教育等发展不平衡以及新一轮基础教育改革的必然产物，它具有降低全国大范围的高考安全风险、推动素质教育、促进高考制度改革等功能。贬者认为高考分省命题非但不能将泄题风险降到零，而且还可能增加本省泄题的风险；分省命题与全国统一命题质量存在差异，其成绩也缺乏必要的可比性；分省命题的总成本远远高于全国统一命题的总成本，存在重复浪费，因此主张恢复到全国统一命题模式。我认为，对于那些自我评估不想继续自主命题且自愿退出自主命题的省、区、市，应允许其进行选择。在自愿选择并确保与全国高考试卷质量相当的前提下，可允许部分省、区、市继续实行分省命题，最终形成以统为主、以分为辅、统分并用的高考命题模式。

第五，关于招生中区域公平的争论。多年来，随着高考竞争的加剧以及几个直辖市与一些人口大省、高考大省录取率差距的加大，引发了越来越多的议论与关注。特别是2000年以后，“倾斜的高考分数线”问题引发了激烈争论，质疑和辩护的双方言辞都十分激烈，甚至进行了十分情绪化的抨击。这也是最近几年几乎每年都要面对一次的老问题。几乎每年的全国“两会”上，都有关于统一高考分数线或者调整重点大学录取名额问题的提案。特别是近两年，与此相关的“高考移民”问题更是成为舆论关注的焦点问题之一。一些研究者认为，“倾斜的高考分数线”是中国教育“最刺眼的不公”甚至“最大的不公”，已经严重地影响到教育公平的实现。考试公平与区域公平的矛盾，是一个自北宋中叶以来就争论不休的难题。在中国这么一个人口众多、幅员辽阔、各地区经济和文化教育差异极大的国家，这是一个古今大规模选拔性考试都会遇到，却不易解决的两难问题。

第六，关于录取中保护高分考生的争论。有学者认为长期实行的不合理的志愿批次和录取中所采用的“志愿级差”和“专业级差”已经损害到部分高分考生的利益，主张取消级差，按分数择优录取，这样可以避免考生填报志愿中的博弈，使社会资本较差的家庭不会因为信息不对称而吃亏。近年来不少省份开始实行平行志愿方式，按“分数优先、遵循志愿”的原则进行投档录取，改变了过去志愿优先的投档录取办法。反对者认为，实行平行志愿的录取办法，将分数的重要性推到了极致，高等学校基本上没有什么招生自主权，高校的任务基本上就是接收省级招考部门网上发来的考生档案，招生办变成了“接生办”。有人认为，实行平行志愿是公平压倒一切，具体量化为分数压倒一切，与素质教育的改革方向背道而驰。不过，我们应该看到，平行志愿或许不符合素质教育的理念，却最受老百姓的拥护，为广大考生和家长所欢迎。

第七，关于保送生制度的争论。反对者认为，由于受社会不正之风的侵蚀，保送生制度容易滋生腐败现象，违背了保送生政策的初衷。一些中学为了追求升学率，可能会“推良不推优”，甚至出现拉关系、走后门、徇私舞弊等问题。赞成者认为，保送生政策可以弥补统一高考在选才时过于“标准化”而缺少差异性甄别的弊端，使一部分偏才或奇才中学生通过特殊的选拔机制进入高校学习，对人才选拔起到积极作用。我认为，虽然保送生制度存在着诸多问题，但作为考试制度的补充，还有其存在的必要，应严格控制，加强管理。

第八，关于高考次数的争论。为减轻学生的考试压力，多年来有许多人提议实行一年内多次考试，将集中在6月一次的高考竞争分散开来。我认为，在未来相当一段时期内，除英语以外，多数高考科目的考试次数不宜增加。日本、韩国等东亚国家和地区虽然在考试形式或题型方面借鉴美国，日本甚至连大学入学考试中心的建筑都模仿美国，但与美国的高校招生考试明显不同的一个地方是，美国的SAT一年可以考7次，然而东亚国家和地区的类似测验通常都是一年只考一次。而且由于中国的高考竞争激烈，多次考试取最好成绩决定录取，有多少次考试，可能学生就会参加多少次考试，必然会加重考生的负担。

第九，关于加分政策的争论。加分政策是为弥补高校招生制度的不足以及促进入学机会的相对公平，为特殊人才提供入学通道，对优秀人才予以奖励，并对一些特殊群体予以政策性的照顾。反对者认为加分政策过多过滥，在现实中可能会沦为某些阶层的特权，滋生教育腐败，损害教育公平。尤其是鼓励性加分，如特长生加分（如航模竞赛加分）、“三好学生”加分，近年来暴露出较多问题。而照顾性加分，如少数民族加分也存在着作假现象，成为影响高考公平、社会反映强烈的突出问题。2003年，我曾应邀参加齐鲁电视台的一个辩论节目，辩论的主题是高考加分是否该取消，当时讨论十分激烈。几年过去，目前加分政策已经快要成为众矢之的，非加以规范不可了。

第十，关于自主招生的争论。自2001年开始试行的自主招生虽然范围有限，但在促进人才选拔方式多样化、增强选择性与适应性方面已初见成效。不过，自主招生的公平性受到质疑，许多人认为现行自主招生办法，从报考条件到选拔方式、考试内容，具有明显的城市导向，不利于农村考生和弱势群体公平地参与竞争，扩大了高校招生的阶层差距。另外，清华大学、上海交通大学、中国科学技术大学、西安交通大学、南京大学五所著名大学宣布自主招生实行联合考试，而北京大学、北京航空航天大学、香港大学三所大学也实行联考，联合考试的发展动向值得注意。联考可以让高校节省人力、财力、物力，且大大方便了考生，但是，自主招生的制度设计本来就是为了改变统一高考过于单一的局限，体现各校的特色，如果都走向联考，招生考试的多样性又会被打折。

以上介绍了高考改革争论的十个问题，其实还有不少争论问题，限于时间，无法谈得更多。从上述十个争论问题中，在座各位就可看出高考是影响重大、最为复杂的大规模选拔性考试，是一个“横看成岭侧成峰，远近高低各不同”的制度，站在某一种特定的立场去评说，从某一特定的角度去观察，可能所见都是事实，所言也都有一定道理，但也可能会出现盲人摸象、各说各话的情况，研究者应尽可能公正、全面、客观地去研究高考。

二、传统文化对高考改革的影响

教育决策要和文化背景相结合，大学招考改革应充分考虑文化因素的影响，才能使改革不致引发更大的社会和教育问题。只有在充分考虑包括传统文化在内的各种影响因素之后，理性地稳步推进招生考试改革，才能逐步建立起以普通高校招生全国统一考试为主，与多元化考试评价和多样化选拔录取相结合，政府宏观指导、调控，高校自主招生、自我约束，社会有效监督的高校招生考试制度。我认为，中国的高考改革必须考虑传统文化的几个方面。

第一个是重视教育、读书至上的传统。儒家文化高度重视教育，信奉读书至上，科举时代形成的重视（甚至是过度重视）教育和考试的传统，使中国在大学招生和其他社会生活中十分倚重考试。以考试成绩作为大学招生的主要依据，这已成为包括中国在内的东亚地区高等教育区别于西方高等教育的一大特色。

现今中国的多数父母，除非万不得已，一般都不愿让孩子失去升学机会。家长对孩子读书的期望很高，希望他们成龙成凤。一些家长在督促子女学习方面甚至有些不切实际。现在中小学生的学习和升学压力不仅来自学校，更多的来自家长。初中改为就近入学之后，小学课堂教学压力已明显减轻，但许多家长却要求学校对孩子多加管教，或在休息时间另外补习。看看我们周围的家长们如何牵挂子女的学习成绩，如何为子女进重点学校努力，如何以比子女更焦虑的心情陪同孩子前往高考考场，如何放下一切事务到校参加家长会……大家便明白中国人积极向学的传统是多么顽强。即使是移居欧美国家的华人，在鼓励子女学习方面，也往往显得更热切一些。多数海外华人高度重视教育，崇尚名牌大学，想方设法要将子女送入常春藤大学。而要实现这一目标，就要从小培养孩子，一直到被录取，这被形容为“爬藤”。如果子女进入常春藤大学，父母亲就被戏称为“藤父”“藤母”。我为什么知道这些说法呢？那是因为我有两个弟弟于1989年到美国来留学，已在美国生活了20多年，其中大弟弟的儿子刘浏被耶鲁大学录取，他们夫妻俩荣升“藤父”“藤母”，这些年来我经常听他们讲“爬藤”的一些情况。刘浏现在也坐在这里听我演讲。我想，如果中国人高度甚至过度重视教育的价值观不改变，升学竞争激烈程度就不可能降低，即使是录取率达到百分之百的时候也是如此。如果美国社会全部是由亚裔这样高度重视升学的人构成，美国高校的招生考试方式可能也不得不改变。

因为社会永远是分层的，社会职业也永远是分类的，当多数或所有适龄青年都有机会接受高等教育的时候，社会便会从重学历变为重学校了。这是水涨船高的结果，也是学历社会高等教育发展的必然规律。中国多数家长都不甘心让孩子读名不见经传的大学，只要有可能，总希望孩子上更好的大学。而只要存在竞争，便会有竞争压力。中国人讲面子、光耀门楣、“及第早争先”的心理比较强，这在督促子女学习钢琴、英语、绘画、书法等方面也表现得十分明显。美国人对于就读大学与否或就读名校与否，通常抱着比较轻松的态度，仅少数人会因升学而补习；而中国人十分看重升学，一心想上名牌大学，于是出现了升学渠道愈多元、补习项目愈多的现象。可见，在高度重视子女教育的社会文化氛围中，改变统一考试方式并不能减轻学生的负担和压力。学生学习和升学的压力主要来源于家长，而不仅仅是统一考试制度。没有统一考试制度，学生的压力并不见得会减轻。

第二个是重视人情和关系的传统。中国传统文化重视家庭和人际关系的谐和，但这种亲友关系扩大之后，便会形成错综复杂的人际关系网，使人们十分看重人情和关系。一些人办事情时，首先想的是有没有熟人可托，托关系、走后门甚至成了一些人的习惯性思维。中国人做事向来考虑“天理、国法、人情”三个方面，人情与关系在中国社会生活中往往起着十分重要的作用。为了有效地制衡人情与关系的困扰，使人情不至于泛滥，使社会不至于无序和失衡，中国人发明了考试制度，用考试选才。由于能破除血统论、摆脱人情困扰，考试选才让所有应试者接受同样的挑战，将个人的才学和能力放在首位，因而历来被视为可以客观公正地选取优秀人才的公平方式。早在晋代，葛洪就在《抱卜子外篇·审举》中指出考试可以杜绝“人事因缘”和“属托之翼”。从宋代以后，中国人逐渐将考试强调到无以复加的程度，虽带来种种弊病，但也成为社会的“减压阀”，成为维护社会公平和社会稳定的重要机制。

凡是竞争激烈的地方总是人情与关系希望介入的地方。而大学招生是教育中竞争最为激烈的一个领域，如何防止人情与关系的干扰便成为招生考试首先必须面对的问题。子女升学通常是一个家庭所面对的各种问题中的重中之重，多数家长十分关注子女的升学问题，希望其能够进入理想的学校和专业。各大学单独招生、面试或采用中学成绩作为大学录取新生的依据，很容易受到人情的困扰。

中国曾多次尝试改变主要依靠考试分数决定升学的做法，如实行推荐制度或保送方式，但都因无法抵挡人情与关系的困扰等原因而告失败或缩减。而采用教考分离的统一考试录取大学新生，人情与关系基本上无法介入，能保证大学招生的质量。在重人情、关系、面子的文化环境中，发展出以考试分数为主要录取依据的制度，体现了一种不以人的主观意志为转移的客观趋势。理论上说，考试不一定是最好的选才方式，大家也都知道这种办法有诸多弊病，但实际上却找不到更好的可操作的公平竞争方式，而考试的办法至少可以防止最坏的情况出现。统一考试是维护公平竞争、维护竞争秩序的有效手段，是适合中国社会和文化国情的制度，它必须不断地加以改革，但不能废止。

另外，还有诚信缺失的问题。当然，这一问题在其他国家和民族也都不同程度地存在。体现在考试领域，作弊问题几乎与考试的历史一样悠久，从未完全杜绝。

实行申请入学或参考中学成绩和表现、老师或校长的推荐信作为录取依据的方式，有一个基本的条件是需要较高的道德水平作为依托，否则再好的设想都会出现走样和异化。因为中学在校成绩多是由科任教师评定，随意性较大。例如，当考试成绩与升学挂钩而竞争对象却不是本校学生时，很多时候分数便可能变得虚高起来。若规定以同校或同班学生中的排名作为录取依据时，权力、关系、金钱等可能会想方设法介入其中。同样，中学生的在校表现因为没有可操作的刚性评价指标，也很容易失真，而推荐信的普遍夸大现象已到了使人不太看重的地步。

为求公平起见，即使是为了防止极少数人作弊，也不得不将所有的人一体看待，采取可以排除作假的方式来选拔人才，这便是中国历史上考试越来越被人们倚重的原因。防范考试作弊的方法也越来越严密，并发展出八股文这种具有一定防止作弊功能的标准化作文考试文体来。到后来，为了防止考试作弊，甚至走到了求才的末路上去。对这种情况，明末清初的顾炎武在《日知录》中曾感叹说：“求才之道不足而防奸之法有余。”在公平选拔同时存在刻板的竞争与全面考核却同时存在舞弊不公之间，几乎存在着非此即彼的关系。正是人们痛恨采用弄虚作假来竞争，而考试的办法至少形式上和程序上较为公平，造成中国人的考试崇拜心理，并形成了“分数面前人人平等”的观念。

三、高考改革应科学决策

目前高考出现的许多问题，实际上是社会竞争的加剧对高考改革的压力。我曾与一位高中资深教师交流高考改革问题，问他觉得现行高考制度是否合理，他脱口而出说不合理。接着我问他，那你认为应该用哪一种办法来招生，他好一会答不上话来。因为他像许多人一样，看到了高考的弊端，想当然地认为高考存在不合理，但并没有进一步去思考如果不采用高考制度，是否有其他更好的办法可以替代高考。关键是要提出可以操作的、具有可行性的选拔人才的科学方式。

我曾经说过，不研究高考的人往往会成为高考改革的激进派，研究高考的人往往会成为高考改革的稳健派。提出改革建议应该脚踏实地，不能天马行空。否则，提出的所有设想都只是处于"应该"如何如何，只是想当然，却不考虑怎样变成行动，那么便可能变成"应该派"。高考是一项利弊兼具且利弊都十分显著的考试制度，让人又爱又恨。作为研究者，我认为应该理性地加以评价。目前提出的高考改革方案已有十几种，但是很少有切中肯綮、切实可行的方案。提出一个符合教育理论的高考改革方案容易，提出一个既有新意而且可行的高考改革方案却谈何容易。一进行实验或试行，许多看似有道理的方案便显出其问题来。在这方面，是典型的知易行难。

高考改革的争论中有很多似是而非的观点需要廓清，这是顺利推进高考改革的需要。有的基层教师读到我的高考研究论文后十分激动。例如，一位高中校长前后三次给我来信，认为拙文"说出了广大百姓尤其是高中教师心中想说而说不出的肺腑之言"，"您的研究很有价值，对中国教育的走向和人才选拔具有战略意义"。这样的来信，增加了我从事高考研究的使命感。

从2003年，我担任首席专家的"高校招生考试制度改革的理论与实践研究"列入首批教育部哲学社会科学研究重大课题攻关项目，这几年我带领一个团队研究高考改革，撰写了一系列论述文章。2009年，推出了本项目的最终研究成果《高校招生考试制度改革研究》。在该书最后，我提出了一些改革建议，如在统一高考的大格局之下，采取多样化的入学方式，部分高校可试行两次高考实验；探索分层次的考试录取改革，毕竟一张试卷既选拔科技、学术精英，又选拔高技能劳动者，很难兼顾；推进考试形式与内容改革，部分科目如外语考试实行自适应考试，即考生可以进行多次水平测试，选择成绩最好的一次作为报考的依据；制定国家教育考试法和招生考试法，加强依法治考、依法治招，加强高校招生考试管理。《国家中长期教育改革和发展规划纲要（2010—2020年）》第十二章《考试招生制度改革》中，便部分吸收了教育理论界的建议，包括我们的研究成果和观点，例如，分类考试方面，“逐步实施高等学校分类入学考试。高等学校普通本科入学考试由全国统一组织；高等职业教育入学考试由各省、自治区、直辖市组织”。“探索有的科目一年多次考试的办法，探索实行社会化考试。”“加强考试招生法规建设，规范学校招生录取程序。”

《国家中长期教育改革和发展规划纲要（2010—2020年）》中提到：“成立国家教育考试指导委员会，研究制定考试改革方案，指导考试改革试点。”可见国家已经认识到研究先行、科学决策对高考改革的重要性。我相信，在社会变革方面，渐进的改良往往要优于休克疗法式的突变，对社会造成的震荡较小。中国具有独特的传统文化，许多情况与西方国家不太相同，因此在高校招生考试方面没有现成的模式可供借鉴。现实中很难有最完美的制度，只有最合适的制度。理论上说存在最理想的招考制度，现实生活中却只能实施最可行的招考制度。理论上说高考不一定是最好的招生办法，但在实践中尚没能找出可行的更好的办法、更好的制度之前，不宜轻言废弃现有的制度。经过反复比较，可以看出，统一高考至今还是适应中国国情的招考办法，需要改革，但不能废止。我一向认为，只要中国高考改革能在深入研究和长远规划的基础上渐进地推行，就一定能够继续发挥出选拔人才、维护公平的功能，为中国经济和社会的发展起到重要的作用。

合纵连横的大学联考[①]

中国过去有过多种大学联考，但从来没有像近年来的大学联考结盟这么引人注目。

自2010年11月中旬以来，中国高水平大学的自主招生出现了“合纵连横”的戏剧性发展，三十多所一流大学纷纷结盟，出现了以北京大学为首的13所大学的“北约联盟”、以清华大学为首的7所大学的“华约联盟”，以及以同济大学为首的9所大学的“卓越联盟”，形成了三足鼎立之势，简直可以称之为自主招生的“结盟运动”。其中的演变过程颇有一番看头，因此有一段时间，相关动态几乎天天上门户网站的首页。

先是传说北京大学要在与北京航空航天大学、香港大学联合招考的基础上，扩大为8校联考，但2010年11月18日正式公布的时候，却只增加了北京师范大学、复旦大学、厦门大学、南开大学4所大学，少了中国人民大学。而“华约联盟”则在之前5校联考的基础上形成了清华大学、上海交通大学、中国人民大学、中国科学技术大学、西安交通大学、南京大学和浙江大学的7校联盟。

对一些大学而言，能加入两个联盟之一，与“带头大哥”为伍，其实是对学校地位和水平的肯定，能起到提高声望的效果。在两大联盟公布之后，其他一些重点大学也坐不住了，急切努力联络。合纵连横的结果，是“北约联盟”在2010年11月26日宣布扩大为13校联盟，增加了中山大学、武汉大学、四川大学、山东大学、兰州大学和华中科技大学6所，其中有5所为重点综合大学。而“华约联盟”7校招办表示，从改革的稳妥性出发，在没有进行充分论证前，不会再增加新的学校。可以想见，肯定还有不少大学想加

① 本文发表于《科学时报》2011年1月4日。

入这些一流大学的联考阵营而被拒之门外。

2010年11月25日，同济大学、天津大学、北京理工大学、大连理工大学、东南大学、哈尔滨工业大学、华南理工大学、西北工业大学、重庆大学9所大学签署《卓越人才培养合作框架协议》，同意全方位合作，将在2011年的自主选拔录取中实行联考。于是，大学联考的“两军对垒”演变成了“三足鼎立”。

其实，还有一个往往被人们忽视的联盟，即北京化工大学、北京林业大学、北京邮电大学、北京交通大学、北京科技大学5所大学的联考，而且这一联考在2005年就已经出现，只是关注的人比较少而已。

2010年，我在《中国教育报》的“学者专栏”系列随笔中发表了一篇文《大学生态中的两校互竞》，曾以杜甫诗句“两个黄鹂鸣翠柳，一行白鹭上青天”，来形容北大、清华这两所中国顶尖大学与复旦、上海交大等其他7所著名大学结成的中国大学的“常春藤联盟”。但北大、清华在生源方面向来竞争激烈，从最近自主招生的联考结盟格局来看，各校都有自己的考虑。

就学校性质而言，本来中国人民大学应加入综合大学为主的“北约联盟”，但因其生源向来与复旦大学竞争激烈，为避免生源竞争，结果加入了“华约联盟”。

实际上，联考并非什么新生事物。

1937年时，为适应全面抗战的形势，当时的中央大学、浙江大学、武汉大学3校曾实行联合招生。1938—1940年，当时的教育部设立统一招生委员会，实行国立与公立高校联合招考，之后还有部分高校自愿实行联合招考或委托招考。1950年，全国201所公私立高校中，有73所实行联合招考。1952年，全国统一高考制度建立。台湾地区的高校也于1954年建立联合招生考试制度，一直实行到2002年。

我在《上海高教研究》1997年第5期上发表的《为什么要坚持统一高考》一文中指出，统一高考虽然有其局限性和缺点，但公平、公正、公开、可比性强，而且具有规模效益，可以节省人力、财力、物力。即使改统一高考为各校单独招考，受考试制度发展的内在动力驱使，高校必然还是会自动走向联合招考。从2010年清华大学等5所大学实行联合考试，到2011年的自主招生“结盟运动”，已经证实了我的预言。

习惯了在大一统的高考体制下录取新生的大学，已经不太愿意花费大量的人力、物力来进行复杂多样的单独招考工作，因此，各高校很自然地走上了联合考试的道路。

单独招考，从命题、印制试卷到组织考试、评卷、录取等各个环节，工作量相当大，整个招考工作的费用颇大。考生都集中到报考高校去应试，东奔西跑，也造成时间和经济负担。之前的清华大学等5校联考已委托教育部考试中心命题。教育部考试中心作为专业考试机构，所命试题的科学性和质量都较高。这次几个联盟都规定在网站报名，统一进行初试（笔试），各校的复试和自主招生资格认定将单独进行，考生一次可以申请两所或三所大学，大大方便了考生。

但是，自主招生的制度设计本来就是为了改变统一高考过于单一的局限，体现各校的特色，现在走向联考，多样性又打折扣了。另外，结盟联考还可能形成壁垒，对没有结盟的大学形成压力，影响优秀学生的报考。

在媒体的呼吁下，北大、清华的自主招生考试不再安排在同一天，这次两大联盟的联考分别安排在2011年2月19日和20日，让考生可以兼报。

高校联考向何处去①

在教育改革领域，如果要举出难度最大、最为复杂的问题，我想高考改革必定是其中之一。自主招生只是整个高考改革的一小块，但已足够敏感和复杂了。

自主招生的试点高校从2001年的3所，到2003年的22所，发展到2010年的80所，规模逐渐扩大。经过10年的试点和发展，高校自主招生积累了不少经验，在选拔优秀人才、鼓励自主办学、更新教育思想、推动教学改革、引导素质教育、推进招生改革等方面发挥了积极作用。与此同时，自主招生也出现了不少问题。

除了人们关注的不利于农村考生等公平性问题以外，自主招生在试点过程中，还面临着以下几个问题或困难：一是招考工作量大，人力和物力成本很高；二是许多大学拟录取的学生高考没有上线，白忙活一场；三是计划录取且高考上线者报到率往往又不理想，因为考生高考后志愿填报其他大学，自主招生对考生没有约束力；四是自主招生拟录取者还需参加高考，实际上成为一种变相加分考试。

据统计，前几年的自主招生，70%以上考生超过招生学校在当地的正常分数线，真正享受优惠政策入学者较少。例如，清华大学预录取的考生中有三分之一左右不用加分，其高考分数也能考进清华，有三分之一左右加分后还达不到清华的录取线，真正通过自主招生的加分最后招进清华大学的占预录取人数的三分之一左右，实行自主招生的地方性大学这一比例更是低得多。

为了解决这些问题，自2010年11月中旬以后，中国高水平大学的自主

① 本文发表于《科学时报》2011年10月13日。

招生出现了合纵连横的戏剧性发展，不少一流大学纷纷结盟，形成了以北京大学为首的13所大学的“北约联盟”、以清华大学为首的7所大学的“华约联盟”，以及以同济大学为首的9所大学的“卓越联盟”，成“三足鼎立”之势。加上还有一个往往被人们忽视的“京都联盟”，即北京化工大学、北京林业大学、北京邮电大学、北京交通大学、北京科技大学5所大学的联考（这一联考在2005年已经出现），目前实际上已经存在四大联考联盟。

大学联考向何处去？联考到底是否应该鼓励？联考是否会成为另外一次“小高考”？许多人感到不易把握方向，很难回答。

根据自主招生发展到现阶段的实际情况，综合考虑各种因素，并参考我国台湾地区大学招生考试改革的经验，这里提出一个我认为具有一定可行性的改革设想。

这一改革设想为：各试点高校公布自主招生的招生比例、计划指标、基本条件，教育部将目前几个自主招生联盟分别实行的联合考试统一起来，所有试行自主招生的高校都采用由教育部考试中心命题的联合考试，考试时间可以安排在2月份的第3周的周末。考完后尽快公布考试成绩，根据各校要求的联考基本分数线，上线考生于3月上中旬到选择报考的大学去参加自主招生的面试。面试决定录取后便生效，不必再参加6月上旬的高考，未录取者还可参加高考。

此制度的设计主要是增加一次统考，实际上是将目前已经出现的几大联考统一起来，即使被称为“小高考”也不要紧，是安排在自主招生面试之前的一次统考。有了这一制度安排，前述几个问题便可迎刃而解，具体而言有以下几个好处：

第一，节省各校自主招生单独笔试的人力和物力，提高考试的科学性。

第二，方便考生，参加一次笔试便可以选择报考不同的大学，上线后参加面试。

第三，避免几大结盟之间互相较劲，可将主要精力放到面试环节。

第四，因为统考在前，不会出现自主招生决定录取后，相当部分考生参加高考获得高分后毁约，或者没有上线而白费功夫的情况。

第五，最重要的是，能够减轻高考的压力，使高校招生真正走向多元化和多样化，各大学院系能够选拔到确实对该院系专业感兴趣的学生，使学生适才适性。

限于篇幅，这里只提出基本的设想，不对具体办法和程序展开更充分的论证。这一制度设计肯定也会有不足，但我认为是一个值得一试的方案。先行试点可从现有的自主招生高校开始，比例可从招生名额的5%—10%开始，若实践证明可行，再逐步提高比例，并推广到多数院校。

此制度的设计与我国台湾地区的推荐甄选入学方式有类似之处。台湾地区与大陆具有相同的传统文化和考试问题，“升学主义”盛行，应试的弊端也不亚于大陆。台湾地区从1994年开始试行推荐甄选制度，后来逐渐铺开，目前各高校通过推荐甄选入学的学生已占到所有学生的20%—30%，而且被多数人认可，受到高中、大学和社会大众的肯定。采用在2月或年初增加一次统考的制度设计，可以将目前自主招生已经演变发展出来的联考、北大试行的中学校长实名推荐制、复旦和上海交大自主招生的做法统合起来，进行高考改革的整体设计。

当然，这一制度的设计方案不可能解决高校招生考试中的所有问题，但它可以在很大程度上解决自主招生中面临的主要问题，并对整个高考制度框架做出改进。

自主招生新招迭出[①]

近日，中国几所名牌大学的自主招生新招迭出，你方唱罢我登场。

继北大校长实名推荐制入围学校中进一步加大了对农村地区、边远贫困地区和少数民族地区中学的倾斜力度，清华制定出针对国家级贫困县及县以下中学的优秀学生的“自强计划”后，2011年10月28日，人大推出了“圆梦计划”，规定进入推荐序列的学生，原则上要求是家庭中三代之内无大学生的农村户籍学生……我认为，这些都是自主招生的亮点。

其实近年来，高校自主招生每年都有好戏登场，从前年清华的五校联考、北大的校长实名推荐制，到去年的“北约联盟”“华约联盟”等四大联考联盟，再到今年北大、清华、人大三校招生新规定……

这次的连台好戏中，尤其是人大的“圆梦计划”对考生的规定引起热议。其实，美国一些大学在录取学生时，不仅会考虑学生的学业成绩表现，也会考虑学生的家世背景，有的是对校友的子女有优待，有的是对家庭中未出过大学生的报考者予以照顾。所以，人大的自主招生优先考虑招收家庭中三代之内无大学生的农村学生，也不算什么旷古未有的新招，不必大惊小怪。

由于中国存在着明显的城乡差别，农村学生受教育的条件远不如城市学生，在高考竞争中从一开始就处于较低的起跑线上。在过去偏重考查知识面和记忆力的情形下，刻苦攻读、记诵不辍也可能取得高分，而当高考日益偏重考测能力，包括外语加试听力的时候，应该承认勤奋刻苦的因素在高考成绩中所起的作用有所下降，而受教育的条件和环境所起的作用有所上升。

以往高强度地准备高考最突出的往往是县里的重点中学，以至于有“县

① 本文发表于《中国教育报》2011年11月7日。

一中现象”的说法。后来这种“大运动量”的备考方式逐渐向城市蔓延，现在连大城市的中学也已普遍采用，结果还往往十分有效——名列前茅的更多是受教育条件优越且刻苦攻读者。近年来，家庭条件较好的城市学生的一本上线率有所上升，而农村学生考上重点大学的比例有所下降。随着重点大学入学竞争的日益加剧，仅仅依靠考试分数，农村孩子已处于弱势，需要有政策扶持。

在以分数为主要录取依据的招考模式下，实际上，招生考试越多样越多变，对社会资源较少的孩子可能越不利。以往几乎每一次多样化的高考改革，都会减少农村和弱势家庭的孩子上重点大学的机会。现在是到用政策来调整弱势阶层子女上重点大学机会的时候了。

我国台湾地区为了改变弱势群体上名牌大学的比例下降的情况，2007年以来推出了“繁星计划”，给边远或乡村中学一定的名校录取指标，以平衡城乡差距，鼓励高中生就近入学。实际上，清华大学在2010年的自主招生计划中也已经有这样的意思，2011年进一步明确而且细化，明确为贫困县，更具有操作性。这几年农村孩子上重点大学的比例确实有所下降，清华、人大这时候出台这样的自主招生政策值得肯定，反映了招考改革前进的方向。

这两年在高考招生中普遍实行平行志愿的录取办法，可以说达到了中国高考史上最重视分数的状态，高校基本上没有什么自主权，高校的任务基本上就是接收省级招考部门网上发来的考生档案，高校招生办变成了“接生办”。

高考制度精细复杂，平行志愿经过几年的运行，已经相当稳固，可以说是深入人心，并具有强大的惯性。它或许不太符合教育原理尤其是素质教育的理念，但却受到老百姓的拥护，为广大考生和家长所欢迎。因此，要对整个高考制度框架做出改变谈何容易。

一些复杂艰巨的高考改革，可以在自主招生中进行试点，可以说，自主招生已经成为高校招生考试改革的试验田。实践是检验真理的唯一标准，改革措施如果确实有效，可以逐步扩大；如果证明不可行，则不必效仿。

自主招生最初的出发点是为了选拔纯粹靠考试难以衡量或者测评不出来的人才。从近年来自主招生的发展演变来看，它还具有为整个招生考试制度改革进行先行探索和实验的功能，难能可贵。

自主招生应加强高校内部监管①

近年来，个别高校在自主招生领域曝出腐败案件，让民众对自主招生改革的前景充满疑虑，担心推行自主招生改革会损害招生考试的公平性，进一步减少弱势家庭的孩子进名校的机会。

《中国青年报》社会调查中心通过民意中国网和搜狐新闻客户端，对18000多人进行的一项调查显示，很多受访者担心自主招生存在腐败问题，甚至有受访者建议，取消一切容易滋生腐败的招考政策，恢复“裸考”。为此，有人提出自主招生应该给统招统考让路，甚至不如干脆叫停自主招生，一了百了。

不过，自主招生的设计初衷就是为了扩大高校的招生自主权，希望能通过统一高考以外的途径为高校选拔并录取具有一定学科特长和创新潜质的优秀学生。扩大高等学校办学自主权是中国高等教育的改革方向，如果连仅招收少量学生的自主招生都取消，便谈不上整个招生考试扩大自主权了。

扩大自主权与保障公平往往会产生矛盾。在重人情、关系与面子的文化氛围中，一般人很难摆脱人情困扰。当扩大自主权与公平选才原则产生矛盾时，通常的做法是限制高校自主权，而这往往又与扩大高校自主权的改革方向背道而驰，因此这是一个两难选择。

大学是知识创新的策源地，应该是拥有高度自主权的机构。但没有约束的权力会导致权力泛滥。办学没有一定的规范，往往会出现不顾质量乱办学的现象，因此有“一抓就死，一放就乱”的说法。从理论上说，各高等学校有权自主决定招生考试的方式，但从中国目前的实际情况看，只能实行以统一考试为主的招考方式。

① 本文发表于《中国教育报》2014年4月24日。

高考制度精细复杂，并具有强大的惯性，要对整个高考制度框架做出改革难度很大。一些高考中很难进行的改革，可以在自主招生中进行试点，因此，自主招生可以成为高校招生制度改革的试验田。

然而，近年来的自主招生试点也出现了许多问题，主要有以下两点。一是保障自主招生的公平性上做得不够。自主招生的具体办法，从报考条件到选拔方式、考试内容，具有一定的城市导向，不利于农村考生和弱势群体的平等竞争。比如，学生要到多个大城市去参加面试，没有一定的经济实力是难以负担的。自主招生的面试由于缺乏评判标准，加上部分高校监督不力，客观上给各种腐败留下了空间。二是“神题”、怪题频出。这既有好的方面，如体现了学校特色、没有标准答案、不会限制学生的思维等；也有不好的方面，如命题不规范、随意性较强，对于其是否能客观评价学生的水平，也存在一些疑问。

自主招生是有条件的自主，为避免自主招生出现腐败，需要高校加强自律和内部监管。民众热切期望自主招生等招生过程公开，加强对整个高校权力的监督，高校内部要建立招生监督机制。自主招生要能够推行下去，必须加强高校内部监管。

那么，如何加强自主招生的内部监管，提高自主招生的公平性与科学性？我认为可以从以下四个方面考虑。

一是建立制约机制，让纪检监察部门真正介入自主招生的过程。不是走走形式、装装样子，而是真正发挥纪检监察部门的监管职能和作用。

二是制定一些刚性的评价标准，例如，提高自主招生笔试分数要求，降低参加面试考生的比例，对申请条件的要求更为明确，增加能够客观衡量考生水平的指标权重，防止过大的自由裁量权。面对面的考试，人情比较容易介入，背对背的笔试更为刚性和客观，自主招生应注意两者的比例和权重。

三是扩大参与面试的教师范围，并进行适当的考前培训或专业指导。对当前高校自主招生考试命题和面试，高校教师积极性普遍不高，应该适当动员高水平的教师参与命题和面试，增加面试教师人数，降低走后门的概率。同时，为避免面试时提问随意性太大，应让所有参加面试的教师掌握基本的考试学专业知识，提高设问的质量和水平。

四是增加自主招生的透明度。目前自主招生公示项目一般只有考生姓名、性别、报考号等基本信息，这些信息只显示考生的学校和区域来源，很难判断考生的水平。若能公示考生的自主招生笔试、面试成绩等体现才学方面的信息，对托关系走后门者会有更有力的约束作用，能大大压缩招生腐败的空间。

高考加分应考虑可行性[①]

今年的高考日益临近，内地31个省、区、市都已经正式出台高考新政。盘点今年的高考加分照顾政策，可以看出加分项目有增有减。多个省份规定奥林匹克竞赛获奖者不再保送，其中有8个省份明确提出，今年起奥林匹克竞赛获奖既不保送，也不加分。而有13个省份的加分项目中提到思想品德及见义勇为，其中北京、浙江、四川三省市思想品德奖励分值最高可以达到20分。

此情况经媒体报道后，引起广泛议论，主要集中在思想品德奖励如何加分，如何才具有可操作性。

一些省市制定这种政策，是根据《国家中长期教育改革和发展规划纲要（2010—2020年）》“分类考试、综合评价、多元录取”的精神，要改变以往高校完全依赖分数录取导致智育一枝独秀的状况，希望综合学生平时的学习成绩和素质、表现来进行评价。

公众对思想品德奖励加分的担心有一定道理。因为人的道德品质不易客观评定，只有通过言行加以考查，而一个人的言行又不一定完全代表其真实思想品德。当不带有功利目的时，多数人还是能言由衷、行由实的；而当与升大学这类关系到前途命运的重大事件挂起钩来时，以品德操行来评判一个学生则可能异化。一些人为了胜过他人以求得入仕或升学，可能弄虚作假，矫言饰行，人们又难以判断其真伪，这是为汉代的荐举及科举时代偶尔实行以德行取士的结果所一再证明过的事实。

在诚信体系尚未完全建立的情况下，只要有部分人弄虚作假，却又无法明确判断其真假，思想品德加分就很难继续下去。例如，假设对拾金不昧者

---

① 本文发表于《中国教育报》2014年5月29日。

进行加分，某个学生今天交来5元，明天交来20元，下星期交来50元，都说是路上捡来的，老师和同学无法判定其真实性。又如扶老携幼这一善举，如果一次可以在操行表现上加0.5分，某个学生经常故意站在斑马线旁扶老携幼，出发点是功利的，如何对其加以量化评价？

另外，对见义勇为加分，还需考虑到绝大部分中学生都是未成年人，首先要懂得自我保护，只有在保证自身安全的前提下去见义勇为，才值得提倡。如果在加分的倡导下，许多中小学生不顾自身安全去见义勇为，造成安全问题，则可能出现大家都不愿意看到的结果。整个社会应大力提倡见义勇为，但对未成年人进行见义勇为教育应注意方式方法。

高考报名表中对考生思想品德、劳动表现的评语有许多空洞不实之词，使得高校录取时基本上不参考此类评语，而只看考分及尚可以量化的省级“三好学生”或体育尖子之类。实际上，就是“三好学生”和体育尖子加分中也存在作假现象。由于学生、教师、家长和社会各界都将上大学尤其是上名牌大学视为重要选择，努力追求升学率或一本率、重点率，因此，为了对升学有利，中学和单位给学生的表现评语一般都会尽量写好一些，即使学生确实存在明显缺点，也想方设法轻描淡写。因此，多年来高校录取时很难依据操行评语来考核，不得不采取“唯考分是取”的办法。在重人情、关系、面子的社会文化环境中，发展到以高考分数为主要录取依据，体现出一种不以人的意志为转移的客观趋势。

实行多元录取，降低分数在录取中的比重，也许有利于改变“分数至上”的状况，但要注意保证录取的公平和公正，避免金钱和权力等对招生录取的干扰，防止多元录取变味，防止孩子的才学考试竞争蜕变为家长的关系能量竞争。

为什么推荐制总要走样？考查平时表现和成绩总是无法坚持？究其原因，主要还是由于在竞争性的高校招生中，平时成绩容易作假、思想品德评价难有客观标准，很难加以量化比较。因此，综合评价是理想，思想品德奖励加分要在一定范围内进行实验，实践证明确实可行之后，才宜广泛推行。

录取“夺刀少年”应不拘一格[①]

2014年5月31日，在江西宜春至金瑞的中巴车上，宜春三中高三学生柳艳兵与持菜刀行凶的歹徒搏斗，并最终夺下歹徒手中的凶器，但是自己却身受重伤。7月3日，初步康复的柳艳兵和另一位与他一起与歹徒搏斗受伤的考生易政勇参加单独为他们组织的考试，已有澳门大学、清华大学、北京理工大学珠海学院、南昌大学、宜春学院等多所高校向两位少年伸出橄榄枝，愿助其圆大学梦。

面对众多高校的积极举动，江西省招生委员会将依据两名考生单独高考的成绩、高中学业水平考试成绩和综合素质，以及考生和家长的意见，协调安排他们的录取事宜。

为两名考生单独组织一次高考，是中国高考史上非常特别的一例。“夺刀少年”柳艳兵和易政勇的试卷由专人送到江西省教育考试院进行评卷统分，评分结果仅通知考生本人，不向社会公布。此事引发一些议论，有的论者认为应公布他们的单独高考分数，否则会影响高考公平。

我认为，因为情况过于特殊，其实不一定要让他们参加单独高考，即使参加高考，也主要是走一下招考程序，没必要公布成绩。在竞争激烈的高考中，头痛脑热都很难考出好成绩，更何况身负重伤后的中学生。无论怎么康复，柳艳兵和易政勇都很难恢复到平时的状态。

公布他们的分数也会招致各种质疑，分数高了，人们可能会说试题太容易；考出低分的话，公布分数可能会对他们造成不利影响，也会在一定程度上造成高校录取方面的困扰。

本来这种情况，高校就不是依据其高考分数来录取，高考分数对是否录

---

① 本文发表于《中国教育报》2014年7月7日，原题为“不拘一格录取‘夺刀少年’传递正能量”。

取已经无足轻重，因此没有公布分数的必要。何况即使是其他考生，高考分数一般也只宜让考生本人知道，没有向社会大众公布的制度规定。

非常之事应用非常之办法来解决，也就是特事特办。在人生的“高考”中，他们获得了无法用一般尺度衡量的高分，对这样的少年，没必要再用高考分数去衡量。

多所大学拟破格录取“夺刀少年”引来众多好评。有的网友说：“现在太缺这样的精神了！他们的行为得到这点回馈是理所当然的。”“他们以自己的实际行动为社会尽了绝大多数人都无法尽的义务，理应享受破格录取的优待。”他们受到多所大学的特殊“礼遇”，是用鲜血换来的，甚至可以说几乎是用生命换来的，大家对破格录取这样的血性少年多数赞成。在这种情况下，高考分数已经不重要，平时十分关注公平、计较分数的公众多数非常理解，并不会产生攀比心理，因为已经不具可比性。

新浪教育频道在微博中发起“你是否支持清华大学录取夺刀救人少年”的投票调查，截止到2014年7月6日上午，共有11万余名网友参与投票，其中85.5%的网友支持清华大学录取夺刀救人少年，认为此举有利于弘扬社会正能量。

多年来，中国高校招生考试制度都不是铁板一块，对一些确实特殊的人才，早就开辟了特殊通道。不少大学每年都会免试录取一些奥运冠军或体育尖子，而“夺刀少年”的特殊性一点都不亚于体育人才。

清华大学录取道德楷模少年也早有先例。如2003年清华大学曾破格录取见义勇为少年张亚超。张亚超在距高考第一场考试开始只有几个小时的时候，勇斗宿舍外行窃的小偷。在搏斗中他被砸中头部，血流满面。但是为了圆大学梦，他带伤完成了全部科目的考试。张亚超曾参加了清华的自主招生考试，但最后他的高考分未达到清华大学分数线。经过认真调查、严格考试后，清华大学破格录取了他。2008年汶川地震后，清华大学也曾录取了“全国抗震救灾英雄少年”王佳明，在玉树地震之后录取了勇敢连救4名同学的藏族少年尕玛朋措。

总之，大学应该弘扬正气，为形成好人有好报的社会出一分力。“夺刀少年”的义举难能可贵，应该不拘一格，破格录取。

运用法律手段治理高招全过程①

为依法处理招生违规行为，规范高校招生、保障招生公平，教育部起草了《普通高等学校招生违规行为处理暂行办法（征求意见稿）》（以下简称“意见稿”），2014年6月12日在国务院法制办和教育部网站公布，向社会公开征求意见。这是在考试招生违规行为屡禁不止、民众对招考公平日益关注的背景下出台的。

对于招生违规行为，过去一般是通过行政手段来处理，而不少违规行为因为无法可依，结果即使发现，也很难处理，往往不了了之，这对杜绝招生违规现象非常不利。而如果有对招生违规行为的具体处理办法，不仅对企图违规的人具有一定的威慑力，而且运用法律手段来管理招生录取更为有效，因此亟须出台处理招生违规行为的法规。

高校招生考试主要包括报考、考试、录取三大环节。过去，大家特别关注考试环节作弊行为的惩处，2004年5月，教育部发布了《国家教育考试违规处理办法》，2012年1月还进行过修订。但是，原有办法对报考、录取环节的许多违规行为并未覆盖。这次征求意见的“意见稿”，正是在民众强烈期待保证公平竞争环境，时代和社会呼唤“依法治招”的背景下，运用法律手段来治理招生过程的重要举措。

与招生相关的有高校、高中、招生考试机构、主管教育行政部门及其工作人员、考生六个主体，对这六个方面的违规行为，“意见稿”都有详细的规定。

关于高校，“意见稿”提出，高校如有违反规定程序降低标准录取考生等情况，情节严重的将给予减少招生计划、暂停招生的处理，包括“在特殊

① 本文发表于《中国教育报》2014年6月17日。

类型招生中出台违反国家规定的报考条件，或者弄虚作假、徇私舞弊，录取不具备条件的考生的”。“意见稿”附则说明，所谓特殊类型招生，是指自主选拔录取、艺术类专业、体育类专业、保送生等类型的高校招生。这是针对此类招生比较容易出现违规行为而制定的条规。

“意见稿”规定，高中未按照规定的标准和程序，以照顾特定考生为目的，滥用推荐评价权力，或者有偿推荐或组织生源的，由主管教育行政部门责令限期改正，给予警告或者通报批评。对直接负责的主管人员和其他直接责任人员，依法给予处分；涉嫌犯罪的，依法移送司法机关处理。

招生考试机构对高校超出核定办学规模招生或者降低标准违规录取考生进行投档的，在招生结束后违规补录的，违反录取程序投档操作的，未按照信息公开的规定公开招生工作信息的，对高校录取工作监督不力、造成不良后果或者社会影响的，“意见稿”都规定了处理办法。

“意见稿”还规定，省级教育行政部门违反有关管理职责，出台与国家招生政策相抵触的招生规定或者超越职权制定招生优惠、照顾政策的，对高校和招生考试机构招生工作监管不力，导致出现严重社会事件的，由国务院教育行政部门责令限期改正，并可给予通报批评。

“意见稿”对招生工作人员的违规行为列举得十分详细，包括更改考生报名、志愿、资格、分数、录取等信息，对已录取考生违规变更录取学校或者专业，在特殊类型招生中利用职务便利请托考核评价的教师、照顾特定考生，泄露尚未公布的考生成绩、考生志愿、录取分数线等可能影响录取公正的信息，或者对外泄露、倒卖考生个人信息等。

对考生提供虚假姓名、年龄、民族、户籍等个人信息，伪造、非法获得证件、成绩证明、荣誉证书等，骗取报名资格、享受优惠照顾政策的；在综合素质评价、相关申请材料中提供虚假材料、影响录取结果的；冒名顶替入学等情形，应当如实记入考试诚信档案。其行为在报名阶段发现的，取消报考资格；入学前发现的，取消入学资格；入学后发现的，取消录取资格或者学籍；毕业后发现的，由教育行政部门宣布学历、学位证书无效，并由学校予以追回。

一部招生考试史，实际上就是力求公平竞争择优录取的制度设计与力图投机取巧的作弊行为斗智斗勇的历史，就是一部制度与人较量的历史，就是一部法治与人治角力的历史。

我国2005年便已开始着手制定《中华人民共和国考试法》，但因为牵涉面太广、难度很大，至今还未完成。《普通高等学校招生违规行为处理暂行办法（征求意见稿）》对高校招生的方方面面都做了相当详尽的规定，虽然还说不上是密不透风、滴水不漏，但其细密严谨程度已经难能可贵，相信它的出台对整肃招生纪律、规范招生行为能够起到一定的约束作用。希望该办法完善之后能尽快正式发布，并在此基础上探索制定更为权威、全面的考试法或招生考试法。

考试公平与区域公平，千年轮回的争论①

如何既保证考试的公平性，又能维持不同区域间录取率的相对平衡，这是中国选拔人才中的千古难题。

多年来，随着高考竞争的加剧以及几个直辖市与一些人口大省或高考大省录取率差距的加大，高考的录取分数线问题引发了越来越多的议论与关注。质疑和辩护的双方言辞都十分激烈，甚至十分情绪化地互相抨击。

观点对立的双方唇枪舌剑，各有道理。要使讨论从激愤走向冷静，从感性走向理性，得出较公允客观的认识，需要大家放宽视界。将录取公平问题放到历史的长河中去考察，便可知道在分数公平与区域公平之间长期存在着两难选择。

考试公平与区域公平的矛盾，是一个自北宋中叶以后就争论不休的老大难问题。考试公平是指完全依据考试成绩来公平录取考生，区域公平是指通过区域配额来调控各地区之间考中人数的悬殊差异。在中国这么一个人口众多、幅员辽阔、各地区经济和文化教育差异极大的国家，这是一个古今大规模选拔性考试都会遇到，却不易解决的两难问题。

中国是考试制度的发祥地，一千多年来，考试尤其是选拔性考试一直是人们追求社会公平与教育公平的重要手段。如何录取最为公平且又合理，历来是考试选才所要面对的一个关键问题。同为大规模选拔性考试，现代高考所面临的各省市之间录取分数线差异问题与中国科举史上所遇到的地区之间中试数额不均问题有惊人的相似之处。

中国科举史上曾多次出现分区取士与凭才取士之争，其中尤为著名的是北宋中叶的大争论，司马光主张分区定额录取，欧阳修坚决反对，认为考试

① 本文发表于《法制日报》2009年8月26日。

应一切以程文定去留，以保证考试的公平性和客观性。到明洪武三十年（1397年），因会试南北录取人数悬殊，发生了血腥的“南北榜事件”。明宣宗宣德二年（1427年）正式形成南北卷制度。到清康熙五十一年（1712年），代之以分省取中办法，按各省应试人数多寡和文风高下，确定会试中额。从此，这种分省定额录取的办法一直延续到清末废除科举制。

分区定额录取的办法带有优待照顾边疆和文化教育相对落后地区的用意，从自由竞争的角度来看，是与考试的公平原则有矛盾之处，但从调动落后地区读书人的学习积极性、促进当地人文教育水平提升以及维护中华民族的统一等角度看，则有其合理之处，所以这一两难选择的发展规律为：越到后来越是从考试公平趋向于区域公平。这一传统一直影响到近代以来中国高等学校的区域布局和高考分省定额划线录取制度的实行。

倾斜的高考分数线只是问题的表象，区域不公并不是高考所造成的。没有高考，区域录取不公问题照样存在，而且可能还更严重。从表面上看，因为高考制度，才造成倾斜的高考分数线问题，但实际上是高等学校分布不均、各省份高等教育资源不平衡以及各地教育发展不平衡所致，高考只是将招生考试中的区域公平问题凸显出来罢了。

20世纪20年代，各高校实行单独考试，学校根据考生的考试成绩自行决定录取，各校在全国各省的录取标准是统一的。由于各地区经济、教育、文化发展水平存在很大差异，执行同一个录取标准，导致了各省区之间升学率的巨大差异，出现一些边疆及文化教育相对落后省区很少有考生考上北大、清华的现象。例如，1923年，北京大学录取新生，云南、福建、甘肃、黑龙江、热河、绥远、察哈尔、蒙古等多个省区的考生全都榜上无名。为了解决边疆省区及文化教育相对落后省区考生的升学机会严重偏低的问题，当时的教育部第十届教育联合会曾提出“国立专门以上学校招生宜酌定各省区名额建议案”，建议学校将招生名额的一部分分给各省区，各省区初试时分别录取。然而，当时由于考试及录取权在高校，这一问题一直没有得到妥善解决。1938—1940年实行国立公立大学统一招生考试以后，有所改善。中华人民共和国成立后，1952年建立了高考制度，逐渐在统一考试的基础上，进行各校之间的调配，或实行计划招生，在一定程度上缓解了地区之间的不平衡状况。

其实，如果没有统一的高考制度，像有些论者所说的实行各校单独招生，区域不公的问题照样存在，而且高校自主权加大，可能还会加大区域录取不平衡，只是区域不公问题更容易被掩盖起来。因此，我的观点是：不可能完全统一高考分数线。如果真的统一分数线的话，即使将边疆省区排除在外，还是有可能会出现考上北大、清华的学生高度集中在少数省份，而有的省份一个都考不上的情况。

高考实行分省录取的制度有利于保证边远和教育相对落后地区考生的入学机会。录取分数线对京、津、沪等地的倾斜主要不能归咎于录取制度本身，而是区域经济和教育水平差异所导致的区域教育（基础教育和高等教育）不平衡带来的必然结果。对于考试公平与区域公平问题，很难有一种两全其美的办法，我们不要企望完美的解决之道，只能在考试公平与区域公平之间尽量取得相对平衡，找出一种相对合理的办法来。

改进的办法，主要是调整重点大学录取政策和比例，这样可以在一定程度上缩小各地高考分数线的差距。这种调整不仅要看研究型大学或全国重点大学在各省份招生的比例，更应该考虑到该省份部属院校的数量、录取人数占全体考生的比例。应渐进地调整重点大学在各地区的招生比例，将原来过于集中在京、津、沪等地的招生名额部分地转移给人口较多的高考大省。

高考次数是否应该增加[①]

为减轻学生的考试压力，多年来有许多人提议高考实行一年内多次考试，将过度集中在6月一次高考的竞争分散开来。高考次数是否应该增加？这虽然是个技术性问题，但它也牵涉到整个制度设计。

我认为，在近年内，高考的多数科目考试次数不必增加。考试次数问题是个复杂的问题，与文化传统亦有关系。东亚国家和地区虽然在考试形式、题型方面借鉴美国，但与美国的高校招生考试明显不同。美国的SAT一年可以考7次，然而东亚国家和地区的类似测验通常都是一年只考一次。

只要中国人还是高度甚至过度重视教育，升学竞争激烈程度就不可能降低，即使是录取率达到百分之百的时候也是如此。

在高度重视子女教育的社会文化氛围中，改变统一考试不会减轻学生的负担和压力，改一年一次考试为多次考试也不见得能减轻学生的学习和升学压力。因为既然是竞争性选拔考试，如果自己一年只参加一次考试，与其他参加多次考试而取最高分的同学去比较竞争，很可能会处于不利地位。这就会造成有多少次考试机会，多数学生就会参加多少次考试，反而加重了学生的学习负担。

前些年，在夏季统一高考之外，北京、安徽、内蒙古实行过春季考试，就是一年两次考试。由于春季招考投放的指标、录取的名额，多是那些相对冷门的学校和专业，或者说层次比较低的学校，结果变成鸡肋，保留也不是，废掉也不是，勉强实行了几年，没办法坚持下去。由于吸引力不强，春季高考有的年份甚至出现过考生人数还不如计划录取名额多的怪象。当时也有人建议，把所有大学的招生名额按两次考试平分下去，但若真要这么做，

① 本文发表于《中国科学报》2012年2月22日。

工作量一定会成倍增加。若两次考试取最好成绩来录取，我相信只要有希望的人，多半是有几次考试就去考几次。因为高考是选拔性考试，如某考生考了一次，这一次在考生群体里面排在前百分之十，或者在最优秀的百分之五里面，可以上名校了，可是别人第二次又重新来考，如果他不去考，那要是其他人考得比他更好，怎么办？就会变成，你有几次考试，考生就可能会考几次，这就会大大地加重考生的学习和心理负担，也增加组织考试的负担。鉴于此，我认为考试次数不必增加。

不过，我在《高校招生考试制度改革研究》一书中也曾提出过，像英语这样实际水平稳定性比较强、分数容易做到等值的科目，将来可以考虑变为一年多次的社会化考试。也可以考虑实行自适应考试，即按照英语新课程大纲要求的7—9级，赋予等级，学生高二开始可以考，进行多次水平测试，选择成绩最好的一次作为报考的依据。这样，每名学生实际上有4次以上的考试机会，大学按照自身需要公布对英语的要求，学生则相对具有一定的考试灵活性。《国家中长期教育改革和发展规划纲要（2010—2020年）》第十二章《考试招生制度改革》中也已提出探索有的科目一年多次考试的办法。只是在采用此办法时一定要进行小范围的实验，因为一旦将高校升学考试变成经常性的事务，防止替考作弊将成为一项十分艰巨的任务。目前比较可行的是将英语听力考试独立出来，不在高考期间考试，而且可以试行一年多次考试。

高考时间固定为好[①]

高考时间从7月7、8日提前到6月7、8日，至今已整整十年了。自1979年以后，高考有24年固定在7月7、8、9日三天举行。2003年，为减少酷暑和洪涝灾害的影响，在广泛征求民众意见的基础上，将考试时间提前一个月，改到6月7、8日两天（有的省份需加上9日）。这是出于为考生着想的改变，是人性化的改革。

近年来，不时有人建议将高考时间再改为6月的第一或第二个周末，理由是免得部分考生家长请假和避开上班时间交通拥堵。

高考的时间是否应该固定？我认为，作为举国关注且具有高度权威性的考试，权衡利弊，高考时间应该保持稳定性，还是固定在6月的7、8日两天为好，不必改在周末。

一场900万人参加的大规模考试，需要请假的家长在全体考生家长中通常只占少数，真的需请假一生中通常也就一两次，且基本上没有不被批准的情况——很少听说哪个领导或老板不批准下属陪送子女高考的请假条的。固定考试时间容易记，考生、家长和学校心中有数，也不会影响中学整个教学计划的安排，并且有利于考试组织部门的考前准备和考后评卷、录取等环节的安排。

若将来整个高考体制发生变动，例如实行第一次统一考试加第二次各校单独招考的模式的话，则必然要将第一次统一考试往前移。我国台湾地区的学科能力测验是在1月，而指定科目考试（相当于过去的联考）每年都固定在7月的1、2、3日，这一时间已经稳定了数十年。尽管7月初台湾天气炎热，而且可能遇到台风天气，但还是保持了考试时间的高度稳定性。

---

① 本文发表于《光明日报》2013年6月6日。

作为国家“抡才大典”，考试时间应有一定的稳定性。高考时间固定，可能是在上班时间，但它实际上对交通的影响并不大。高考是中国最具权威性的国家教育考试，为它让一点道路，为考生服务一下也不过分。韩国人对高考的重视不亚于中国，甚至出现过为了不影响高考，让飞机改道、火车停驶的情况。

有的论者说高考不在周末，交通拥堵会致使部分考生迟到。其实，高考期间高一、高二的学生都不必到校，有的初中也做考点，这些学校的初中生也不必上学，这样全国就减少了几千万在路上的学生。高考期间整个社会都会为高考让路，交警也随时准备为考生提供帮助，如有考生确实可能迟到，还可以拨打110求助。

现在的中学生平时每天上课，都在早上8点或8点以前就到学校了，而高考是9点开考，面对人生中这么重要的一次考试，更应该要有一定的提前量，如果连高考都要迟到，那么将来乘飞机、赶火车，或者参加重要的会议怎么办?

近年来已经非常少出现高考迟到的现象，一场有900多万人同时参加的考试，偶有几个考生迟到，这是非常小概率的事件。超过规定时间不让进考场，也是维护高考权威性和制度严肃性所必需的。

高考时间自从改为每年6月7、8日之后，有人调侃说这个时间很好，意味着“录取吧”，很好记。中国绝大部分考试都已安排在周末，只有高考是固定时间的，就让我们保持这一点特色吧。

平行志愿的利弊得失①

“六月考学生，七月考家长。”每年七八月份，都是各高校录取新生的季节，不少在高校工作较久的教师和干部，可能还会接到亲友在录取中多多关照其子女的请托。近些年多数省份实行平行志愿之后，基本上是分数优先，很少出现高分落榜者。有交代没交代，结果基本上一样，还是以分数论英雄。

平行志愿按“分数优先、遵循志愿”的原则进行投档录取，改变了过去志愿优先的投档录取办法。过去只有一个第一志愿，一旦未被录取，可能在同一档次的高校也都不会录取第二志愿者。而平行志愿相当于有了几个第一志愿，让单选变多选。实行平行志愿的录取模式，高校调档比例也有所调整，多数高校选择按照招生计划的100%投档，以免出现退档后考生没有着落的情况。这就意味着，只要上了某校投档线并被投档到该校，身体符合相关专业招生规定且服从调剂，就不会面临被退档的危险。同时多数学校都会提醒考生，对于“是否服从专业调剂”栏，要慎重考虑，不要轻易填“不服从”，否则可能因为专业志愿无法满足而被退档。

实行平行志愿投档模式有其好处，一是有效降低了考生志愿填报风险，因为这一方式很好地解决了考生高分落榜问题，维护了高分和中等分数考生的利益，在相当程度上保证了公平。二是较少出现让高校头疼的招生“大小年”现象，志愿匹配率和满意度大为增加。三是高校减少了录取工作量和麻烦。为了减少矛盾，前几年就有不少高校已将1∶1.2的投档比例自主降低到1∶1.1或者1∶1.05，甚至有高校为了省事，直接将比例定为1∶1。

这项改革最大的好处，是解决了考生填报志愿中的博弈难题，不会因为

① 本文发表于《光明日报》2013年6月17日。

信息不对称而吃亏，对弱势家庭的子女有利，也令占据较多社会资本的考生家长无法利用关系进行“活动”。过去在进入1∶1.2的投档分数线后，被淘汰的往往是农村考生或城镇弱势家庭的考生，这进一步加剧了不公平。现在实行平行志愿，真正做到了“阳光招生”。

但是，平行志愿的弊端也很明显。其一是许多高水平大学的部分专业很少有第一志愿考生，甚至冷门专业都是调剂过来的考生，对专业的兴趣很成问题。有这样一种说法：“本科选学校，硕士选专业，博士选导师。”许多人认为本科最重要的是考上一所高水平大学，即使专业不够理想，多数人还是倾向于上高水平大学，结果入学以后学习自己不喜欢的学科专业，学习动力不足。其二是生源单一化，分数扁平化。原来一些普通大学能录取到部分分数比较高的考生，这些考生在大学中表现相对突出，不仅对这些大学有利，实际上也为这些考生提供了较大的发展空间。实行平行志愿，学生的程度比较整齐划一，但学生群体也失去了多样性。其三是“分数至上主义”。实行平行志愿的录取办法，将分数的重要性推到了极致。高等学校基本上没有什么招生自主权，高校的任务基本上就是接收省级招考部门送来的考生档案，招生办变成了“接生办”。

从理论上说，实行平行志愿是公平压倒一切，具体量化为分数压倒一切，将考试分数的作用推向极端，与素质教育的改革方向背道而驰。许多学者都觉得平行志愿问题很大，但对没有什么社会关系的考生而言，以分数决定录取确实比较能保障他们的权益。将来要实行综合评价、多元录取，降低分数在录取中的比重，有利于改变分数至上的状况，但要注意保证录取的公平和公正，避免金钱和权力对招生录取的干扰，防止招生工作受到不公平因素的影响，防止孩子的才学考试竞争蜕变为家长的关系能量竞争。

高考“女强男弱”的制度因素[①]

对中国高考中“女强男弱”的现象，不仅可以从认知心理学视角进行研究，而且可以从社会、文化等角度分析其成因。此外，还需关注高考本身的制度性原因。我认为，高考科目、内容、题型，尤其是“唯分数论”，或者说一切以总分决定录取的招考模式是造成当今高考“女强男弱”的制度因素。

接受高等教育是女性提高自身素质进而提高社会地位的主要手段之一，也是她们履行重要社会职责的有力保证。中国自古以来便存在着教育上的男女不平等，女性在接受高等教育方面更是长期处于劣势。

在中国古代，读书是男子的事业，女性完全被排斥在正规教育和科举考试之外。直到19世纪末，在西学东渐的大潮中，女性才开始进入外国人在华所办教会学校中就读。至于中国人自己所办高等学校招收女生，则是20世纪初才开禁的，此后，接受高等教育的女性人数逐渐增长。至1947年，在全国154612名高校学生中，有女生27604人，占总数的17.8％。

中华人民共和国成立以来，中国女性接受高等教育的状况有了巨大改变，总的发展趋势是机会越来越多，在全体接受高等教育人数中所占比重越来越大。我国宪法规定妇女在政治、经济、文化教育和社会生活各方面，均享有与男子平等的权利，国家还制定了一些高等学校助学金办法，少数高校实行完全公费制，1952年以后又走上了普通高校招生全国统一考试的道路。这些办法的实施，在一定程度上有助于女性接受高等教育人数的增加。1952年，全国高校有女生45356人，占全体学生总数的23.7％，此后直到1965年，女生的比例一直在百分之二十几波动，1965年达26.9％。

1966年“文化大革命”开始，所有高校停止招生达4年之久。1970至

① 本文发表于《中国教育报》2016年5月11日。

1976年间，以推荐的办法招收具有两年以上实践经验的“工农兵大学生”。当时为了维持男女平等的表象，在推荐招生中人为地提高女大学生的比例，1973—1976年在校女大学生数占学生总数的比例均超过30%，1974年甚至达33.8%。但是，这些数字并不能真实地反映当时女性在接受教育上的实际状况。

从1977年恢复高考以来，我国高等教育走上了良性发展的轨道。从总的趋势来看，呈现出一种规律性的变化，即高考录取率越高，女生报名和录取人数比例也越高。近40年来，女性接受高等教育的人数有了长足的发展，女生占全体学生总数的比例也稳步增加。1978年，女生占高等学校在校生总数的比例为24.1%，1999年为40%，2007年达53%，2013年更是高达55%。

面对高考成绩“男不如女”的状况，近年来一些论者惊呼出现了新的性别比例失衡。因为社会上对一些专业如外语类大学毕业生的需求往往是男多于女，尤其是一些驻外使领馆，对男生的需求远高于女生。可是，此类专业的“入口”与“出口”差异过大，导致女生就业困难。另外，现在不仅外语院校、师范院校的女生比例大大高于男生，连一直被称为“传统男性领域”的理工科大学中的女生也越来越多。高学历人群中男生较少，也是女大学生找对象困难的原因之一。

对高考女生高分者众多的现象，过去人们已有过分析。有人认为现行教育体制下高考考试题型相对固定，使女生占据优势，她们往往因稳重、刻苦、踏实而获得佳绩。也有人认为，现行的高考应试体制不重视创造性，使富于创造、思维活跃的男生受到压制。还有的论者认为，单一的闭卷书面考试，高考以一分半分之差决高低，实在很不利于男生，尤其是那些成熟较晚的男生。有人提出，我们应该为考试测量引进新的评价指标，因为可信的、客观的考试，其优异者在性别的分布上应该是基本相等的。

反驳者指出：将有创造性、独立性、思想活跃、不肯循规蹈矩等归结为男性特征，而将胆小谨慎、不善创造性思维、只会死记硬背、感情用事等归结为女性的性格特征，是简单地将男女性别模式化了，这种对女性形象的概括反映出对妇女能力和才干的贬低和歧视。没有逻辑推理、归纳总结、融会贯通之能力，谁可以生硬地背下12年中学过的天文、地理、语文、历史、政治、数学、外语等课程知识？与其说女生在高考中的成绩出于她们的背书能力，不如说这是她们在更大压力下奋力拼搏的结果。

不过，也许无论怎么考，无论对高分女生增多是喜是忧，随着社会的进步，女大学生的比例都会逐渐上升。女生在高考和高等教育中表现突出，也是社会进步的表现，而且这一趋势还将继续发展下去，只是希望不要出现性别比例过度失衡的现象。

过去我已发表过文章，指出由于“3+X”科目改革之后，高考科目中的语文、数学、英语三门主科各占150分，在总分中所占比重较大，而三门中语文和英语两门均为语言类科目，这在客观上对女生较有利。

除了考试科目、内容、题型以外，完全以高考分数决定录取的招考模式，正是导致一些院校和专业性别失衡的制度性因素。

在欧美许多国家，包括哈佛、耶鲁等一些世界顶尖大学，在招生时对生源的国别和地区、种族、性别等都有相对的比例分配。由于它们实行综合评价多元录取，不完全看SAT、ACT等考试分数，因此可以按一定的要求来自主决定录取。在这种录取体制下，招生人员可以根据院校和专业的特点来录取新生，因而较少出现性别比例与专业需求过于失衡的情况。

现今中国在普遍实行平行志愿高考录取模式的情况下，无论什么学校什么专业，录取新生基本上取决于志愿报考者的分数高低，高校很少有自主权，比如外语院校无法也不敢录取分数稍低一些的男生，导致部分院校的性别比例过度失衡。

因此，要维持中国高等教育部分院校与专业合理的性别比例，可以考虑降低外语科目的分值，或者是在外语试卷中适当引入逻辑测验题，而更加根本的是逐步探索在部分院校和专业加大自主招生的比例。

第三章

高考改革大势

高考改革应该坚守的价值与原则①

高考是我国各类考试中最重要、影响最大的考试。高考改革不仅关系到国家创新人才的培养、学生的健康成长，而且关系到社会公平的维护、高等教育资源的分配，涉及宏大的社会利益再分配问题，关系到维护我国改革发展稳定的大局，是一项牵一发而动全身的社会系统工程，具有综合性、系统性。高考改革事关教育全局，已成为重大的民生议题，而且是教育领域中最复杂、最敏感的问题，受到社会的高度关注。

一、公平与择优：高考制度的价值理念

高考改革应该坚守的价值理念有两个，一是公平，一是择优。

公平公正是高考制度的核心价值，也是人民群众信赖高考的根本所在。[②]可以说，公平竞争是高考制度的灵魂和根本。由于高考制度的长期实行，在人们心中形成了“在分数面前人人平等”的观念，并得到社会大众的广泛认可。

公平选才与全面考核之间往往难以兼顾，在以分取人与舞弊不公这对矛盾之间，人们往往宁愿选择公平竞争，接受艰苦的考试，而不愿选择理论上较能全面考核但实际上容易被走后门者利用的扩大自主权。在社会生活中，能够通过个人奋斗而改变命运的机会有多少呢？高考是其中比较重要的一个。每年的高考，有如社会风气的净化器，在全民关注、高度重视的氛围中，让大家一再感受公平竞争的神圣和可贵。

受政治、经济和文化的制约，我们现在还很难做到起点公平和结果公

①本文发表于《人民教育》2017年第Z2期。

②林蕙青，荀人民.高考30年：在改革中前行[J].中国高等教育，2008(22).

平。公平只能是与社会发展水平相适应的公平。高考是无法实现理想的公平，然而在没有其他更公平且能够操作的制度可以取代它时，高考便是最可行的相对公平的制度。①

高考改革要考虑城乡、区域、性别、民族之间的公平问题，因此改革相当复杂，难度很大。例如，高考改革应该要顾及城乡公平。前些年我国台湾地区的一项规定，可以引发我们思考教育应如何公平对待农村学生。台湾地区升大学的“指定科目考试”（相当于大陆的高考）每年都安排在7月1、2、3日，即使碰到酷热天气，所有考场还是一律不许开空调，许多考生一进教室就满头大汗，有人5分钟后才能静下心来做题，有些学生热得迫不及待交考卷。有不少考生和家长抱怨“脑袋都热昏了怎么考”。为什么考场不让开空调？台湾“大学入学考试中心”的回应是，由于边远、贫困地区的考场没有空调，为公平起见，规定所有考场一律不得开空调，只能提供电扇或靠屋顶洒水的方式来降温。当时许多用来做考场的城市中学教室夏天平时都使用空调，如果是站在城市考生的立场上思考问题，一定会在考试期间开空调的，但为了使在部分没有空调的考场参加考试的农村考生获得公平的考试条件，硬是不允许所有考场开空调。②

2009年高考，有一个东南省份的作文题为“品味时尚”，我就听到该省的一个教师抱怨说，这个题目对农村考生很不公平，因为城市里的孩子可能对时尚较有感觉，许多农村孩子对时尚没有什么概念。我认同他的观点。我想，如果该省作文题出“捉泥鳅的感悟”或“农忙的收获”之类的题目，不知城里的师生会有什么想法。由于高考命题教师几乎不从农村中学选调，即使从农村出来的命题教师，现在也多数长期生活在省会或地级市，不太会从农村学生的角度考虑问题。因此，我们在高考改革制度设计时，就要有维护城乡公平的意识。公平是高考改革必须坚守的基本价值,也是判断其是否合理和成功的基本标准。

与公平密切相关的另一高考核心价值理念是择优。作为公平竞争的考试制度，高考根据考试成绩择优录取也是其必须坚守的价值。中国是考试制度

①刘海峰. 高考改革中的公平与效率问题[J]. 教育研究， 2002(12).

②刘海峰. 高考改革应顾及城乡公平[N]. 中国教育报，2009-8-17.

的发源地，中国人创造了公平竞争的考试制度。科举时代崇尚“至公”理念，坚持一切以程文定去留，用今天的话来说，就是在分数面前人人平等，择优录取。这种价值观千百年来根植于中国的传统文化土壤之中和民众心中。只有择优录取，才能体现出高考的公平，如果不是根据考试成绩高低来录取，公平便无从谈起。

作为每年有近千万人参加的大规模考试，高考改革不可能做到让每个人都满意，因为每个人站在不同的角度和立场看问题，会有不同的观点。改革者较多从教育的原理和理想出发，而考生、家长则是以参与者的身份从自身考虑，来看待高考改革。如果自己平时成绩比较好，但考大学时因为高考录取方式问题没有考上理想的学校，那很有可能会给考生不公平的印象。所以平行志愿录取模式虽然有“唯分数论”之嫌，但避免了高分落榜，至少从分数方面体现出择优录取的价值理念，因此最受那些找不到关系、了解信息不多的考生的欢迎。对考生而言，最关注的还是高考改革的公平性问题。

高考改革要让各方满意，一定要兼顾公平、效率，以公平为本。

二、高考改革的基本原则

2014年9月4日发布的《国务院关于深化考试招生制度改革的实施意见》中，提到了考试招生制度改革的基本原则，包括以下四个方面：①坚持育人为本，遵循教育规律。把促进学生健康成长成才作为改革的出发点和落脚点，扭转片面应试教育倾向，坚持正确育人导向，践行社会主义核心价值观，深入推进素质教育，培养德、智、体、美全面发展的社会主义建设者和接班人。②着力完善规则，确保公平公正。把促进公平公正作为改革的基本价值取向，加强宏观调控，完善法律法规，健全体制机制，切实保障考试招生机会公平、程序公开、结果公正。③体现科学高效，提高选拔水平。增加学生选择权，促进科学选才，完善政府监管机制，确保考试招生工作高效、有序实施。④加强统筹谋划，积极稳妥推进。整体设计从基础教育到高等教育考试招生制度改革，促进普通教育、职业教育、继续教育之间衔接沟通，统筹实施考试、招生和管理制度综合改革，试点先行，稳步推进。

就高考改革而言，要使高考有助于高校培养高素质的专门人才和拔尖创新人才，有助于推进中学实施素质教育，有助于高等学校依法行使办学自主权，有助于高考自身的科学、公平、安全、高效，推进高考改革时应遵循以下原则。

1. 统筹兼顾

高考改革中至少存在着统一考试与考查品行的矛盾、统一考试与选拔专才的矛盾、考试公平与区域公平的矛盾、保持难度与减轻负担的矛盾、考查能力与公平客观的矛盾、灵活多样与简便易行的矛盾、扩大自主与公平选才的矛盾、考出特色与经济高效的矛盾等两难问题，高考改革必须综合考虑各种复杂的因素，统筹兼顾各方面的利益，在两难中寻找相对的平衡点，全面辩证看待这些两难问题。高考改革应该非常慎重，否则就可能会出现比原先更大的消极后果。

2. 公平客观

公平既是高考改革应该坚守的价值目标，也是社会大众对高考最为关注的一个方面，是高考制度的基本功能和精神之所在。在当今社会，大众对高考公平公正的要求和关注比过去更高。而要做到公平，客观公正是基本原则。作为国家教育考试，促进教育公平与社会公平、坚持程序正义是基本的要求。高校招生考试从制度设计、命题内容，到录取中的民族和区域分布等各个方面，都应坚持公平客观原则。

3. 科学高效

为促进学生全面而有个性地发展，就要让高考在科学选才方面发挥作用，不仅要注重高考改革的公平，而且要注重高考改革的效率。要保护学生的求异思维和好奇心、探索精神，在命题和管理方面应该做到科学。同时，高考还应注重高效，即人才选拔方面的效率，要提高考试的信度、效度和区分度，准确地测验出考生的真实水平，将考生区分选拔到合适的高等学校。效率的另一个方面是尽量使高考做到高效、经济，让考试简便易行、方便考生，做到省时、省事、省力、省钱，在朝灵活多样的方向调整的同时，尽可能避免让高考变得过于纷繁复杂。

4. 多样选择

为促进创新性人才的培养，无论是推行新课改还是高考改革试点方案，都强调多样化和多元化。中国高等教育很快就要进入普及化阶段，过去为选拔精英或大众化阶段的高考内容、形式、录取模式等都面临着改进，逐步走向多样化。在高考改革的顶层设计和试点改革中，应该说已经充分体现出多样化和选择性，尤其是上海和浙江的高考改革综合试点，“3＋3”的科目选择有20种以上可能的组合，高校、学生有多样的报考选择，高中的课程安排、班级组织方式、教学形式等方面都发生了显著变化。

5. 循序渐进

与自然科学或技术方面的改进不同，在社会进步方面，渐进的改革往往要优于突变的革命。为使高中校长、教师、学生有足够的时间和心理准备，避免导致教学和管理陷入无序，高考改革应坚持循序渐进的原则，稳步推进。重大的高考改革一定要试点先行，在试点取得经验的基础上，再渐进推广实施，稳扎稳打，才能避免高考改革走弯路，出现反复之后“从终点又回到起点”的折腾。

6. 实践可行

在高考改革领域，历史与现实都充分证明，实践是检验真理的唯一标准。高考改革的设计和政策不仅要符合教育理想，同时应具有可行性和可操作性。符合教育理论、符合科学选才的理想固然重要，但具有科学性的不一定都是可行的，而只有可行的才是能够付诸实践的。在高考改革领域，管理权力小于法律，法律小于规律。不符合规律的设想，即使愿望再美好，也无法贯彻落实。只有符合招生考试规律、符合主流民意、通过实践检验证明行之有效的高考改革，才可能长久实行下去。若实践证明不可行，则应勇于调整改进。

高考改革与素质教育[①]

高考是一项影响重大、万众瞩目的重要制度，高考改革是中国教育改革中一个带有全局性的重大问题，也是深化教育改革、全面推进素质教育的关键环节。由于高考关系到千家万户的利益，涉及学生、家长、教师、中学、大学等各个方面，并具有维护社会公平和社会稳定的功能，因此高考改革相当复杂。高考是典型的高竞争、高利害、高风险的大规模选拔性考试，是中国各类考试中最重要、影响最大的考试，高考改革是争议最大的教育改革之一。

在有关高考改革的各种议论中，大体上可分为主张彻底改革高考的激进派与主张维护统一高考的稳健派，两派观点相当对立。激进派认为高考制度的弊端已是积重难返，对素质教育的推行和中小学课程改革起阻碍作用，因此要彻底改革或废止高考制度；稳健派认为高考并非教育的万恶之源，只是各种矛盾的集合点，以其他招生方式取代高考，矛盾和问题更大，统一高考还有存在的必要，因此对高考应该是改良而不是颠覆。

高考改革何去何从？在中国高等教育大众化的背景下，我认为高考改革比以往更具有迫切性，但还是应该在坚持统一高考的大格局下，积极而稳妥地推行。总体而言，高考改革与素质教育是一种对立统一的关系，升学竞争激烈主要与教育价值观有关，高考改革应稳中求进，逐步建立符合中国国情的以统考为主的多元考试招生制度。

一、高考与素质教育的双重关系

中国高校招生考试制度既受政治、经济、科技、文化、传统等外部因素制约，又受教育思想、教育体制、管理制度、教育经费以及学科特点等内部

① 本文发表于《红旗文稿》2006年第17期。

因素的影响。对整个教育界而言，高考改革往往是牵一发而动全身，改革的难度相当大。

高校招生考试制度改革是关系到中国高等教育现代化、中华民族振兴的大问题。恢复高考以来，高考已为高等学校选拔了千百万合格的学生。中国最近20余年的经济腾飞，与高考制度的恢复和不断改革密不可分。

然而，统一招生考试对中小学教育确实产生了不少负面的影响，如中学只抓智育而片面追求升学率，学生学习压力过大、负担过重、偏科、近视率攀升、体质下降，影响学生的求异思维和个性发展，在一定程度上限制了学生的创造性，学校办不出特色，教改难以推行，等等。有考试就有应试，特别是竞争激烈的高考，更是容易引发考生尽力应试，考什么就学什么，不考什么就不学什么。这种片面应试的消极影响，便是一定程度上造成智育一枝独秀，形成知识偏狭的弊病和学业成绩至上的功利心态，扭曲了高中教育的目标与理想。

激烈的高考竞争导致试题难度逐年加大，这是保持选拔性考试区分度、水涨船高的必然后果，而“升学主义挂帅”向下延伸至小学和幼儿园，少年儿童不堪学习重负，就更令人担忧。有的人说，中国的中学生已成为压力最大、最不快乐的群体之一。多年来，高考造成的弊端日益凸显，人们要求改革高考的呼声也越来越大，从20世纪80年代批评“片面追求高考升学率”，到90年代批评“应试教育”，到近年来进一步强调“素质教育”，都有人对高考制度进行激烈的抨击。特别是近年来，有的论者认为高考阻碍了素质教育的推行，阻碍了基础教育的改革，阻碍了创新人才的培养；或者将现存的许多教育问题都归罪于高考，似乎高考对基础教育罪大恶极，是推行素质教育的羁绊，甚至提出废止高考制度。

其实，高考与素质教育既有对立的一面，也有统一的一面。我们不宜笼统说高考是素质教育的羁绊。高考本身有其局限性，也确实存在着不少弊端，如诱发应试问题等，但是也不应将其绝对化。高考制度与提高素质的关系是双重的，既有影响素质教育的一面，也有促进学生素质提升的一面。我认为高考至少可以提高考生以下几方面的素质。

一是以考促学，提高学生的文化素质。考试制度的好处有不少，其中之一是靠自己而不需求他人。采用其他选才方式往往需求人，要看别人脸色，且成功与否操控于他人；考试则提供一个反求诸己的机会，能否成功主要靠自己的努力，因此考试选才能够促人向学、催人奋进。1977年刚恢复高考时，尽管各省的试题现在看来都较简单，但有许多考生连最基本的题目都不会答。仅几年之后，试卷的难度便大幅度提高，从答卷情况来看，考生的文化水平已有很大的提高，这主要应归功于高考的以考促学。可见高考极大地调动了千百万青年的学习积极性，有力地促进了中华民族文化素质的迅速恢复和提高，被“文化大革命”摧残的文化教育很快得到复兴。考上一所好大学，是广大中学生刻苦学习的强大动力。再不肯学习的孩子，在这种氛围下，也要硬着头皮学一些文化知识，这对提高全民族的知识水平是有积极意义的。因此，高考已成为提高广大青少年文化素质的巨大推动力量。

二是高考可以提高考生的学习能力。作为大规模的竞争性考试，高考是集中进行多科考试，将高中三年所学知识和能力水平在两三天内体现出来，这就要求学生提高学习能力，包括合理安排时间的能力。特别是在临近高考的几个月，每一科都要复习，怎样做到既系统梳理，又突出重点；既配合学校的安排，又针对自己的弱点；在时间安排上，每科什么时间复习，各占多少时间；什么时间学习，什么时间睡觉，什么时间锻炼身体，都需要科学安排。所以很多经过高考历练的学生，比以前成熟了。今后再遇到什么艰难复杂的考试或其他需要统筹安排时间的活动，也能更好应对。

三是高考可以锻炼考生的心理素质。关键性的考试会给考生造成相当大的心理压力，要想在高考中正常或超常发挥，需要调整心态和磨炼意志。多数高考成功者不仅文化素质较高，一般情况下，他们的心理素质也比那些每到考场就紧张或发挥失常的考生更好。他们需要面对人生中最重要的考试之一，面对家长的期望、埋怨，面对升学或落榜，高考为在顺境中长大的孩子提供了一个真枪实弹检验和磨炼自己心理素质的机会，也为他们将来走上社会参与竞争提供了一次锻炼的机会。不畏艰难、刻苦学习、意志坚强，都是非常重要的心理素质。

四是高考也是培养考生品德的一个契机。如何以诚实的态度、顽强拼搏的精神、平和的心态，发挥出应有的水平，接受大学的挑选，从而实现自己的理想，报效祖国、报效父母、报效乡梓；如何在复习过程中发挥团队精神，互助友爱；如何选择学校和专业，如何面对成功与失败……处理这方方面面的过程，都可以渗透良好品德的培养。因此，高考不仅可以促进学生文化素质的提高，在某些方面也能促进学生政治、道德素质的提高。

考试是一种测量工具和评价手段，是教育过程中的重要环节和组成部分，它本身并无善恶可言。考试使用得当可发挥它的积极评价功能，考核学生掌握知识的程度和能力的高低，教师也可根据考试所反馈的信息来评估自己的教学效果；使用不当则可能加重学生负担，打击学生的信心，造成偏科等问题。高考也是一样，利弊共存，既可能诱发片面应试行为，也能用来促进学生提高素质。

二、考试竞争与教育价值观

近年来，高考竞争越来越激烈，尽管大家都在呼吁要减轻学生负担，但实际上，学生负担很难减轻，有的方面甚至还增加了。原来人们认为，进入高等教育大众化阶段以后，片面追求升学率的情况会有所好转。然而，现在我们已经进入高等教育大众化阶段，一些直辖市已接近高等教育普及化，但升学竞争还是非常激烈。这其中存在着不以人的主观意志为转移的客观规律，有一定必然性。

因为社会永远是分层的，职业永远是分类的。即使不断扩招，扩招到所有人都能够上大学的时候，社会还是分层的，社会分工也是必然的。假使所有人都成为博士，也还是有人要做管理工作，有人要从事蓝领工作。由于高等教育大众化，人们已经从重视“学历”转变为重视“学校历”（即重视学生是从哪所学校毕业的），因为对一个人的远距离判断，最直观、最外显的就是“学校历”。这种情况下必然会出现竞争重心上移，重“学校历”愈演愈烈，也就是考重点大学的竞争依然激烈。这是水涨船高的结果，也是学历社会高等教育发展的必然规律。高考的竞争、受高等教育机会的竞争归根到底是社会地位的竞争。近年来，许多行业的竞争日趋激烈，高考竞争加剧，实际上是当今越来越激烈的社会竞争在教育和考试上的反映。在这种社会背景下，想单独使升学考试竞争激烈程度降下来很难。而且，中国人高度重视甚至过度重视教育的价值观短期内很难改变，尤其是独生子女进入上大学年龄以后更严重。过去一个家庭通常有两个以上的孩子，一个孩子没考上大学，另一个孩子还可以继续努力。但独生子女不同，只有一次机会，因此对孩子的期望和压力可能比过去更大了。

所以，我们应认清高考竞争的必然性。不管采取什么措施、怎样改革高考，追求升学率在今后几年还可能愈演愈烈，还可能比现在更严重。这就像城市的交通问题。许多大中城市出现了堵车现象，虽然道路在不断拓宽和增加，但还是赶不上汽车增加的速度。而且，尽管现在道路已很拥挤，但还有许多人准备买汽车。因此，除非大规模发展轨道交通，使公共交通有根本的改观，否则多数城市未来几年堵车问题还会更加突出。升学的压力也与此类似，在越来越多的家长都希望子女上大学、上好大学的时代，我们应该认识到升学竞争是必然的，它不可能在短期内减轻下来，我们对此应该有一定的思想准备。

中华民族是世界上最重视读书、最重视子女教育的民族之一，自古以来就有读书重学的浓厚风气。南宋时洪迈在《容斋随笔》中说，饶州地区重学，“为父兄者，以其子与弟不学为咎；为母妻者，以其子与夫不学为辱”，即使是农、工、商家庭子弟，家长也督促其及早向学。现今中国社会的多数父母对孩子读书的期望很高，除非万不得已，一般都不愿让孩子失去升学机会，许多家长在督促子女学习方面甚至有些不切实际。现在中小学生的学习和升学压力不只来自学校，实际上更多是来自家长。比如初中改为划片就近入学之后，小学的课堂教学压力已明显减轻，但许多家长却要求学校对孩子多加管教，或在晚上及休息日另外补习。看看我们周围的家长如何牵挂子女的学习成绩，如何为子女进更优质的学校努力，如何以比子女更焦虑的心情陪同前往高考考场，如何放下一切事务到孩子学校去参加家长会……便会明白中国人积极向学的传统是多么顽强。即使是移居欧美国家的华人，在鼓励子女学习方面，也明显比西方人更热切一些。这自然有积极的一面，但任何事情超过一定的度，就可能走向反面。不顾子女的实际条件，过高地期待，过严地要求，必然会给孩子造成过重的学习和心理负担。

表面看应试教育的许多问题，如轻视德育、体育等现象是高考带来的，但透过现象看本质，这些现象很大程度上是重视教育和学习、信奉读书至上的社会传统文化造成的。许多西方人对于子女就读大学与否或大学就读名校与否，持比较轻松的态度，仅少数人会因升学而去补习，而华人十分看重子女升学，多数希望孩子上名牌大学。

如果中国人高度甚至过度重视教育的价值观不改变，升学竞争激烈程度就不可能减轻，即使是录取率达到百分之百的时候也是如此。中小学生学业负担重，根源在于许多家长强烈的望子成龙心态和教育价值观。

中华民族望子成龙的民族文化心理延续了几千年，要人们转变观念，降低对子女教育的期望值，并不是一朝一夕能做到的。仅靠减少几个考试科目，降低一点考试难度，就想减轻学生负担，恐怕不太可能。这种情况的改变，有待于我们的民族素质的进一步提高，文化心理的进一步成熟，这需要全社会的共同努力。面对公众和家长的强大压力，对应试和追求升学率的现象不能仅靠管、卡、压，而要在疏导方面下功夫。因为围堵并不能解决问题，课堂上不加班加点，家长就让子女去补习学校上课，日本、韩国的家长也是如此。较好的办法是因势利导，将学生和家长的积极性引导到正确的轨道上来。

三、高考改革的理论与实践

当然，有高考存在，就会有应试的情况出现，比如许多学校采取题海战术，对学生进行大“运动量”的强化训练。为了解决中学片面应试的问题，人们提出了各种改革方案。在这些高考改革建议中，最常见的就是模仿美国等西方国家的大学招生考试办法：既看高考考分，又看高中成绩，对中学生进行全面考核，并参考学生的高中成长记录，如社会活动、文体活动、社区公益服务等表现，参考中学校长和教师的推荐信和在同学中的排名，以及学生自撰的申请书，实行申请入学制，对学生进行综合评价来录取新生，认为只有这样才能真正推行素质教育。

与现行的以统一考试成绩为录取的主要依据的办法相比，这些提议从理论上说确实好得多，真能实行的话确实能够更全面、更准确地选拔人才。然而，理论上正确的不一定是可行的，只有可行的才是有效的。橘逾淮而化为枳，不同的环境会使相同的东西变味。我认为，国情不同，文化传统不同，就会有不同的招生方式。移植外国的招生方式需要有相应的制度环境和文化土壤，否则就会水土不服，无法实行。

我国台湾地区为了改变高考一锤定音的局面，2002年开始实行大学多元入学新方案，除了考试以外，增加了推荐甄选、申请入学几种形式。结果，很多民众批评“多元入学”是“多钱入学”，费时、费力、费钱，还容易造假。例如规定当班长能加分，甚至出现了一个班一年有十多个学生当过班长，因为反正没规定班长必须当多长时间；推荐信全说好话，很难区分和取信，最后只好取消推荐信。我认为，高考虽然有很多弊端，但它起码能防止更坏的情况发生，这种更坏的情况就是让权力、金钱介入招生考试，使弄虚作假进入高考，这对学生的心理、道德造成的伤害会更大，更不利于素质教育。因此，高校招生要参考平时的成绩和表现，一定要先在小范围内实验，确实具有可操作性，才可考虑推广。

中国具有独特的传统文化，许多情况与西方国家不太相同，因此在高校招生考试方面没有现成的模式可供借鉴。现实中很少有完美的制度，只有合适的制度。理论上说存在最理想的招考制度，现实生活中却只能实施最可行的招考制度；理论上说高考不一定是最好的招生办法，但实践中却没能找出可行的更好的办法。在没找到更好的制度之前，就不要轻言废弃现有的制度。经过反复比较，可以看出，统一高考至今还是适应中国国情的招考办法。

高考制度下的中学教育现状确实与我们的教育理想有差距，但我们一方面要追求教育理想，另一方面还要考虑教育现实。不像其他教育改革，讨论的范围主要局限在某个领域，高考改革的话题是整个教育界乃至社会各界人士都经常发表看法的话题。然而有些论者并未深入思考高考改革的复杂性，因此提出的看法主观愿望虽好，但缺乏可行性。

实际上，若没有高考的把关，中国的教育和社会问题可能比现在的应试问题更为严重。近几年新闻媒体披露的几起招生录取环节的腐败事件，再一次提醒我们，即使有高考这道铜墙铁壁的把关，还有一些人挖空心思企图谋取私利，若采用弹性极大的招生方式，不知会出现多少营私舞弊、贪赃枉法的事件。除了人情与关系的干扰以外，招考改革还遇到了道德水平滑坡、诚信缺失的挑战，这是我们推行改革时不得不考虑的问题。

好的制度能限制坏的行为泛滥，坏的制度却会使好人也跟着学坏。高考便是防止大学招生腐败的铜墙铁壁，也是阻止人情与关系干扰的坚实屏障，或者说是制约人情泛滥的有效手段。公平选才与全面考核之间往往难以兼顾，在以分取人与舞弊不公这对矛盾之间，人们往往宁愿选择公平竞争，接受艰苦的考试，而不愿选择接受理论上较能全面考核实际上容易被走后门者利用的扩大自主权。

过去我们也曾多次尝试改变主要依靠考试分数决定升学的做法，如实行推荐制度或保送方式，但都因无法抵挡人情与关系的困扰、无法有效防范弄虚作假而告失败或缩减。而采用教考分离的统一考试，人情与关系基本上无法介入。因此，为了在激烈的升学竞争中防止人情干涉，避免因诚信缺失造成弄虚作假的弊端，保证大学招生的质量，用一种相对公平的办法来选拔录取大学新生，不得不采用统一考试的方式来排除人情的困扰。

总之，现行的统一高考制度是高校招生考试发展到一定阶段或者说高级阶段的产物。在目前的社会和文化环境下，高考改革应稳中求进。所谓稳中求进，并非不思进取，无所作为，而是说改革高考这样重要的制度，应该在长远规划的基础上渐进地推行。只要有地方或高校愿意进行改革试点，就应允许其积极进行实验。若确有可行性，才在更大范围内推广。我们应在坚持统一高考的基础上不断改革，逐步建立起兼顾统一性与多样性、统分结合的高考制度，也就是以普通高校招生全国统一考试为主，与多元化考试评价和多样化选拔录取相结合，政府宏观指导、调控，高校自主招生、自我约束，社会有效监督的高校招生考试制度。

高考改革当首重公平[①]

高考是一项影响重大、万众瞩目的重要制度，是中国教育中一个带有全局性的重大问题，也是深化教育改革、全面推进素质教育的关键环节。由于高考关系到千家万户的切身利益，涉及学生、家长、教师、中学、大学等各个方面，因此高考改革相当复杂，也是社会长期关注的一个焦点。我认为，高考改革应首重公平。

在社会生活中，能够通过个人奋斗而改变命运的机会有多少呢？高考是其中重要的一个。每年的高考，有如社会风气的净化器，在全民关注、高度重视的氛围中，让大家一再感受公平竞争的神圣和可贵。恢复高考二十多年来，高考在促进中学生努力学习、提高民族文化水平、维护社会公平等方面起了巨大的作用。

公平是社会大众对高考最为关注的一个方面，也是高考制度的基本功能和精神之所在。可以说，公平竞争是高考制度的灵魂和根本。

构建现代高校招生考试制度，原先提出了“三个有助于”，即有助于高校培养高素质的专门人才和拔尖创新人才，有助于推进中学实施素质教育，有助于高等学校依法行使办学自主权。近年来又加上了第四个“有助于”，即还要有助于高考自身的科学、公平、安全、高效。在全面建设小康社会、和谐社会的时代，社会公众对考试公平、公正的要求和期望比以往更高。公众对高考改革的关注，公平往往是第一位的。竞争激烈与否、试题难度怎样，只要对所有考生一视同仁，大家便能接受。设想再好的改革，假如没有顾及公平，老百姓便难以接受。

由于考试制度的长期实行，在相当程度上形成了一种无论贵贱贫富，

① 本文发表于《光明日报》2005年6月22日。

“在考试面前人人平等”“在分数面前人人平等”的观念和社会文化氛围。中国有句老话，“不患寡而患不均”，对于考试也是如此，不怨苦而怨不公。不怨竞争激烈，不怨刻苦学习后考不上，就怕不公平竞争。许多家长和学生都认为，参加考试没有考上，他们服气；而其他选拔方式如通过金钱、拉关系进入好学校，他们不服气。

因为高考提供了公平竞争的机会，在激烈的考场较量之后，名落孙山者虽然会有挫折感，但多数考生只能怨自己水平不够或运气不佳，无法怪他人或社会。而如果是因为不公平竞争而落榜，他们怨的则是高等学校和政策制定者，还可能产生对抗心理。如果实行推荐制，只怕会导致走后门盛行，无法上大学的学生眼见有权有势者的子弟能够接受高等教育，极易感到无助和愤懑，他们的不满可能还会积聚起来针对整个社会，形成对现存秩序的反抗力量，影响社会的稳定。

在以分取人与舞弊不公这对矛盾之间，人们往往宁愿选择公平竞争、接受艰苦的考试，而不愿选择接受理论上较能全面考核实际上容易被走后门者利用的扩大自主权。

由于考生可以多次参加高考，考上较低层次高校的考生今后也还有考上重点大学的机会，高考实际上并非“一考定终身”，主要取决于考生自己的水平、态度和选择。在原先限定25岁以下方可报考的情况下，理论上一个高中毕业生可以有七八次参加高考的机会。取消年龄限制以后，高考实际上成为一种终身考试，它为每一个落第者保留着下一次成功的机会与希望，这就为落榜考生提供了更多的选择，也使考生和家长的不满和失望不至积累到危险的程度。因此高考在一定程度上起到了社会的“减压阀”与“稳定器”的作用。

高考除了具有为高校选拔合适人才、以考促学等教育功能之外，还具有维护社会公平、维护社会稳定、促进社会流动等社会功能。有些改革设想看起来十分理想合理，但却可能危害公平竞争机制，进而影响社会稳定。学校教育是一个春风化雨的过程，升学考试则是一个决定学生前途的关口。高考对教育的影响是渐进的、长时段的，而不当的高考改革引发的社会矛盾则是突发的、显性的。当从教育理想出发，推出的某些高考改革措施与社会公平产生矛盾并可能影响社会稳定时，社会大众和决策者基本上是从社会公平的立场考虑和解决问题。

同时，我们也应认识到，世界上没有绝对的公平，所有公平都是相对的。或者说是一种动态的公平。公平的含义十分复杂，通常分为起点公平、过程公平与结果公平。教育和考试都有促进社会阶层流动的功能，但由于中国城乡之间、地区之间、社会阶层之间差别很大，学生受教育条件存在着相当大的落差，而高考制度无法考虑每个考生的教育资源和文化条件差异，每年参加高考的几百万考生实际上不是都站在同一条起跑线上。家庭经济和文化条件较好的考生比较容易考上高校尤其是名牌大学，因而高考被有些人看成实际上是不平等的，他们认为高校入学制度改革应尽量考虑起点公平。然而，我认为在现阶段这是一个很难实现的善良愿望，因为各人家庭的经济条件和受教育条件的差异不是短时间内可以缩小的。

对高考“不公平”的责难，具有一种强调实质性机会平等的倾向。要实现结果公平，即实质性教育机会平等，不分民族、性别、出身、禀赋等，都可以同等地获得进入大学的机会，这在现实社会显然是不可能的。当今世界还没有任何一种社会制度能够完全消灭经济和文化条件的差别，而且人与人之间的天资和非智力因素也有无法完全扯平的差异。

受政治、经济和文化的制约，当今中国还很难做到起点公平和结果公平。公平只能是与社会发展水平相适应的公平。高考是不能够实现理想的公平，然而在没有其他更公平且能够操作的制度可以取代它时，高考便是最可行的相对公平的制度。

当然，高考中确实存在着不公平的方面，比如“倾斜的高考分数线”等问题，但这主要是录取制度而非考试制度的问题，而且这是中国这么一个幅员辽阔、人口众多、各地教育和文化水平差异巨大的国家必然会出现的问题，也是一个千古难题。

从世界范围来看，20世纪各国各地区高校招生考试的发展趋势总体上是朝统一考试的方向发展。这是受考试制度发展的内在规律驱动，是为了追求公平可比和经济高效使然，也是招考制度发展演进的必然结果。考试是一种相对公平的选才方式，将各校招考中具有共性的工作统一起来进行，可以体现集约化管理的规模效益，提高效率。

总之，现行的统一高考制度是高校招生考试发展到一定阶段或高级阶段的产物。经过反复比较，可以看出，统一考试是适应中国国情的招考办法。我们应在坚持统一高考的基础上不断改革，逐步建立起以普通高校招生全国统一考试为主，与多元化考试评价和多样化选拔录取相结合，政府宏观指导、调控，高校自主招生、自我约束，社会有效监督的高校招生考试制度，也就是兼顾统一性与多样性、统分结合的高考制度。

高考竞争的必然性[①]

最近《光明日报》《中国教育报》《人民日报》等几家重要媒体都在大篇幅讨论素质教育问题，实际上都牵涉到或最后都会归结到高考制度的改革问题，因为高考确实跟基础教育的关系非常密切，而且跟素质教育的推行之间关系非常复杂。面对新形势，高考改革的压力更大，尤其是一些省推行新课改后，高考改革的呼声更高了。怎么改革高考，如何协调高考与基础教育的关系，认识上需要进一步明确。

前些年对高考的指责有的非常偏激，甚至说要废除统一高考。最近也有刊物发表文章，提出要将高考“送进坟墓”。高考确实有自身的问题，大家都能看到现在高考竞争越来越激烈，有的中学实行高强度的、机械的应试教育，但是我认为高考并不是这一切的“万恶之源”，对此我们应该有清醒的认识。

这几年的高考竞争越来越激烈，都说要减轻学生负担，但实际上学生的负担很难减轻。原来大家以为高等教育大众化以后，片面追求升学率的情况会好转，结果发现竞争却越来越激烈。这有一定的必然性。实际上，即使考生百分之百都能上大学，竞争仍然会很激烈。因为社会永远是分层的，职业永远是分类的。由于高等教育大众化，人们已经从重视“学历”转变为重视“学校历”，考重点大学的竞争越来越激烈。仅通过高考改革来改变这种情况是不可能的，因为这是社会大环境使然。中国人高度重视甚至过度重视教育的价值观短期内很难改变，尤其是独生子女现象出现以后这一问题更为严重。不管我们采取什么措施、高考怎样改革，追求升学率的问题在今后几年很难彻底改变，还可能会比现在更严重。我们应该意识

---

① 本文发表于《中国教育报》2005年12月7日，原题为“竞争，高考的必然选择”。

到这种竞争的必然性。

对于高考，我们要从现实出发，一方面要看到它严重的弊端和局限，另一方面，也不要把高考说得一无是处。高考除了具有为高校选拔合适人才、促进教学等教育功能之外，还具有维护社会公平、维护社会稳定和促进社会流动等社会功能。恢复高考以来，高考在促进中学生努力学习、提高民族文化水平和维护社会稳定、公平等方面起了巨大的作用。

高考竞争归根到底还是社会地位的竞争，每个行业的竞争都越来越激烈了，高考必然反映这种越来越激烈的竞争，它是社会竞争的一种表现。高考只是把社会各方面的竞争高度集中到了考场上来而已，如果没有高考，应试的问题也许可以解决，但是更恶性的竞争、更坏的弊端将会出现，所以高考制度有它的弊病，但是废除考试制度会造成更大的弊病。古往今来的历史和现实一再证明，理论上说考试不一定是最好的方法，但实际上却找不出更好的可操作的公平竞争方式。在中国高度重视人情与关系的社会文化氛围和环境之下，采用最大程度排除人情影响的这种大规模的、统一的考试方式是必然趋势，不这样做造成的问题更大。尽管考试有不少弊端，但是它至少可以防止最坏的情况发生。

还有，应试教育原来只针对少数学生，但现在许多中学的应试准备教育已经不是面向少数学生，而是面对多数学生。各个省上大学的学生都已经在50%以上，已不能说是面向少数人。

高考改革必须有助于高校招生考试的公平、科学、高效和安全。这其中，高考改革首重公平。

中国的高考改革应该考虑多方面的因素，不只考虑城市学生，也要考虑农村学生，因为目前中国64%的高中生是在县及县以下中学，而不是在地级市或者省会城市。高考改革要考虑国情，高考考能力、考素质的改革不宜推得过快。有些改革建议理论上很好，但是理论正确的不一定可行，只有可行的才是有效的。中国的地域差别和城乡差别很大，和城市学生相比，农村学生处于弱势地位，实际上在起跑线上已经处于不利地位。我觉得决策者应该更加宏观地把握这些问题。

高考大势：兼顾统一性与多样性[①]

“三十而立。”一转眼恢复高考已届30年。作为一个与高考关系特别深厚的学者，我结合自身的经历和感受，谈谈高考30年，以及对高考改革的一些思考。

一、为高考辩护

如今社会对高考这么一项影响重大、万众瞩目的重要制度，总体而言是新闻报道多、理论研究相对较少，一般议论多、深入探讨相对较少。高考是一个谁都可以说上两句的话题，又因为其利弊都十分显著，人们从不同的立场、不同的角度论说高考，往往会得出不同的看法。但是，对高考这样一个影响重大的国家考试制度，不能只凭一腔热情和激愤，还需要冷静和理性，否则所发言论就可能变得情绪化，也无济于事。

多年来，许多人对高考有各种误解，看到片面应试的一些消极现象，总是将其归咎于高考。面对许多批判高考的声音，我感觉自己经常要“舌战群儒”，一波刚平，一波又起。回过头来想想，自己做的其实主要是澄清对高考制度的误解，帮助或促使一些论者认识考试规律，了解高考改革的复杂性。这有点像灭火，一处燃起了一把盲目批判高考的大火，我便发表一篇指出其硬伤或空想之处的文章，以助灭火。可过不久另外一家报刊又发表一篇对高考义愤填膺的讨伐文章，于是再次应战，去澄清事实，辨明道理。

人们对高考的议论存在许多误区，诸如“高考是计划经济的产物”“高考是模仿苏联而来”“高考造成了区域不公”“高考是一试定终身”“高考导致中国未能获得诺贝尔奖”“实行社会化报名可以解决片面追求升学率问

① 本文发表于《潇湘晨报》2007年4月6日。

题”“减少高考科目可以减轻学生负担”“高考是素质教育的对立物”“要像清末废科举那样废高考以寻找教育改革的突破口”等，都属于似是而非的观点。

例如，有不少人将各省份之间高考分数线的失衡归罪于高考制度，认为高考造成了区域不公。实际上这是一种误解，只看到了问题的表象。从表面上看，因为高考制度，才造成“倾斜的高考分数线”，但本质上是高等学校分布不均、各省份高等教育资源不平衡以及各地教育发展不均衡所致，高考只是将招生考试中的区域公平问题凸显出来罢了。如果没有统一的高考制度，像有些论者所说的实行各校单独招生，区域不公的问题照样存在，而且高校自主权加大，反而可能加大区域录取不平衡，只是区域不公问题更容易被掩盖起来。

高考实际上除了具有为高校选拔合格人才的功能外，还有维护社会公平、维护社会稳定、促进社会流动的功能，也就是说高考不单单有教育功能，还有政治功能，以及社会功能、文化功能等。恢复高考近30年，高考在促进中学生努力学习，提高民族文化水平，维护社会公平、社会稳定等方面，起着巨大的作用。高考通过公平竞争，为高等学校选拔了千百万合格的学生，经过培养造就，很多人成为各行各业的骨干力量。中国最近二十几年来的经济腾飞，与高考制度的恢复及不断改革密切相关。

二、不要轻言废止高考

许多对高考的批判，类似一种“单边论证”。表现在对高考改革的看法上，便是只说出自己的“正确意见”，或提出某种设想，但很少顾及意见的可行性，较少从系统和整体的角度考虑问题，也相对缺乏比较的意识。在有关高考改革的争论中，有一个值得注意的现象，即那些主张废止高考的人，往往只看到高考的消极面，却不能提出更好而且可行的办法来代替高考，或很少考虑到废止高考后的替代办法是否会出现比实行高考更大的弊端。

高校招生考试是一项十分复杂的系统工程，是一个世界性的难题，其中问题很多，改革难度也很大，不存在十全十美的招考办法。我们在各种选拔方式中，只能众利相权取其重者，众害相权取其轻者。

三、高考改革的发展方向

兼顾统一性和多样性是高考改革的发展方向。的确，统一高考制度的最大优点和最根本问题均在“统”字上。随着高等教育大众化进程的加快和终身教育体系的构建，高等教育对象的集中性也被打破，考生来自各种年龄段和各行各业。高考若不“与时俱进”，“统一”的优点便可能逆转为其生命力的扼杀者。

2006年复旦大学和上海交通大学举行自主招生考试，是高考改革的有益尝试。但真正要触动过于统一的高考制度，仅靠部分高职高专试行单独招考还不够，需要有一流大学的加入才能真正引起社会的重视。单独命题考试加面试，都能在相当程度上考出特色和能力。不过，我认为，自主招生在采用面试的同时，还是应该要求考生参加统一高考。这并非多此一举，而是这样可以对新生的文化素质有个基本的掌握，至少可以作为参考。美国的名牌大学虽然实行单独招考或申请入学，但也要求申请者提供SAT或ACT统一考试的成绩。

高考改革不得不面对一系列的两难选择，如考查能力与公平客观的矛盾、灵活多样与简便易行的矛盾、扩大自主与公平选才的矛盾、考出特色与经济高效的矛盾。从长远的目标来看，中国可能在相当一段时间里，还将是朝兼顾统一与多样的方向发展，逐步建立起以国家统一考试为主，与多元化考试评价和多样化选拔录取相结合，高校自主招生、自我约束，政府宏观指导、调控，社会有效监督的具有中国特色的高校招生考试制度。

高考改革：以“不变”应“万变”①

向来为社会各界所关注的高考改革如今已成为一个重大的民生议题。公平选才是社会大众对高考最为关注的一个方面，也是高考制度的基本功能和精神之所在。在当前全面建设小康社会、和谐社会的时代，社会公众对考试公平、公正的要求和期望比以往更高。因此，高考改革从制度设计、命题内容，到录取中的民族和区域分布，都应坚持公平客观原则。

兼顾统一性与多样性是高考改革的另一个原则。在高考改革的诸多两难问题中，灵活多样与简便易行是一对矛盾。省时、省力、省钱、公平、高效是统一高考的突出优点。在原来大一统的高考模式下，各考生之间的高考成绩具有可比性，且管理操作简便易行。但因统得过死，过于单一，后来朝多样化方向改革，这可能和简便易行原则形成矛盾。为了培养和检测学生的能力并增加高考的灵活性和多样性，科目设置和命题变得较为复杂灵活，有的省份报考科目和选填志愿也变得纷繁复杂，尤其是那些频繁改革的省份，学生、家长、老师心中无数，一般大学教师和社会大众也难以弄清高考科目与大学系科之间的对应关系，管理操作复杂费事。而且，如果过于强调试题的多样性，还会造成高中组织教学困难。在灵活多样与简便易行这对矛盾之间，高考改革的目标应是朝向灵活多样努力，但也应尽量考虑方案的可操作性，不可忘记简便易行这一原则。在灵活多样与简便易行这对矛盾中，要从全局考虑，兼顾两头，不能一下子变得太过灵活多样。改革目标是朝灵活多样发展，但是要考虑可行性和推进的速度，将消极影响降到最低。

在推行新课改的情况下，高考方案不得不进行部分调整。目前全国多个省份在进行新课改，因为新课改本身就复杂多样，强调选修、个性化、多样

① 本文发表于《光明日报》2008年10月22日。

化、分模块，希望高考考试科目越多越好。但高考既然是选拔性的统一考试，主要看考试成绩，最强调公平、高效和具有可比性，尺度要比较单一，因此高考不能考太多科目。两者的意愿是很难完全契合的。

高考改革是一项极其复杂的系统工程，但目前社会上的各种看法多执其一端。高考改革如果不通盘考虑，很容易出现顾此失彼的局面。如果改动太多，推进太快，会给中学教学带来不小的影响。因此高考研究者和决策者一定要保持清醒的头脑，既不能因难度大而裹足不前，也不能迫于舆论压力盲目地为改革而改革，不一定要频繁改革才能说明高考是在不断创新。

中国的考试史表明，在公平选拔同时存在刻板的竞争与全面考核却同时存在舞弊不公之间，几乎存在着非此即彼的关系。在高度甚至过度重视教育的环境下，在十分讲究人情、关系、面子的文化氛围中，在社会诚信制度还没有完全建立的情况下，要求选拔人才时注重“德”的追求、希望能够参考成长记录全面考核，只能说愿望很好，但总是很难实现。而过于纷繁复杂的高考科目配置，也可能因操作困难、社会大众难以弄清而无法推行。移植外国的招生方式需要有相应的制度环境和文化土壤，否则就会水土不服，无法生长，或者出现变异和退化，出现不公平的现象，甚至造成一定的社会问题，最后又不得不回到原点。

作为有上千万人参加的大规模考试，高考改革不可能做到让各方都满意。因为参与其中的人站在不同的角度，会有不同的诉求和观点。改革者较多从教育的原理和理想出发，而作为考生、家长，是以参与者的身份从自身考虑，来看待公平问题。对考生而言，最关注的往往还是公平性问题。高考改革要让各方满意，一定要兼顾公平、效率。高考改革应以不变应万变。“不变”的是其公平性，而“万变”的是其考试内容和形式，可以顺应时代和社会需求不断推陈出新。但万变不离其宗，还是要以公平为本。

当高考成为文化[①]

一年一度的高考如期而至，又引起了社会的高度关注。

高考是考生寒窗十年的试金场，是高中教师辛勤三载后检验教学成效的成绩单，是考生家长牵肠挂肚的关口，是中学校长用心管理拼命竞争的荣辱簿。

就像古代科场风云通常都会惊动朝野一样，高考也是社会各界都非常关注的焦点。高考一有风吹草动，我们就能够在各大门户网站的首页看到相关新闻。

在中国，高考不仅是一种考试，也不仅仅是教育问题，在一定意义上说，高考还是一种文化、一种经济，有时高考甚至还会成为一种政治。当你看到全国上下为高考让路，当你看到高考牵动着千家万户的神经，当你看到高考成为政府关注的大事，当你看到考试季节所有媒体都聚焦于高考的时候，你一定会意识到，高考已成为一种独特的文化现象。

西方国家的大学招考通常只是一种测量手段，只会引起小范围的关注，只是一个部分人关心的话题。然而，受传统和现实的影响，中国人却将高考变成了文化，变成了经济，变成了政治。在有五千年悠久文化传统和千余年科举考试历史的中国，在幅员辽阔、人口众多、各地和城乡文化教育水平差异很大的中国，在民众高度重视甚至是过度重视教育的中国，高考既有与世界各国相同的规律，也存在不少独有的现象和问题。

我认为，在社会变革方面，渐进的改良往往要优于休克疗法式的突变，高考改革也是如此。几年前，我曾与一位资深高中教师交流高考改革问题，问他觉得现行高考制度是否合理，他脱口而出说不合理。接着我问他，那你

① 本文发表于《科学时报》2011年6月7日。

认为应该用哪一种办法来招生，他好一会答不上话来。因为他像许多人一样，看到高考的弊端，想当然地认为高考不合理，但并没有进一步去想如果不用高考，是否有其他更好的办法可以替代高考。关键是要提出可以操作的、具有可行性的更好选拔人才的方式。

高考是一个利弊兼具且利弊都十分显著的考试制度。作为研究者，我认为应该理性地评价。目前提出的高考改革方案已有十几种，但是很少有切中肯綮、切实可行的方案，真是“乱花渐欲迷人眼”。提出一个符合教育理想的高考改革方案或许容易，但提出一个既有创意而且可行的高考改革方案却谈何容易。一谈到实验或试行，许多看似有道理的方案便显出其理想化色彩，而无法付诸实践。

中国的高考制度是传统文化和现实社会环境综合作用的产物。有些高考改革设想总是自觉不自觉地以美国的招考模式为改革目标，其实，世界各国因政治、经济、教育发展水平、文化传统不同，在高校招生考试制度选择上各有差异。假设美国社会全都由高度重视甚至过度重视子女教育的华人组成，美国现行的招考制度多半也无法实行下去。

实践是检验真理的唯一标准。许多改革从理论上说都没有错，但在实践中就是行不通，典型的如标准分的行废。标准分由原始分推导出来，用以说明考生的原始分在所属那批分数中的相对位置，是较为先进和科学的记分方法。在教育部考试中心的推动下，最多的时候有8个省份的高考采用标准分。但许多人不习惯标准分的办法，觉得原始分更简便明白，许多高校也觉得用标准分无法比较各省份之间同一科目的水平，结果多数省份在实行标准分几年之后纷纷放弃。2007年，最先实行标准分的广东转为采用原始分，最后只有海南省还在坚守。可见，理论正确的不一定是可行的，即使勉强实行，迟早也要败下阵来。只有在条件具备的时候，改革才能够顺利推行。

非新无以为进，非旧无以为守。我们既不能患“高考改革恐惧症”，害怕改革、不思进取，也不要患“高考改革急躁症”，要避免改革中的急躁情绪。如何制定兼顾时代需求又易于遵行的高校招生考试制度，是我们应该认真思考与研究的问题。在高考领域，公平与科学有时存在矛盾。大众对公平的注重与追求，往往使得高考追求科学性和效率的努力受到制约。高考改革必须坚持公平和科学选才原则，在两者产生矛盾时，应尽量在两者之间求得基本的平衡。

高考改革是否能在公平与质量方面取得进展①

对2012年的期望，宏观一点谈，我还是希望中国在高等教育的公平和质量方面都能够取得新的进展。因为《国家中长期教育改革和发展规划纲要（2010—2020年）》里面最强调的，一个是质量，一个是公平。

具体来讲，就我自己比较关注、研究比较多的领域，是高校招生考试制度问题，特别是高考改革问题。这个问题是直接关系到中国教育的质量和公平的问题。高校招生考试是大学教育的一个入口，既牵涉到高校培养人才的质量和水平，又牵涉到维护教育公平和社会公平，所以它是兼具质量和公平的一个重要问题。

作为整个教育改革中的一个关键环节，或者说是对整个中国教育牵一发而动全身的问题，高考改革不仅受到教育界的关注，而且受到全社会的关注。实际上高考每年都是一个热点问题，每年夏天它还会成为一个焦点问题。在新的一年，我希望高考改革一方面要坚持保障社会公平，另一方面也有一定的改进。比如公平方面，我特别希望在进城务工人员子女升学方面能够有一定进展，现在社会大众也很关注这一问题。进城务工人员，事实上不单单包括农民工，也包括一些在北京、上海和其他发达地区长期工作而户籍又不在当地的白领，他们的子女在所在城市上学，有学籍已经三五年甚至七八年了，对他们的升学问题，我们怎么解决？这是一个难度很大但是又不得不面对、不得不正视的问题。高考改革面临很多问题，这是其中一个迫在眉睫、必须考虑的问题。

在《国家中长期教育改革和发展规划纲要（2010—2020年）》里面，专

① 本文发表于《中国科学报》2012年1月1日。

门列了一章《考试招生制度改革》。在这一章里，直接提到要“成立国家教育考试指导委员会，研究制定考试改革方案，指导考试改革试点”。要专门成立一个国家级咨询机构，来指导高考改革实践，说明考试招生改革意义非常重大。

2011年的高校招生考试改革应该说总体比较平稳，其中最引人注目的就是大学自主招生的联合招考。2011年2月的大学联考，特别是“北约联盟”“华约联盟”联考的出现是一个备受关注的演变。高等教育界对此普遍持比较欢迎的态度，特别是这几个联盟的招生人员和相关高校对联考比较欢迎，因为联考节省了人力、物力和财力，而且大大方便了考生报考，节省了东奔西跑的报考费用和时间成本。但是也有人对联考的看法比较消极，如一些人认为它冲击了中学的正常教学，加剧了学生之间的竞争，增加了学生的学习压力。不管怎么说，联考都是2011年高考领域的重要进展。

2012年，我期望能够在长远规划和全面研究的基础上，渐进地推行高考改革，使高考制度继续为保障国家人才选拔的质量、维护社会公平和稳定作贡献。

高考改革应稳步推进①

高考是典型的高竞争、高利害、高风险的大规模选拔性考试，是当前中国各类考试中最重要、影响最大的考试。作为教育体系中的一个重要环节，高考对高等学校的人才培养具有基础性作用，对基础教育则具有导向功能。作为牵动千家万户神经的大事，高考改革是社会各界都关心的重要议题。高考应如何改革也越来越引起人们的广泛关注，各种观点颇多分歧，甚至对立。我认为，在现阶段，对待高考改革，既应积极进取，也应慎重稳健。

一、评价高考应一分为二

高考是影响重大、至为复杂的大规模选拔性考试，是一项“横看成岭侧成峰，远近高低各不同”的制度，站在某一特定的立场去评说，从某一特定的角度去观察，可能所见都是事实，所言也都有一定道理，但也可能会出现盲人摸象、各说各话的情况。我认为，在评价高考时，应全面和客观，对其功能和影响应一分为二地进行分析。

在高考指挥棒的影响下，中小学教育确实出现了许多不良现象，如中学片面追求升学率、文理偏科、缺乏特色，学生学习压力过大、负担过重，且近视率攀升、体质下降，影响学生的求异思维和个性发展，使教育改革不易推行，等等。有考试就有应试，特别是竞争激烈的高考，更是会引发考生尽力应试，考什么就学什么，不考什么就不学什么。这种片面应试的消极影响，便是一定程度上造成智育一枝独秀，导致知识偏狭的弊病和学业成绩至上的功利心态，扭曲高中教育的目标与理想。

激烈的高考竞争导致试题难度逐年加大，这是保持选拔性考试区分度、

① 本文发表于《中国高等教育》2007年第2期。

水涨船高的必然后果，而“升学主义挂帅”向下延伸至小学和幼儿园，少年儿童不堪学习重负，就更令人担忧。多年来，高考造成的弊端日益凸显，人们要求改革高考的呼声也越来越大，从20世纪80年代批评“片面追求高考升学率”，到90年代批评“应试教育”，到近年来进一步强调“素质教育”，有不少人对高考制度进行了激烈的抨击。特别是近年来，有关高考的讨论十分激烈。有的论者认为高考阻碍了基础教育的改革、阻碍了创新人才的培养，或者将现存的许多教育问题都归罪于高考，似乎高考对基础教育罪大恶极，是推行素质教育的羁绊，并提出废止高考制度。

一段时期以来，批评高考制度、指责高考的弊端似乎已成为舆论主流，变成了一种流行话语，若是对高考不加批判，好像便显得没有改革精神。但我认为这类批评意见，大多类似于一种“单边论证”。具体表现在对高考改革的看法上，便是只说出自己的“正确意见”，或提出有一定道理的设想，但很少顾及意见的可行性，较少从系统和整体的角度考虑问题的意识，也相对缺乏比较的意识。在有关高考改革的争论中，有一个值得注意的现象，即许多主张彻底改革高考制度或主张废止高考的人，往往只看到高考的消极面，却不能提出更好而可行的办法来代替高考，或很少考虑到废止高考后的替代办法是否会出现比实行高考更大的弊端。高考是有很多弊端，也对中学教育造成了一些负面影响，但目前还没找到更加科学而可操作的办法来替代它，因此，多年来，尽管面对各种批评，高考还是在选拔大学新生中起主要作用。高校招生考试是一项十分复杂的系统工程，是一个世界性的难题，其中问题很多，改革难度也很大，不存在十全十美的招考办法。我们在各种选拔方式中，只能众利相权取其重者，众害相权取其轻者。

我以为对高考的评价应当公正、全面、客观，不能就高考而论高考，甚至不能就教育而论高考，还需兼从社会，包括政治、经济的视角来论高考。凡是竞争激烈的地方，几乎都是人情与关系最想介入的地方。而大学招生是教育界竞争最为激烈的一个领域，如何防止人情与关系的干扰便成为招生考试首先必须面对的问题。子女升学通常是一个家庭的重中之重，在这方面只要有托关系的可能，很少有人会不加以利用。每到大学招生季节，许多家长为孩子的升学问题奔走，希望能够为其争取尽可能理想的学校和专业。各大学单独招生、面试或采用中学成绩作为大学录取新生的依据，很容易受到人情的困扰。高考将升学竞争变成考生之间的公平竞争。因此，高考制度是适应中国国情的人才选拔制度。

要解决或减少高考竞争所带来的消极影响，必须不断改革高考的内容和形式，但不应企望取消高考制度。采用推荐制度，必然会出现比高考制度更多更严重的弊病。高校招生考试中存在着一系列的两难问题，公平选才与全面考核之间往往难以兼顾，在以分取人与舞弊不公这对矛盾之间，人们往往宁愿选择公平竞争，接受艰苦的考试，而不愿接受理论上全面考核实际上容易为权钱影响的推荐。假如不经过考试就可以上想上的大学，大概没有人会喜欢参加考试，但这不可能。高考这种选才方式是有不少局限和坏处，但它可以防止更坏的情况发生，即用金钱、权力、关系竞争。如果那样，对于弱势群体、社会资本较少的家庭的孩子，没有高考，想上大学可能会更难。

2007年是恢复高考30周年，我们应该如何评价高考制度的是非功过？我认为，尽管高考有其局限和弊端，但总体而言，恢复高考30年来，通过高考的公平竞争，为高等学校选拔了千百万合格的学生，为中国的发展作出了重要贡献。而且，高考制度还具有以考促学的功能，它在提高民族文化和教育水平，维护社会公平、社会稳定等方面，也起着巨大的作用。我们在看到高考导致的弊端的同时，应充分肯定高考的积极作用。

二、素质教育与高考改革

在讨论素质教育问题时，高考经常被当作素质教育的障碍。其实，高考与素质教育既有对立的一面，也有统一的一面。我们不宜笼统说高考是素质教育的羁绊，也不应将高考的弊端绝对化或扩大化。高考制度与提高素质的关系是很复杂的，既有影响素质教育的一面，也有促进学生素质提升的一面。我认为高考至少可以提高考生以下几方面的素质：

（1）以考促学，提高学生的文化素质。考试选才能够促人向学、催人奋进。高考极大地调动了千百万青年的学习积极性，有力地促进了中华民族文化素质的迅速提高。

（2）高考可以提高考生的学习能力。学习任务重、压力大，如何统筹安排、提高效率，如何查漏补缺、合理设定目标，都需要科学安排。所以很多经过高考历练的学生，比以前成熟了。今后再遇到艰难复杂的考试或其他需要统筹安排的活动，也能更好应对。

（3）高考可以锻炼考生的心理素质。关键性的考试会给考生造成相当大的心理压力，需要调整心态、磨炼意志。他们需要面对人生中最重要的考试之一，面对家长的期望，面对升学或落榜，经过高考的洗礼，他们的心理素质也会上一个台阶，变得更坚强、更成熟。

（4）高考对考生的品德也是一次教育的契机。如何以诚实的态度、顽强拼搏的精神、平和的心态，发挥出应有的水平，接受大学的挑选，正确对待高考中的各种问题，都是考生要面对的。因此，高考不仅可以促进考生文化素质的提高，还能促进他们政治、道德素质的提高。

考试是一种测量工具和评价手段，是教育过程中的重要环节和组成部分，它本身并无善恶可言。考试使用得当可发挥它积极的评价功能，可以检验学生掌握知识的程度和能力的高低；使用不当则会加重学生负担，引发种种问题。高考也是这样，利弊共存，需要我们尽可能发挥它的正向功能，同时也要不断改革，减少它的消极影响。

三、稳步推进高考改革

高考并非万恶之源，而是各种教育及社会矛盾的集合点。没有高考，竞争引发的各种矛盾和问题多数还会照样存在，只是表现形式不同而已。高考的竞争、受高等教育机会的竞争归根到底是社会地位的竞争。高考竞争加剧，实际上是激烈的社会竞争在教育和考试上的反映。不要以为只要废止了高考制度，许多教育问题就可以迎刃而解。若不以考试这种具有刚性标准的办法来竞争，则很可能要用权力、金钱、关系等来竞争。也许应试的弊端可以解决，但其他恶性竞争的问题会浮现出来。因此，我认为，如果高度重视甚至过度重视教育的文化传统没有改变，如果重人情与关系的社会氛围没有改变，如果诚信体系没有完全建立起来，高考制度就还有长期存在的必要。

当然，高考制度也必须与时俱进，不断改革。高考制度既受政治、经济、科技、文化传统等外部因素制约，又受教育思想、教育体制、管理制度、教育经费以及学科特点等内部因素的影响，并涉及学生、家长、教师、中学、大学各方面的利益。因此高考改革具有相当大的难度，是一项复杂的牵一发而动全身的系统工程。进一步推进高校招生考试制度改革是关系到中国高等教育现代化、中华民族振兴的大问题。对于高考改革，社会各界、各行各业的人都可以发表看法，站在不同的立场和角度都可以谈出自己的道理。但作为决策者，应站在全局的高度，选择一种能够照顾大多数人的利益，便于操作、易于规范的办法，选择一种弊端相对较少的选才方式。

目前我国的高校招生除了高考之外，还开辟了其他一些选拔渠道，比如保送生制度、艺术体育类专业的招生，还有些特殊专业的单招、特长生等。但这些渠道在推行中问题较多，有些取消了或有所收缩。例如保送途径，就存在有的中学“保良不保优”（优的要为学校考高分），甚至存在腐败现象，特别是一些热门专业，除非有一些刚性指标，操作空间较小。考生的平时成绩和平时表现都不是刚性的指标，有的甚至是可以更改的，标准也不一致，而最公平的竞争就是统一考试。

理想的招生考试制度，是使所有的高校挑选最合适的学生，使所有的学生选择最合适的高校，体现双向选择原则的制度。但考虑中国的现实国情，不可能很快建立理想的招生考试制度。教育决策要和文化背景相结合，高考改革应充分考虑现实条件、文化因素的制约，才能使改革不致引发更大的社会和教育问题。不全面考虑中国国情，简单移植外国的大学入学制度，可能会因水土不服而难以为继。只有充分考虑包括经济发展、教育水平、传统文化在内的各种制约因素，高考改革才有可能顺利推行。

非新无以为进，非旧无以为守。由于高考改革相当敏感且影响重大，一方面，决策者应有“因时制宜”的强烈的改革意识；另一方面，又必须保持循序渐进的平稳心态。[①]不能翻来覆去，看到问题就想改，改了以后问题更大又倒回去。有的地方在没有充分调研和深入探讨的基础上贸然进行高考改革，改得太快太频繁，令中学教学无所适从，对中学教育及师生造成很大影响，不得不重新调整，走回头路。在高考改革这个问题上，不研究高考的人

① 郑若玲. 高考改革应循序渐进[J]. 粤海风，2001(6).

往往是高考改革的激进派，研究高考的人则往往是高考改革的稳健派。在当前的社会和文化环境下，高考改革应稳中求进。所谓稳中求进，并非不思进取，无所作为，而是指改革高考这样重要的制度，应该在全面研究和长远规划的基础上渐进地推行。作为教育主管部门，应鼓励积极探索科学可行的改革方案。只要有省市或高校愿意进行改革试点，就应允许其积极进行探索。实践证明确有可行性，才能在更大范围内推广。

实践是检验真理的唯一标准，高考改革也是如此。理论正确的不一定是可行的，只有实践证明可行的才是有效的。总体而言，中国高考的趋势是朝多样化、多元化的方向发展，改变完全凭一张试卷检测所有层次、所有地区、所有类别的考生的大一统状况。对不同层次的高校要区别对待，高端多元（自主选拔录取）、中间稳定、低端（高职高专等）放开，形成一种科学、公正、合理、分层次、多元化的选拔人才的招生考试体系。只有积极稳步地推进高考改革，才能逐步建立起以普通高校招生全国统一考试为主，与多元化考试评价和多样化选拔录取相结合，政府宏观指导、调控，高校自主招生、自我约束，社会有效监督的高校招生考试制度。

高教供求关系发生逆转[①]

2011年不少省市的高考录取率已在80%以上，有的省市甚至已超过90%。在现代社会，接受高等教育再也不是少数人的特权，而是面向广大民众开放的一种权利。可谓“旧时王谢堂前燕，飞入寻常百姓家”。高等教育大众化乃至普及化，体现出现代教育的公平性。高考录取率是不是越高越好?

继2011年8月16日福建省高招办发布专科批近3万名还没有人报考的征求志愿后，18日又发布了第二次征求志愿，招生计划约2.5万名，所有专科线下50分（即文史类275分，理工类170分）的考生都可以填报。这还不是今年福建考生要上大学的最低分数要求——首次试行的“注册入学”，只要理工类在140分以上、文史类在245分以上者均可报名。

《厦门日报》2011年8月19日的“佘峥说事”专栏直呼：高校招生进入“低分时代”。从理论上说，以理工类为例，140分便有望被大学录取，以现今普通高考满分750分为计，140分仅占总分的19%。换句话说，如果100分的试卷，只要每门成绩在19分以上，就有望成为一名大学生。每科19分是什么概念？有人说，“两眼一抹黑”也可以达到——选择题都选C，再做上几条“应知应会”的填空题，就差不多了。

另据报道，2011年高考山东省本专科录取率达87%，其中本科录取率达44%，均创历史新高。但是，2011年山东省专科（高职）二批有4万余计划落空，部分院校面临招生不足的困境。我估计，再过几年这个问题会更严重。

曾几何时，“大学生”是一个非常响亮的称呼，一个家庭中出了个大学生，是一件十分荣耀的大事。1977—1980年，全国的高考录取率都是个位

---

① 本文发表于《中国教育报》2011年8月29日。

数；1981—1992年，高考录取率也基本在30%以内。在20世纪80年代，考上中专便是一件可喜可贺的事情，因为这通常意味着有一份稳定的工作，农村的学生就可以跳出“农门”了。

中国高等教育适龄人口自从2008年达到高峰之后，开始逐年下降，而高校招生规模还在扩大，于是高考录取率便逐年上升。随着高等教育大众化的迅速推进，大学生越来越多。而今，大学生早已从当初的“天之骄子”变成普通人了。

归根结底，还是高等教育的供求关系出现了根本的变化，由原来的供不应求变为供需平衡，有的专业甚至供过于求。高等教育的发展受到社会政治、经济、文化和科技发展水平的制约，当社会生产力、产业结构还没有到很发达的阶段的时候，高等教育规模迅猛扩大，便可能出现供过于求的现象。

近年来，我国出现了部分大学生就业困难的情况。如果一些困难家庭砸锅卖铁供子女接受高等教育，毕业后却找不到一份合适的工作，导致“因学致贫”，这样的投入产出比，会使许多人放弃读大学，尤其是就业前景一般的部分高职高专。

物以稀为贵，现在大学毕业生总量很大，甚至出现了结构性过剩的情况，一般大学生自然不可能再像以前那样受到重视了。中华人民共和国成立初期，高小毕业生在一些地方就能当干部，现在连大学毕业生都不易就业。如果真的出现“博士满街走”的现象，那么一些博士也只能做现在大专毕业生就能够胜任的工作了。

《参考消息》1990年6月29日曾刊载了一篇文章《“升学易”终成祸患》，其副标题为“美国学者主张提高升学难度以克服教育恶性循环”。文章提到当时美国共有约3600所高等学校（四年制大学2100所，社区大学1500所），其中，招生考试严格的大学仅200所左右。不少地方性院校不惜降格，以求尽可能地多招收学生以便争取地方政府的津贴和联邦政府的贷款和资助。这样，美国的中学生如果不想读名牌大学，而只是想混一个大学学历，十分容易。据调查，在21—25岁具有高中毕业学历的美国青年中，只有不到60%的人阅读水平达到高中二年级的程度。为此，有美国学者建议，砍掉10%—20%的大专院校，增加升大学的难度，以刺激中学生更加用功学习。

20年后，中国也开始出现类似美国的情形。从某种角度来看，高考录取率不见得越高越好。录取率过高，可能会影响某些高校的生源质量。例如，高等学校的新生有一定的选择性，有一定的淘汰率，学生入学后学习的积极性便会比在没有任何竞争的情况下入学的学生高一些。

说到底，高校招生规模还是要与社会发展水平相适应，还是逃脱不了高等教育基本规律的制约。

第四章

高考历史借鉴

高考制度变革综论

高考制度变革综论

高考制度变革综论

高考制度变革综论

年年高考　今又高考①

年年高考，今又高考。

自从1977年恢复高考以来，高考年复一年如期而至，至今已有30多个年头。年年岁岁考相似，岁岁年年人不同。岁月在流逝，考生一届一届在变换，而高考制度依然是青年学子通过公平竞争升入大学的主要途径。

高考是一把锋利的双刃剑，它在选拔人才、以考促学、提高学生素质、维护社会公平和稳定、促进社会流动方面起着巨大的作用。同时，高考也加重了中小学生的学习负担，容易诱发片面应试行为，并在一定程度上压制了学生的创新思维。从近年来几次大规模的高考改革调查来看，绝大多数人认为高考是一项很公平的制度，得到老百姓的广泛支持，但同时多数人又认为高考必须改革。

2010年7月正式颁布的《国家中长期教育改革和发展规划纲要（2010—2020年）》第十二章《考试招生制度改革》中有这么一段话："探索招生与考试相对分离的办法，政府宏观管理，专业机构组织实施，学校依法自主招生，学生多次选择，逐步形成分类考试、综合评价、多元录取的考试招生制度。"这段表述充分反映了考试招生改革的新趋势。

"分类考试、综合评价、多元录取"十二字描绘了考试招生制度的理想蓝图，给出了未来十年高考改革的目标指向，也在相当程度上代表了将来高考改革的前进方向。现在的问题是，如何才能实现这一目标？如何才能达到理想蓝图所描绘的愿景？

要真正做到"综合评价、多元录取"，应基本具备以下三个条件：一是高度甚至过度重视教育的文化传统、注重上名牌大学的价值观有所改变；二

① 本文发表于《中国教育报》2011年6月6日。

是重人情与关系的社会风气得到转变；三是诚信体系基本建立。当然，高考改革不能等完全具备了这三个方面的条件时才进行，但在推出各项改革措施时必须考虑到这三个方面的条件。

高考改革应该考虑中国的国情，包括教育与社会制度、社会发展阶段，以及民众的认可程度。一些在西方国家能够顺利实行的招考制度，照搬到中国就不一定行得通。

注重人才选拔的效率，不完全以考试分数为录取依据，用多元渠道和多种方式来考核录取学生，要注意科学性。有的评价方式没有刚性标准，容易弄虚作假和走后门，损害公平。因此，要做到“综合评价、多元录取”，并不是一件容易的事。如何制定兼顾时代需求又易于遵行的考选标准，是我们应该认真思考与研究的问题。好的制度能限制坏的行为泛滥，坏的制度却会使好人也跟着学坏。评价一项制度的好坏关键要看后果而不是愿望，高考改革关键在于提出可以操作的、具有可行性的选拔人才的方法。改革设想和政策不仅要符合教育原理，还要具有可行性和可操作性。

从近年来高校自主招生，尤其是结盟联考显现出的问题来看，落实《国家中长期教育改革和发展规划纲要（2010—2020年）》中提出的考试招生改革，真正实行“分类考试、综合评价、多元录取”，需要转变招生观念，需要宣传发动，使大学教师和管理人员有一定的思想准备。如果广泛实行自主招生，打破完全以统一考试分数决定录取的模式，许多大学教师都得花精力为招生服务。以往一般高校教师对招生考试改革不太关心，高等教育研究界对高考改革研究也重视不够。当自主招生、多元录取等逐渐铺开之后，招生逐渐变成一件更加复杂、工作量更大的事，许多问题需要高校来研究和解决，高校教师不应置身事外。

要将规划纲要提出的高考改革理想蓝图付诸实践，并不能一蹴而就，必须积极稳妥地、渐进地推行，并设计出达到理想目标的路线图和时间表。为此，要成立国家教育考试指导委员会，研究制定考试改革方案，指导考试改革试点。

高考已成为一个重大民生议题，因为它关系到千家万户的切身利益。社会大众对接受高等教育机会公平的关切，对高考制度的维护，也证明高考是适应中国国情的考试制度。无论如何改革，在未来相当长的时期内，高考仍然是中国高校招生的主渠道。因此，本文篇首的那句话，也可以这么表达：

今又高考，年年高考。

30年高考的回顾与思考[①]

一

在人类历史的曲折长河中，有峡谷，有平川，有的时段波澜不惊，有的时段则会卷起惊涛骇浪。1977年10月宣布恢复高考，就是中国教育发展史上一个特殊的转折点，是一个影响巨大的历史事件。

恢复高考在当时犹如一声号令，使全民的精神为之一振，使社会风气发生了根本的转变，它荡涤了“读书无用论”“唯成分论”的浊流，为百废待兴的中国大地吹来了第一阵尊重知识、尊重人才的春风。恢复高考不仅提升了高等教育的质量，而且使中国的人才培养重新走上健康的轨道，在中国社会由乱而治的过程中发挥了至关重要的作用。值得注意的是，高考是在“两个凡是”还没有被打破的情况下恢复的，它的意义远远超出了教育领域，成为扭转“左”的思想、破除“两个凡是”的典型事件，奏响了破除“两个估计”的陈旧思想枷锁、确立实事求是思想路线的序曲，成为全国思想解放的先导。因此，恢复高考，标志着中国现代史翻开了崭新的一页。

恢复高考给一批又一批勤奋努力、有才华的优秀青少年提供了改变人生的机会。高考的正面功能与积极作用之一是以考促学，即促进学生努力向学，提高民族文化水平。考试制度的好处有不少，其中之一是靠自己而不需求他人。能否成功主要靠自己的努力，因此考试选才能够促人向学、催人奋进。1977年恢复高考以后，每年都有数百万青年学生参加高考，全社会的学习热情在高考制度的促进下得以持续发展。恢复高考的最初两年，尽管试题不难，但有许多考生连最基本的题目都不会答。可是几年之后，试卷难度提

① 本文发表于《科学时报》2007年10月23日。

高不少，考生文化水平亦大大提高，可见高考极大地调动了千百万青年的学习积极性，有力地促进了中华民族文化素质的迅速恢复和提高，被“文化大革命”摧残的文化教育很快得到复兴。

1977年恢复高考是一段匆忙写就的历史，是一段激动人心的历史，是一段注定要永垂史册的历史，是冬日里谱写的春天故事。

在高考恢复30周年的今天，我们应该如何评价高考制度的是非功过？我认为，尽管高考有其局限和弊端，但总体而言，恢复高考30年来，为高等学校选拔了千百万合格的学生，经过培养造就，许多人已成为各行各业的骨干力量。中国20余年来的迅速发展，与高考制度的恢复和不断改革密不可分。而且，高考制度还具有以考促学的功能，它在提升民族素质和教育水平，包括维护社会公平、社会稳定等方面，也起着巨大的作用。我们在看到高考弊端的同时，应充分肯定高考的积极作用。

二

30年来，时代在变化，人在变化，但高考在中国社会和多数人心目中的地位却没有多少改变。尽管多年来出现了许多对高考制度的质疑和批评，但高考依然似滔滔长江永不停息，成为千千万万学子迈向高等教育殿堂的最主要途径。

恢复高考30年来，高考在许多方面都进行了改革，高考科目、内容、考试次数、招生录取体制、命题方式以及技术、环节等方面都经历多次变革。这些探索有的经受住了考验，有的则无疾而终。总体分析，与考试技术相关的改革，大部分比较容易取得成功，而制度性的改革往往历经反复，走的是比较曲折的路。例如高考时间调整，被普遍认为是高考更加人性化的努力，考试标准化、网上录取、网上阅卷等依托于现代科技的改革，也普遍得到肯定。但改革一旦涉及高考次数、科目、内容、考试次数、招生考试主体，争议和反复就不断出现。

考试是一种测量工具，就像体能测试或体育比赛可以测出一个人的体能和体质强弱一样，考试让所有应试者接受相同的挑战，将个人的才学和能力放在首位，因而历来被视为可以客观公正地选取优秀人才的“公平尺”，或称“量才尺”。

高考作为公平选拔人才的手段，具有公平性和客观性，它摒弃了权力、出身和人际关系对选才的干扰，保证了个人凭才学平等地接受高等教育的权利。恢复高考，明确发出了这样的信息：国家开始真正尊重知识、尊重人才，从此，知识青年的前途命运不再受制于他人，只要自己努力，便可能考上大学，进而施展自己的才干。经过11年的中断，1977年恢复高考，成了拨乱反正的风向标，具有标志性意义，表明一个可以通过公平竞争改变自己命运的时代来临。“文化大革命”后高考制度的恢复并不只是使教育恢复了正常秩序，更带动了整个国家由乱而治。人心向学，人心思治，学生稳定、社会上的知识青年稳定之后，整个社会才有可能稳定下来走上正轨，因此，恢复高考成为维护社会秩序、促进社会发展的助推器。

三

高考是一把锋利的双刃剑，其利弊得失都十分显著。高考又是功能强大的指挥棒，对中小学教育具有强大的导向作用。高考存在某些局限性，因为一种统一的考试，必然会诱发应试的顽症，造成学生学习时间长、体育锻炼少、偏科、只重分数不重平时表现等问题。虽然我们的文件中都有明文规定要“德、智、体全面考核，择优录取”，但在实际操作中基本上是以“智”，即高考的分数来决定录取与否。恢复高考在当时是一项英明而伟大的举措，但我认为高考并非神圣不可动摇的制度，假如真有更好的办法可以取而代之，我也赞成。问题是，有没有这样美好而可行的选才方式？如果没有或还没找到，我们就不要轻言废止高考，而要珍视高考、正视高考、改进高考。

许多改革从理论上说都没有错，但在实践中就是行不通，典型的如标准分的行废。标准分是较为先进、科学的记分方法，但因大家都不习惯，结果多数省份在实行几年之后纷纷放弃。这有点像1986—1991年实行的夏时制，理论上说非常好，一些发达国家也实行得很好，但在当时的中国实行起来造成的困扰远大于其益处。可见，理论正确的不一定是可行的，即使勉强实行，迟早也要败下阵来。只有在条件具备的时候，才能够顺利推行。

再美好的理论，如果脱离实际，没有可行性，只能是空头理论。只有那些既有理论研究做改革准备，又进行了小范围的试点，成功之后再逐步推开的改革，才能长久地坚持下来。高考改革要符合中国国情和社会发展阶段、顺应主流民意，才会得到民众的拥护，具有长远的生命力。

四

虽然高考制度确实导致了应试教育等问题，但高考总的来看却是利大于弊，对促进整个社会的发展，特别是对“文化大革命”以后由乱到治，拨乱反正，整个民族的复兴起到了很重要的作用。在高考制度恢复30周年的今天，许多人通过回顾与反思，讨论高考的正面功能。高考最重要的是为人们提供了通过奋斗改变生活的机会，可以让人掌握自己的命运。人生的道路虽然漫长，但是关键的转折点往往只有几步。人一生中能够通过个人努力改变命运的机会并不是很多，而高考正是难能可贵的一个。

高考关系到每个人选择职业的方式，以及未来生活的方式。对高考这么一个选拔了中国30年来大部分知识分子的制度，对一个与共和国命运息息相关的制度，对一个至今还在高校选才中发挥主要作用的制度，对一个利弊得失都十分显著的制度，在高考恢复30年后的今天，我们不仅要回忆和纪念，而且要全面研究其改进办法，使之继续为高校选拔人才服务，为中国的经济、科技和社会发展服务。

1977年高考：冬日里谱写的春天故事①

许多事物深埋在岁月中便成了尘土，有的事物深埋在岁月中却成了琥珀。1977年恢复高考，不仅是我个人命运的转折点，而且成为一个时代的拐点。它是冬日里谱写的春天故事，是一段历久弥新的记忆，是一个永留史册的传奇。

1977年12月，高考在中断11年之后首次举行，它就像“冬天里的一把火”，使1977年的冬天格外温暖，至今仍让人们追怀不已。

高考是制造千千万万个故事的大舞台，虽然高考带给每个77级大学生的喜悦大体相似，但每个故事的戏剧性、曲折性或许都与众不同。

衡量生命的价值不仅在其长度，而且在其宽度与深度。我于1976年6月高中毕业后，来到福建省龙岩县江山公社铜砵大队“上山下乡”。虽然下乡时间不算长，但知青生活的各种艰苦我都经历过，插秧、割稻、砍柴、挑担等各种农活，甚至打石头、点炸药，我都干过。

“上山下乡”的那段日子，虽然生活艰苦，但我并没有丧失对知识的渴求，爱好文学和美术的我在工余仍坚持看书。晚上在孤楼上就着如豆的灯光看书的情形，至今仍历历在目。当时我们家住在母亲任教的中学，可以比一般人更方便到学校图书馆去借书看。我每一两个月回家一趟，总要去借好几本书，以文学类为主。

1977年9月，农忙季节过后，我在读阿克萨柯夫的《学生时代》一书时，在读书笔记中抄录了这样一句话：“一个从未受过中学和大学教育的人是一个有缺憾的人，他的生活是不完全的，他缺乏了一种他必须在青年时感觉到的、否则就永远感觉不到的经验。”从形式上说，我是受过中学教育

① 本文发表于《厦门大学报》2007年12月1日。

了，可我的大学在哪里？上大学会不会永远是一个虚无缥缈的梦？

也就是在这时，我听到要恢复高考的传闻，只是开始并没太在意。之后，传闻越来越多。1977年10月12日国务院批准恢复高考，10月21日通过报纸和电台正式向社会发布。到这时，大家才确信高考是真的要恢复了。于是我们队里的知青都回到城里复习备考。

1977年11月5日，福建省招生委员会在《福建日报》公布招生简章，考试时间是1977年12月16、17日。距考期只有40天，但所有报名的人都意气风发，纷纷回各自中学开设的高考辅导班，分秒必争地开始复习。大家都有一种兴奋、好奇、期待、憧憬的心理。经过11年的中断，谁都不知道真正的高考会是什么样。虽然大家明白各高校招生人数不会太多，但没有人知道确切的招生名额，谁都觉得自己有可能考上，但谁也都觉得自己不见得能考上。

在临考前一段时间，大多数准备高考的考生和家长都有一种兴奋莫名的情绪，所有人都在议论恢复高考这件事，整个社会的神经都被高考所牵动，到处洋溢着高考的气息。每个中学都为自己的各届毕业生辅导备考，每一场辅导课都挤满了听众，每一个精于辅导的老师都十分受人尊敬，每一个善于答题（尤其是数学题）的备考者都受到人们的钦佩。通过复习备考，大多数人都增加了许多文化知识，尤其是“文化大革命”中没学过的历史和地理知识。

我至今仍记得那年福建省的语文高考有一题是默写毛泽东的词《蝶恋花·答李淑一》。语文考试最重要的就是作文了，那年福建省的作文题为写《大庆见闻一则》读后感。这篇见闻是写1965年一位记者到大庆深入生活时，与铁人王进喜一起到家属基地托儿所时的所见和感想，从小事情中看出铁人的高大形象。我的作文题目是“于细微处见精神”，具体内容已记不起来了，但我还记得我在其中写了一句“一滴水可以反映出太阳的光辉”，这是我这篇作文中的一个亮点。1977年高考是由各省命题，各个地区分别组织评卷，后来我听说，有篇被语文评卷组作为评分参考范文的作文，似乎就是我的作文。当年福建省作文分数占文科语文100分中的70分，理科占到90分，写好作文对语文成绩有决定性作用。

1977年高考是不公布分数的，后来经过打听，我知道自己的高考成绩是：政治85分，语文87分，数学62.8分，史地67.3分，总分302.1分，这个成绩在1977年算是相当高的。现在我知道当年国务院批转教育部《关于一九七七年高等学校招生工作的意见》中有这样的规定："录取学生时要优先保证重点院校。"估计是考虑我的分数较高、年龄较小，且在是否服从统一分配栏中，填了"服从分配"的缘故，结果我被录取到厦门大学。虽然进的是没填志愿的历史系（当时我对学历史没有多少兴趣），但还是大喜过望。

我的高考故事并没有在上大学后就结束。绝大多数77级大学生只与高考结缘一次，我却将与高考结缘一世。只是1977年我的高考故事是参加高考，后来的高考故事则是研究高考。

本科毕业，我直接考上厦门大学历史系的硕士研究生。1984年，我硕士毕业，到厦门大学高等教育研究所任教。从那时起，我便开始研究中国古代的"高考"——科举考试，继而又研究高考制度。

这些年，我发表了40余篇研究高考的系列论文，其中最多的是与主张取消或废止高考的论者进行辩论，旗帜鲜明地主张中国应该坚持实行高考。有时这种辩驳还唇枪舌剑、针锋相对，颇具故事性。

同时，我还承接了许多高考研究课题，特别是作为教育部哲学社会科学重大课题攻关项目"高校招生考试制度改革的理论与实践研究"的首席专家，带领一个团队研究高考。将来我还会长期研究高考，可以说与高考结下了不解之缘。虽然也有一些77级大学毕业生长期在从事高考管理工作和命题改进工作，但如果就中国学术界、理论界而言，我大概是与高考关系最密切的学者了。

今年7月14日，我在北京主持了由中国教育科研网和厦门大学高等教育发展研究中心、《中国青年报》联合主办的"纪念高考恢复30周年"高峰研讨会。我对1977年高考主要不是个人怀旧和感慨，更多的是全景扫描和历史复原，并理性地研究高考改革。今年我陆续发表了十来篇关于恢复高考和高考改革的文章，并主编了一套"高考改革研究丛书"，这算是我这个77级大学生为纪念恢复高考30周年献上的一份礼物。

在恢复高考30年之际，许多77级大学毕业生沉浸在对当年高考的回忆当中，回顾当年激烈的高考场面，或写一写关于自己的高考故事。而作为一个与高考关系特别密切的学者，我不仅讲述自己的高考，关注别人的高考，还研究中国的高考；不仅回顾高考的过去，探讨高考的现在，还展望高考的未来，并与大家共同书写跨越时空的高考故事。

1977，我两次高考的故事①

1977年9月，农忙季节过后，我听到要恢复高考的传闻，只是开始并没太在意。10月12日，国务院批准恢复高考，10月21日通过报纸和电台正式向社会发布，大家这才确信真的要恢复高考了。

1977年11月5日，福建省招生委员会在《福建日报》公布招生简章，考试时间是12月16、17日，距考期只有40天了，报名的人都纷纷回各自中学开设的高考辅导班复习。

和当时绝大多数人一样，我也是抱着“一颗红心，两种准备”的心情走进考场的。不过，我的高考故事特别之处在于，我是参加过两次高考的77级大学生。一次是1977年11月举行的艺术类高考，一次是12月的正式高考。

与现在艺术类考生的文化科目考试是参加普通高考不同，当时艺术类考试的文化科目是单独举行的。我至今仍记得，那年艺术类考试的文化科考试主要是写一篇作文，题目与画画有关。我的作文以鲁迅的一句诗“愿乞画家新意匠，只研朱墨作春山”为结尾，用在那篇作文中十分贴切，一定很让评卷老师欣赏。当时，龙岩地区共有300多人参加了美术招考，而福建师大的美术专业只招2人。我的文化成绩排名第一，美术专业成绩进入前4名（没有具体排名），但在4选2时，我最终没被录取，于是我马上接着准备12月的正式高考。

我的父母亲都是语文教师，觉得掌握技术更有用，特别是母亲一直希望中学各科全优的我能读理科，最好能学医，而我想读文科，双方一直讨论争辩着。起初，我按母亲的意思备考理化。但很长一段时间满脑子都被文学和艺术所占据，一看到数字、代号、公式，以及定律、光、角等，就感到头

① 本文发表于《中国经济导报》2013年1月31日。

疼。最后我跟母亲说，报理科我不一定能考上，报文科则很可能考上，于是母亲只好让步，我转为备考史地，这时离报考已只剩5天！我填报名表的日期是1977年11月17日，离高考时间12月16日正好1个月。

在临考前一段时间，大多数考生和家长都有一种兴奋莫名的情绪，大家都在议论恢复高考这件事，整个社会的神经都被高考所牵动。每个中学都忙着为自己的各届毕业生辅导备考，每一场辅导课都挤满了听众。

我在下乡时期常写一些随想录之类，一般不会记下日期，但有一条随想录为："成败在此一举，77.12.17。"这是我考完当天的文字记录。确实，这次高考对我来说太重要了，成败确有天壤之别。所幸，1978年1月，我进入了参加体检的考生名单。

1977年外省高校在福建省招生的学校和专业非常少，文史学科只有北京大学、复旦大学和吉林大学在福建有几个招生名额，福建省内招收文科生的高校也只有厦门大学和福建师范大学。每个考生可以填3个志愿，因为我的兴趣是文学，因此我的志愿也只在中文、历史两门学科中选择。我的第一、第二志愿分别是福建师范大学的中文系和历史系，第三志愿是厦门大学的汉语言文学。在当时，如果能考上福建师范大学，对我来说就是天大的好事了，首要的是能考上，上什么大学在其次。将厦门大学放在第三志愿，是不想让志愿栏的第三格空着，当时如果有师专招生计划，我大概会在第三志愿中填上师专。

1977年高考是不公布分数的，后来经过打听，我的高考成绩是：政治85分，语文87分，数学62.8分，史地67.3分，总分302.1分，这成绩在1977年算是相当高的。当年国务院批转教育部《关于一九七七年高等学校招生工作的意见》中有这样的规定："录取学生时要优先保证重点院校。"估计是考虑我的分数较高、年龄较小，且在是否服从统一分配栏中，填了"服从分配"，结果我被录取到原来自己都不敢奢望的厦门大学历史系，实在是令我大喜过望。至今我对厦门大学当年录取我仍感激在心。

读书是福：高考改变命运的深切感悟[①]

知识就是力量，高考改变命运，不仅曾经是响彻云霄的励志口号，而且是许多77级大学生人生转折的真实写照。长期压抑后的解放、久旱逢甘霖的渴望、复习备考时的紧张、高考过程中的神圣、金榜题名时的喜悦……凡是经历过恢复高考洗礼的大学生，回忆起1977年高考的往事，都是记忆犹新，仿如昨日。恢复高考30周年似乎刚过去不久，一转眼又到了纪念恢复高考40周年的时候。2007年，我曾在《教育与考试》上发表过一篇《“三十功名尘与土”——从参加高考到研究高考》的回忆文章。时光飞逝，10年后再写本文，重温自己的中小学、“上山下乡”、参加高考到大学读书、研究高考的历程，从个体经历反映高考改变命运的时代转折，以及对高考的思考与感悟，作为对恢复高考40周年的纪念。

一、少年时代喜欢读书

打开记忆的闸门，让时光倒流，四五十年前的往事历历在目。

1966年停废高考，成为“文化大革命”的重要步骤。我读中小学的时候，是1966—1976年，正好是“文化大革命”十年，那是知识荒漠的年代，很少有书可读。我父母亲都是福建师范学院中文系1957届的毕业生。母亲毕业后被分配到龙岩三中，也就是龙岩郊区的东肖中学教书。我的父亲在龙岩师范任教，因此我就读于学校附近的实验幼儿园。幼儿园最后一个学期，我转到东肖溪连幼儿园。小学五年我都在溪连小学就读。

我家中原本有不少藏书，可是，1967年底的“大武斗”中，东肖中学的教职工纷纷离开学校躲避，我们家也赶紧逃到永定湖雷石坑母亲的老家居

① 本文发表于《教育与考试》2017年第4期。

住。有好多天整个东肖中学空无一人，我们家被人破门而入，拿走了一切值钱的东西，包括比较好的书籍。后来听我父亲说，过去家里有的《三国演义》《水浒传》《西游记》等图书全被拿走了。因此，等我懂得看书的时候，家里基本上就没有什么书了。我小学时就喜欢读书，而当时小学是没有图书室的，记得我经常去离东肖中学不远的公社老街，即白土街上的书店看书。那时候几乎所有商店都不开架，书店更是如此，你想买哪本书，就请店员给你从书架上取出，拿给你翻看，若不买就还回。我总是请卖书的阿姨给我拿书，然后在店里站着看，看完一本就再请阿姨换一本，那个阿姨总是不厌其烦地给我取书。现在想来，那个阿姨对我真是很好，因为我在书店基本上没有买过书，却不停地让她帮我取书看，书店又不是图书馆，都这样借书看，书店还怎么经营下去？但是她一直对我这个只借不买的小读者网开一面。估计也是因为那时候很少人喜欢看书，那阿姨见我这么喜欢看书，也就将自己变成图书馆馆员了。时隔近半个世纪，回忆起此事，我心中仍感到温暖，虽然早已不记得那个剪短发的阿姨的名字，但我内心对她充满了感激之情。

1971年2月，我开始读初中。因为母亲调到城里的龙岩一中任教，我在东肖中学只读了半年初中，就转到当时父亲任教的龙岩二中了。在东肖中学上学的一个学期，我印象最深的是班主任赵天麟老师曾经借给我一本小说看。“文化大革命”后期，中小学教育形式上是恢复了，但当时中小学教学很不正规。记得我初中学的教材是《农业基础知识》《工业基础知识》，后来才分为数学、物理、化学等课程，我中小学时没有学过历史、地理、生物，现在看来简直不可思议。

在书籍匮乏、知识贫乏的特殊年代，可读的好书基本上没有。1974年“批林批孔”的时候，印发出来的学习材料中有“供批判用”的“反面教材”:《三字经》《弟子规》《增广贤文》。其中我最喜欢的就是《增广贤文》了，当时感觉其中许多句子实在是好，不仅对仗工整，而且蕴含着深刻的人生哲理，值得熟读细品，至今我还不时会引用。回想起来，这些少得可怜的传统文化经典读物，却是我中学时代的“荒漠甘泉”。

当年“读书无用论”盛行的时候，多数人根本不想学习或无心学习。记得高中教我们数学的曹柏龄老师，在课堂上看到学生都在讲话，不认真听课，深感失望，多次无可奈何地对我们说："大家不要自暴自弃啊！"一次，他上一节在户外测量地势高低的指导课，让同学们自愿参加，结果我们一个班大约50个同学，只去了5个人！现在想起来，出现这样的情况主要是因为多数同学觉得学了没有什么用，因为当时无论是招工还是大学招生，根本不看学业成绩。

我于1976年6月高中毕业。76届高中生是"文化大革命"后期各个年级中学习最不正规的一届，高中两年不是学农，就是学工，还有一个学期学医，从生理解剖、各种疾病到常见西药、中草药、针灸等，至今我还保存着当年认真读过并做了许多标记的《赤脚医生手册》。高中毕业，大家都各自寻找"上山下乡"的所在。中学时代草草结束，我们班连一张毕业合影都没有留下。至今40年过去，从来没有举办过班级同学聚会。

二、"上山下乡"渴望读书

我"上山下乡"的地方在离龙岩城不算很远的江山公社铜砵大队，被安排在大队的耕山队干农活。我下乡时间不长，吃的苦其实不多，只是干活的种类算是比较多的，拔秧、插秧、耘田、劈田埂、割稻、打谷等基本农活我都做过。我还在修建村美水电站时当过养路工，打过石头炮眼，扶钢钎、抡大锤、点炸药都干过。我甚至还去临近江山公社的龙岩坑柄煤矿挑过煤炭。当时我们耕山队为了增加收入，有几天全队的人都去坑柄的小煤窑里挑煤炭，因此，我也算是当过几天的矿工了。那煤窑不是竖井，而是基本上水平掘进延伸的矿井，只用一些松木支撑着狭窄低矮的矿井，若是在今天，可能连正式的矿工都不敢进那样危险的矿井，可是那时候我们都进去了。

另外，我还一个人到江山公社所在地铜砵村大街上为耕山队卖过李子，因此我还可以说当过两天的小贩。1977年4—5月，我还参加了江山公社计划生育宣传队，我的节目是诗朗诵和用龙岩话讲相声。江山公社的每个大队我们都去演出过，其中有11个大队位于很高的山上，不通汽车，全靠步行上去。

还有一件是现在不可能再做也绝不允许做的事，就是到江山大峡谷清溪中用农药来毒鱼。为了不被其他人发现我们队毒鱼而来溪里争着捡鱼，我们全队人员凌晨4点多便起床，走到清溪的上游时天刚蒙蒙亮。我们将农药放到溪水中。然而因为有许多山泉汇入那溪中，鱼很难被毒晕，结果没有抓到几条鱼。要是放到现在，这种靠下农药抓来的鱼，肯定没有人敢食用。江山大峡谷的溪水非常清澈，碧绿的水潭呈现出一种非常美的玻璃色，夏天我还经常在那水潭中游泳。2016年，我曾到江山镇铜砵村故地重游。回想那逝去的青春岁月，令人感慨。

最初我一个人住一座楼，楼下就是牛棚，又没有电，做饭是一个不小的问题。一般早餐和晚餐我都是用煤油炉来煮稀饭或面条吃，午餐则用饭盒装好米寄到我住处后面很近的江山中学食堂蒸。当时最基本的备用菜是"酱油水"，每次回到城里的时候，在家里用猪油爆葱，然后放进酱油中，就成了"酱油水"。一瓶"酱油水"往往要作为半个月一个月的基本菜。半年多后，又来了一个知青跟我同住一屋，我们才经常合伙煮饭。记得在村美建水电站时，几十个人睡竹子搭的工棚的统铺，公社供应大锅饭吃，但菜要个人自带，主要还是靠"酱油水"，十天半个月没有吃到一点蔬菜，嘴角都烂了。

当年正是青春年少，我虽然很瘦，营养不够，不过身体却很好。下乡一年多的时间里，我经常要戴着斗笠、披着蓑衣在水田里劳动，尽管受过不少小外伤，但没有病过一次，即使是遇到大雨全身淋湿，也不会感冒。当时播放的电影《决裂》中有个片段，说谁手上老茧多谁就应该上大学。我下乡的时候，手上也磨出了老茧。从1977年考上大学，到现在40年过去了，可能很多人难以置信，我的右手掌上至今还顽强地存在着一个老茧。

跟我一起在铜砵大队耕山队下乡的其他几个知青都是龙岩汽车运输总站的子弟，坐车回城免费，很方便回家。当时从龙岩城坐汽车到铜砵的票价是5毛钱。为了节省路费，我曾经有两次坐1毛钱的公共汽车从龙岩城到赤坑，然后步行翻越山岭，到村美后再坐5分钱的汽车到铜砵，这样比从龙岩直接坐汽车去铜砵可以少花3毛5分钱。在当年，教师地位不高，因此我比周围其他知青更为艰苦，当然，我觉得我的精神世界还是比他们丰富的。如果比体力活，我比不过多数农民和一些知青，但如果比学习，我自认为比周围多数人要强一些。那年冬天，公社要写大标语，每个黑体字两米见方，各立一个标语牌，就是找我去写的。

在同龄人中，我的家庭文化条件算比较好的，毕竟我父母亲都是知识分子，家中后来也有些图书，例如鲁迅的著作，还有《一百三十五个世界文学家》之类的书，我也比一般人更方便到中学图书馆去借一些“文化大革命”前出版的书。最近重新翻阅当年下乡时的阅读笔记，从1976年12月到1977年3月，我至少在工余阅读了《法兰西短篇小说集》、托尔斯泰戏剧集《活尸》、罗曼・罗兰的《甘地传》、格鲁兹吉夫的《高尔基的青年时代》、陀思妥耶夫斯基的《穷人》、莫泊桑的《一生》、格罗斯曼的《音乐的基础知识》、钱子衿的《拿破仑》以及《谈话术》等。现在想来，还真是“书非借不读”。在周遭人群都不读书的时候读书，要能守得住寂寞。在通宵守看周围没有人烟的瓜田的夜晚，就着油灯看《第二次握手》的手抄本的情形，我印象非常深刻。

因为爱好美术，高中时我收集到一些“文化大革命”前出版的画报，上面有一些苏联油画，其中有一幅是格・萨维诺夫的《大学河岸街》。画中五六个男女大学生在明媚的阳光下，悠闲地在河岸边或坐或站，或阅读或交谈，男生英俊潇洒，女生美丽飘逸，衣着时髦得体，气质高雅，整幅画充满青春的气息，非常美，令人赏心悦目，勾起我对大学生活的羡慕和向往……这幅画给我留下特别深刻的印象，使我的大学梦有了具体的想象。尽管当时大学离我非常遥远，但看了这幅画，加上阅读阿克萨柯夫的自传《学生时代》，我十分憧憬有朝一日能够上大学……

三、大学时代狂热读书

对我而言，“大学”是一个非常美好而神圣的词语，也是令人十分向往的地方。

1977年10月，恢复高考的消息犹如“平地一声雷”，引起强烈的震动，对我们这些上山下乡的知青而言，更是有如久旱逢甘霖，喜悦兴奋的心情难以言表。那个时候，下乡知青想上调回城，或者推荐上大学，基本上都得找关系、走后门，前途命运操决于他人。恢复高考使得大家有了掌握自己命运的机会，不靠天不求人，自然会激发起人们发愤图强的意志。1977年的高考，是空前绝后的高考，是中国高考史上录取率最低的高考，是造就许多传奇的高考，是注定要永留史册的高考。

1977年8月6日，在邓小平主持召开的科学和教育工作座谈会上，有人建议将原来推荐上大学“自愿报名，群众推荐，领导批准，学校复审”的招生“十六字方针”，改为“自愿报考，单位同意，统一考试，择优录取”。不必要“群众推荐、领导批准”，应该说已经比原来推荐上大学好多了，但是，邓小平还主张将“单位同意”一条去掉，他说：“比如考生很好，要报考，队里不同意，或者领导脾气坏一些，不同意报考怎么办？我取四分之三，不要这一句。”[①]事实证明，去掉“单位同意”这一条至关重要，因为没有这道隐形报考门槛，才算是真正的自由报考。比如我，如果队长不同意我报考，怎么办？是要去求他吗？求的话还是要看对方脸色，命运还是不由自己掌握。1977年恢复高考是真正的自由报考，因此绝大多数下乡知青都回城里复习备考，生产队领导无权阻拦。

福建省1977年的招生简章是大学和中专合在一起于11月5日公布的，考试时间也同在12月16、17日。当时公布的招生学校除了本科就是中专，没有专科层次的高校，专科学校都是1978年春以后为扩招而匆忙办起来的。1977年全国在福建招生的高校总共只有20所，其中有12所外省高校只招收外语或艺术、体育类，招收文史专业的外省高校只有北京大学、吉林大学、复旦大学3所，招收的人数屈指可数。真正招生人数和专业较多的就是福建本省的厦门大学和福建师范大学，这也是为什么我的三个报考志愿，第一、第二志愿报福建师大中文系、历史系，第三志愿填厦门大学汉语言文学专业的原因。

在复习备考的时候，我曾在随想录中写道：“也许只差一分，你的人生将完全是两样。”说明当时我已经意识到，在这么多人参加的高考竞争中，分数的重要性。

经过一个多月紧张的复习备考，1977年12月16、17日，大家带着期待的心情奔赴考场。我的考场是在龙岩华侨中学，考场内外醒目的大红标语上写着“听从祖国的挑选”“一颗红心，两种准备”“树立革命理想，勇攀科学高峰”等等，按当时的说法，是“处处呈现出一派生机勃勃的革命景象”。

①中共中央文献研究室.邓小平决策恢复高考讲话谈话批示集.中央文献出版社，2007:16.

当时有些地方的考场贴着“国家期待你们，人民期待你们”的标语。确实，不仅我们这些考生对高考抱有期待，国家和人民对这次高考也是抱着很高的期待，对“文化大革命”后第一届大学生抱着很高的期待，给了当年考上的大学生很好的机遇，后来77级大学生也没有辜负国家和人民的期待，报效国家的愿望也特别强烈。

1978年1月，当接到体检通知的时候，我知道自己有希望上大学了，当时最大的期盼也就是考上福建师范大学。1977年福建省高考的文科体检线是210分，我后来知道自己考了302.1分，超过体检线近百分，算是比较高的了，这也是那年江山公社所有考生中的最高分。当时的招生政策对“上山下乡”的知青还有些倾斜，所以我的高考分数算是相当高的。最后我被有优先录取权的厦门大学录取。这实在出乎我的意料，令人喜出望外，真是“漫卷诗书喜欲狂”！

对于“知识改变命运”这句话，77级大学生体会最深。对于我个人而言，高考确实是人生中一件具有分水岭意义的大事。2017年5月4—6日，《新京报》三位记者专程来厦门对我作恢复高考40年的采访，之后要我写一句关于高考的话语到小黑板上拍照，我写了这样一句话：“高考改变命运，人生天地为宽。”从此，我彻底告别了铜砵这个偏僻的山村，走出农村，走到更为广阔的厦门大学去发展了。我也是当年江山公社唯一考上重点大学的考生。

我高中同班50来个同学，77年只有我一个人考上大学，还有一个扩招后考进了龙岩师范专科学校。后来还有两个同学考上本科，一两个考上专科，几个考上中专，总数大概也就是七八个。相比没有考上大学或者中专的同龄人，我们无疑是非常幸运的。我们这些“40末”“50后”的知青，多数经历过“上山下乡”，后来虽然招工回城在国有工厂工作，但后来不少同学下岗了，这时他们都已经是四五十岁的人，再找什么好工作也比较困难，生活境况多不大好。因此考上大学与没有考上的同学相比，命运反差十分强烈。

在等待录取和准备上大学的1978年1、2月份，我还阅读了弗雷德里克·凡·伊登的《小约翰》、屠格涅夫的《猎人日记》、萨克雷的《名利场》、柏拉图的《文艺对话集》、赫德里克·史密斯的《俄国人》、托尔斯泰的《战争与和平》、阿什曼的《基辛格》、奥斯特洛夫斯基的《钢铁是怎样炼成的》等外国文学著作。

1978年春天，我到厦门大学报到，我印象最深的是大学实在大，图书馆藏书实在多。当时还继续贯彻“教育要与生产劳动相结合”的方针，因而我们读大学期间，还参加过不少劳动。除拓宽清理后山水库、挖掘芙蓉园中的水沟、在厦大防空洞中装载石头等外，1978年秋天我还到位于集美的厦大农场收割晚稻。下乡时我对幸福的理解非常简单：夏天只要不割稻子就是幸福。如果能够有机会读书，就更是幸福。没有想到我离开农村上厦门大学后，竟然又要割稻子！只不过在厦大农场割稻子只有两天，劳动强度比“上山下乡”时轻许多,自己的心态也大为不同了。

我大学四年中如饥似渴地读书，基本上处于“读书亢奋状态”。现在翻看当时的阅读摘抄笔记，发现阅读量实在是大，仅1978年3—7月，也就是上大学后的第一学期，我就借阅了《包法利夫人》《悲惨世界》《堂吉诃德》《罗密欧与朱丽叶》《热爱生命》《西厢记》等文学作品，以及《托尔斯泰》《莫扎特传》《贝多芬》《卢梭》《罗曼·罗兰传》《杰克·伦敦传》等人物传记共55种。我觉得阅读经典确实很有收获，因为经典作品曾参与人类历史和文明的塑造，对社会历史进程产生过重要的影响，是人类优秀文化的记录与保存。阅读经典，犹如与历史上的伟人对话，与孔子、司马迁、苏东坡、柏拉图、巴尔扎克、托尔斯泰等许多文化巨人做朋友。

在大学一二年级的时候，我对历史系的许多课程没有太大兴趣，不少课程期末考试就考上课的内容，谁的笔记记得全、背得好，往往期末考就能得高分。我对这些课程多半是应付，因此期末成绩也不太理想。我的主要时间都用在图书馆，阅读自己感兴趣的世界名著。不过，持之以恒的广泛阅读，考硕士研究生的时候就发挥出优势来了。因为研究生入学考试没有课堂笔记可以准备，而是考比较广博的知识，以及分析问题和展开论述的能力，这下我的专长就体现出来了。记得有一道名词解释题是“太阳城”，这是我们学过的课程中基本上没有涉及的，而我恰恰读过这本书，自然能够得高分。同班同学有30多人报考硕士研究生，考上的也就10人，我是其中之一。

刚考上大学时，我们班上戴眼镜的人比较少，我一直到大二的时候视力还是1.5。不过大二下学期以后，因为阅读量太大，就近视了。

四年的大学生活很快就过去，现在回想起来，我的大学生活并不轻松，但却是很重要的一段经历。如今40年过去，再听当年大学中流行的英文歌曲*Yesterday Once More*、*One Way Ticket*等，颇有些感伤。时光就像那单程车票，有去无回……

阿克萨柯夫《学生时代》一书中对大学时代的感悟颇有道理："在当时，明亮的心还没有被社会上的世故和家庭生活的琐屑小事所遮蔽；……这里的规则，是完全蔑视一切卑鄙和下贱；蔑视所有汲汲于名利的智慧和自私的目的，在另一面，却衷心地尊敬每一种高尚而光荣的理想，不管是怎样的一种空想。这样子度过的那几年的回忆，会一直伴随着一个人的一生；尽管他没有感觉到，这种回忆却一直照亮着、而且指点着他走向终点的道路；尽管环境可能把他拖上溜滑的和泥泞的小径，这种回忆却会使他重新走上真理和光荣的大道。"①这是作者对大学时代的特点的概括。确实，大学时代会影响人的一生。

77级大学生多数在社会这个大熔炉里锻炼过，经历过"苦其心志、劳其筋骨、饿其体肤"，具有一种坚韧不拔的毅力。不少77级大学生有一种"为官须作相，及第早争先"的进取心，普遍有一种拼搏精神。"攻城不怕坚，攻书莫畏难。科学有险阻，苦战能过关。"叶剑英的这首《攻关》诗为每个77级大学生所熟知。毛泽东《水调歌头·重上井冈山》中的"世上无难事，只要肯登攀"也是当时大家耳熟能详的名言。不少77级大学生具有崇高的理想和远大的抱负，不仅想修身齐家，而且立志要治国平天下。

四、研究考试不断写书

硕士研究生期间，我跟随著名历史学家韩国磐先生攻读隋唐五代史。大学三四年级的时候，我对历史学的兴趣已逐渐培养出来。硕士研究生时，通读《隋书》、新旧《唐书》、新旧《五代史》和《资治通鉴》隋唐五代部分是对我们的基本要求，这些中国传统的正史写得很好，我读来兴趣盎然。隋唐

①阿克萨柯夫.学生时代[M].上海：新文艺出版社，1957:166.

五代的笔记小说也是专业必读书，里面有许多生动曲折的故事，我这才发现历史原来是这么波澜壮阔、五彩缤纷的画卷。

1984年11月，我硕士毕业，到厦门大学高等教育研究所任教。工作之后不久，为了进一步深造，我打算报考博士研究生，而当时高等教育研究所还没有博士点，于是1986年初，我再度师从韩国磐先生，在职攻读历史学博士学位。当时所里同意我报考的条件是要结合研究工作，以教育史为课题，因此我选了“唐代教育与选举制度综论”为博士论文的题目，主要研究唐代科举制度。后来我跟随潘懋元先生给研究生上“中国高等教育史专题”课程，其中有一个专题便是科举考试制度。相对其他专题来讲，我觉得研究科举特别有意思，而且很有研究价值，于是我的研究方向就逐渐集中于科举了。

1990年以后，我参与了教育部考试中心原主任杨学为组织的以科举史为主的中国考试史研究。1991年11月，我还参加了全国高考历史科命题。在一定意义上，科举有如古代的高考，高考有如现代的科举，两者有许多共通和相似之处。这样，我便很自然地将科举和高考结合起来研究。只是2005年以前是以科举研究为重，到后来，研究高考的比重逐渐增大。2007年以后的10年，是我学术收获最为丰厚的时期，我的研究重点逐渐从科举学转移到高考方面，对高考制度的研究逐渐深入。特别是2010年11月我被聘为国家教育咨询委员会委员之后，更是以研究高考为主了。

自1992年开始研究高考并发表《选拔专才可另辟途径》一文以来，我已发表了篇幅长短不一的高考研究论文近百篇，有许多被人大复印资料转载，其中还有多篇为《新华文摘》重点转摘。当过唐代科举考官的白居易说过：“文章合为时而著,歌诗合为事而作。”我的许多高考研究论文都是应时之需而作，有感而发，具有很强的针对性，有的论文产生了较大的影响，或澄清了一些理论误解，或对当时的高考改革产生了一定的作用。

高考改革是一个谁都说得上两句，谁都不容易讲深讲透的问题，发表一两篇论文不难，要连续推陈出新发表系列论文却不易。有人曾问我，为什么我能思考一些高考改革中的规律性问题，能写出一些他们想写却写不出来的文章。我的回答是，功夫在诗外，不能就高考论高考，重要的是将高考制度放到中国考试发展史的长河中去考察，放到整个社会大背景中去论述，自然能比就事论事看得更深更广。对高考改革这么一个影响重大而复杂的问题，要有人文的和哲理的思考。科举研究与高考研究关系密切，古今时代虽变，但人性和许多道理并没有变，大规模选拔性考试所遇到的问题也非常类似，科举学研究使我的高考研究具有历史深度和学术底蕴。另外，了解国外的高校招考制度也很重要。2000年，我曾在日本访学半年，并曾应邀到日本的大学入学考试中心访问并作学术演讲，对日本的大学招考制度进行了研究。2005年，我曾到马来西亚参加APEC组织的关于考试的大型学术会议上作主题报告。我还对英、美等国进行过访问。这些使我的研究更具有国际视野。

学界对高考的看法往往趋于两极，观点向来相当对立。多年来，我一直在与貌似理论正确、实则要颠覆高考的学者论战。在高考改革的激进派与稳健派、理想派与现实派、“独派”与“统派”的分野中，我属于后者。我觉得，研究问题应该脚踏实地追求理想，不能天马行空。否则，提出的所有设想都只是处于“应该”如何，却不考虑“怎样”变成行动，便可能变成“应该派”。我相信，在社会变革方面，渐进的改良往往要优于休克疗法式的突变，对社会和学校造成的震荡较小，高考改革也是如此。

有的基层教师读到我的高考研究论文后十分振奋。例如，一位中学校长曾三次给我来信，认为我“说出了广大百姓尤其是高中教师心中想说而说不出的肺腑之言”，“您的研究很有价值，对中国教育的走向和人才选拔具有重要意义”。他还将我的一些论文复印数份，供该县一些学校教师阅读。这样的来信，增加了我从事高考研究的使命感。县及县以下中学的师生，在高考改革的议论中往往成为沉默的大多数，需要有学者为他们发声。

2014年9月4日，《国务院关于深化考试招生制度改革的实施意见》发布，明确高考“总体上符合国情”。看到这个提法，我深感高兴，多年来我一直主张高考是适应中国国情的考试制度。伴随着这份文件的出台，高考的必要性已无多大争议，学界讨论转向高考改革具体该怎样进行。

曾经有记者问我：你这么维护高考，是不是因为受1977年你参加美术高考没被录取的经历的影响？我的回答是否定的，因为个人经历乃其次。我主张在人情关系影响较大、诚信体系不完善的条件下，应该以刚性的分数作为录取的主要依据的真正原因，在于我对中国教育的深切了解、对中国社会的深切了解、对中国国情的深切了解、对历史文化的深切了解、对人性弱点的深切了解。

读大学时我常在书海中遨游，我当时的一个愿望就是将来也要写一两本书，放在图书馆的书架上，在历史上留下一点痕迹。近40年来，我不断写书，已经出版了30多部著作，其中有22部是科举与高考研究方面的著作。我不仅是一个高考改革的参与者，而且差不多是一个“考试研究专业户”了。

2017年，由我主编的22本、约768万字的“高考改革研究丛书”正式出版。这是我国第一套全面、深入研究高考制度及其改革的丛书。它系统展现了中外高校招生考试制度的最新研究成果，对高考制度的理论、政策、法治、内容、形式，招生考试的区域公平、民族政策、效度和评价等方面进行了系统研究，还对美国、英国、法国、俄罗斯、加拿大、澳大利亚、日本等国家和地区的高校招生考试制度进行了专题探讨。此次我又主编了“高考制度变革与实践研究”丛书，将在浙江教育出版社出版。两套书合起来共30本，是一个成规模、成体系、成气候的书系，算是我这个77级大学生为恢复高考40周年献上的一份礼。

中国古人说过许多关于读书的好处。例如，据说是王安石作的《劝学文》有云：“读书不破费，读书利万倍。窗前读古书，灯下寻书义。贫者因书富，富者因书贵。”在传统社会，读书的一个含义是指受教育。“要好儿孙须积德，欲高门第快读书”的格言，说明古人早已认识到读书可以改变命运。1996年，联合国教科文组织曾发布报告《教育：财富蕴藏其中》，其实，“书中自有黄金屋”也就是中国传统社会的“教育：财富蕴藏其中”理念。

现在读书已经变成一件很容易的事情了，现在的问题是读不过来或有书不读。苏轼在《李氏山房藏书记》中说：“使来者知昔之君子见书之难，而今之学者有书而不读为可惜也。”[1]这句话被后人不断引用，一直到清代，还

①苏轼．苏轼文集[M]．北京：中华书局，1986:360.

有人认为“天下之欲读书而不能得书者之更多于有书不读者”[①]。经历过书籍匮乏的时代，面对当今图书无比丰富的状况，就更能体会苏东坡这句话的深意。

古语云：“无事此静坐，有福方读书。”晚清李端棻将此联改为：“无欲乃积寿，有福方读书。”有书读，能够读书确实是一件幸福的事情。回顾我的读书历史，小学时代喜欢读书，下乡岁月渴望读书，大学时代狂热读书，学术职业需要读书，研究高考促进读书。在一定意义上，我的人生是高考人生，我的生涯是读书生涯。

总之，从参加高考到研究高考，我的感悟是：只有见过走后门盛行、有才有志者被压抑埋没的状况，才能深切感受到恢复高考是多么重要的决策；只有经历过命运不由自主的时代的人，才能深切明白能够通过自己的努力改变命运的机会是多么可贵；只有亲历过“知识荒漠时代”无书可读、一书难求的人，才能深切体会为什么说“读书是福”。

①卢文绍的《子史辑要诗赋题解》序云：“东坡尝慨昔人得书之难，而以今之有书不读者为可惜。”

不应忘记79级[①]

30年前的夏天，是1979级大学生参加高考和准备入学的时节。今年夏天和秋天，不少大学的79级大学生都在纪念入学30周年。可是，媒体似乎出现了集体性失语，几乎见不到相关报道。尤其是相较于2007年对77、78级大学生的“集体性怀旧”，更显得对79级比较忽视。

然而，我们不应该忘记79级。

其实，79级大学生与77、78级有许多共同之处，他们都属于70年代末通过高考入学的年级，所以有将他们称为中国的“新三级学人”的说法。79级与77、78级离得很近，我于1977年考入厦门大学历史系，当时我们班的哲学课便是与历史系79级合班上的。1979年共有468万人参加高考，录取了28.4万名大学生，录取率是6.1%，在中国高考史上，是仅次于77、78级的最低录取率。

从大的教育群体来分类，79级只能归为与77、78级相同的一类，而与80级以后的有较大的不同。因为80级以后基本上都是应届生，属于新的一辈了。

虽然79级大学生中应届高中毕业生的比例已大幅度增加，约占全体学生的半数以上，但还有一些“老三届”的学生，因此同学间年龄差距还是很大的，相比现在同一级大学生主要是由一个年级的高中毕业生所构成，当时多数人上大学前的遭遇和生活状态大不一样。以往丰富而复杂的生活经历，使“新三级学人”呈现出多样化的特点，有的人成熟练达，有的人年少气盛。这种差异化的班集体，可以有更多的交流、切磋。

在20世纪70年代末80年代初，大学生普遍有一种“知识饥渴症”，非

① 本文发表于《中国教育报》2009年8月24日。

常珍惜来之不易的学习时光，大学期间都努力抓住机会，给自己补课。这一群体中许多人的强烈求知欲，还延续到毕业后的很长时期。

作为一个群体，“新三级学人”的命名具有深刻的社会内涵和鲜明的时代特色。“新三级学人”走出大学时，中国的改革开放方兴未艾，他们用青春年华和才智参与其中。也正是改革开放的大潮，见证着他们的人生奇迹。他们是改革开放的受惠者、维护者和推动者，其命运与改革开放息息相关。

历史时代与教育群体之间存在一种互动互造关系，“新三级学人”也体现出一种时代与人物交互影响的关系。特定的时代造就了“新三级学人”，恢复高考、招收优秀人才进高校深造，让他们具有了登上历史舞台施展抱负的机会，而“新三级学人”毕业后努力为国家的发展贡献力量，也为改革开放和经济、科技、社会发展贡献智慧和力量。历史不一定记得他们中单个人的所作所为，但一定会记得这一群体的所作所为。1977年恢复高考的重要意义，主要是由“新三级学人”等恢复高考后考上大学的人才的所作所为体现出来的。

“江山代有才人出，各领风骚数百年。”79级大学生中涌现出许多优秀的人才，他们曾站在同一起跑线上，经过多年的发展，终点却各不相同。

不像其他届的大学生多为同龄人因而基本上同时退休，由于年龄差距很大，包括79级大学生在内的“新三级学人”的人才洪流，在一波“老三届”的人才洪峰消退之后，还将在中国历史舞台上持续十年。“新三级学人”在中国改革开放30年的历史上留下了深刻的印记，其影响和作为，相信还将在未来的岁月中进一步显现出来。

作为一名77级大学生，谨草此文，祝福79级的学弟学妹们。

高考60年[①]

今年是恢复高考35周年，但很少人知道或意识到，今年又是高考制度建立60周年。1952年中国建立高考制度，在世界各国中最早主要采用统一考试来录取高校新生，是世界高校招生考试史上的一个重大创举。

如今，世界上已经有越来越多的国家建立统一招生考试制度，只是考试成绩在高校录取时的权重不同而已。中国的高考具有一定的世界性影响，在英文中已有“Gaokao”这一专有名词。除了地名和人名，以中文发音成为英语的词语，包括“馒头”“豆腐”等，“高考”也算一个。

以文化考试为主的高校招考制度的演进，存在着自身发展的内在逻辑。清朝末年，中国开始引进西方的教育制度。从1862年建立的京师同文馆开始，一批近代新式学堂陆续建立。由于学堂数量不多，且各学堂的性质、层次、规模差异较大，因此实行各校单独招考。与世界上其他国家和地区一样，在高校初建阶段一般都是单独招考而不可能产生统考制度，统一招考制度是高校招生考试发展到一定阶段或者说高级阶段的产物。

民国时期，起初也是各高校单独招考。当时各高校自行命题，考试科目不同，且一些高等学校往往用外语命题，各校间的考题难度差异很大，虽各有特色，但出现了高校招考内容与中学教学不相衔接，中学教学无所适从的问题。由于评分标准及阅卷的宽严不一，因此无法保证考生在同等的条件下公平竞争，较难保证高校录取新生的质量。为此，1919年1月教育部公布《各专门学校大学校中学校招生办法训令》，规定今后各高校招生，考试命题须依照中学毕业程度，勿使太过或不及。

1937年，抗日战争全面爆发，为适应战时需要，提高大学教育水平，教

① 本文发表于《中国教育报》2012年6月4日。

育部在中央大学、浙江大学和武汉大学3校试办联合招生。在此基础上，1938年起实行国立各院校统一招生，颁布《国立各院校统一招生办法大纲》《国立各院校统一招生命题及评分标准的规定》，教育部设统一招生委员会，在武昌、长沙等地设立了12个招生区，各区按照部定标准命题，分科评卷，成绩报送教育部，由教育部决定各处录取学生人数。1938年参加统一招生的院校有22所。1939年改由教育部统一命题、统一考试，参加的院校增至28所。1940年扩大到省立大学和独立学院，共有41所高校参加统一招考。后因抗战形势紧急，交通困难，1941年被迫中止了统一招生。抗战胜利后，因为受战争等的影响，全国统一招考仍无法进行。此时期各高校主要采用联合招生、委托招生、单独招生、成绩审查、保送免试等办法。

中国于1952年建立高考制度，部分是受传统文化中大一统观念的影响和抗战初期统一招考的启示，部分是由于考试制度自身发展的内在逻辑要求——从分散走向联合，以达到高效、公平和具有可比性的目的。

1949年，各高校遵照中央“维持现状，立即开学”的方针，实行单独招生。在单独招考的情况下，考生必须自费前往高校所在地或少数几个考点参加考试，这对许多偏远地区的考生，尤其是家境清寒的考生而言是一个沉重的负担。另外，当时名牌大学经过一次或两次招考，即可招足学额，而许多高校虽经多次招考仍不足额。由于有的学生被多所学校同时录取等原因，各高校录取新生的报到率最高的仅75%，最低的只有20%。1950年，中央政府规定全国多数高校实行联合招生，大部分高校均一次招满学生。1951年，为了进一步改变各校自行招生所产生的混乱状态，实行各大行政区统一招生，收到了良好的效果。

1952年6月12日，教育部发布了《关于全国高等学校一九五二年暑期招收新生的规定》，明确规定所有高等学校实行统一招生考试。这是在总结前两年分区联考和统考经验的基础上，采取的重大改革。1952年8月15—17日，举行了中国招生考试史上第一次高考。

从此，广大考生可以在本区报考全国各地的高校，方便了考生，减省了报考的费用。而从各高校来说，也节约了大量的人力、物力和财力，有利于高校在全国范围内择优录取学生，有利于提高命题水平和试卷质量，也便于以高考成绩来比较评估各高校的生源质量。考试是一种公平的选才方式，将各校招考中具有共性的工作统一起来进行，可以体现集约化管理的规模效益，提高效率，最重要的是比较能保证招生的公平性，这也是为什么后来许多国家的高校招考也出现了从分散走向联合的趋势的原因所在。从高校招考的历史演进来看，实行统一考试已成为许多国家高校招生制度发展的大趋势，只是各国的大学如何采用统考成绩作为招生录取的依据有所不同而已。

当然，实行统一高考制度也有弊端和消极影响，60年高考史上也有过反复和中断。但总体而言，高考是一项具有鲜明中国特色、符合中国国情的考试制度，对中国的教育和社会发展作出了重要贡献。在高考制度建立一甲子的时候，“瞻前顾后”，具有特别的历史意义。相信高考制度只要不断改进，必将在选拔合适人才、保障教育公平、维护社会稳定、促进社会流动等方面继续发挥重要的作用。

恢复高考40年的历史记忆①

恢复高考30周年似乎才过去不久，转眼间纪念恢复高考40周年的2017已到来。

长期压抑后的解放、久旱逢甘霖的渴望、复习备考时的紧张、高考过程中的神圣、金榜题名时的喜悦……凡是经历过恢复高考洗礼的大学生，回忆起1977年高考的往事，都是记忆犹新，仿若昨日。

1977年恢复高考是中国现代教育史上的一件大事，标志着中国招生考试史的新纪元，也是中国教育史的新纪元，而且是中国社会由乱而治的转折点，是一个时代的拐点，所以一直以来都是人们谈论和回忆的话题，每隔10年就会形成一次讨论的高潮。高考恢复30周年的时候，全国几乎所有媒体都出现了“集体性怀旧”，对恢复高考的历史做了一些回顾、反思，也发表、出版了很多纪念性的文章和著作。今年是高考恢复40周年，又是一个很重要的纪念年份。

除了高考，很少有哪种教育活动会长久吸引举国民众的关注，很少有哪个历史事件过了三四十年仍会引发无数的回忆和感慨，因为高考与中国每一个地区、每一个读书人密切相关。年年岁岁考相似，岁岁年年人不同。每年一次的高考，吸引着社会各界高度关注的目光，每到考试和录取季节，更是各种媒体争相报道的焦点。高考改革是一个长盛不衰的热门话题，也一直牵动着全社会的神经。每年夏天，高考都会成为全社会关注的热点，今年由于上海和浙江的高考综合改革试点经过完整的一轮，将要迎来高考录取的时刻，高考更是成了举国上下聚焦的话题。

其实，对中国人来说，高考是一个永不会过时的话题。

---

① 本文发表于《中国科学报》2017年1月24日。

不过，对于高考制度，总体而言是新闻报道多、理论研究相对较少，一般议论多、深入探讨相对较少。高考是一个谁都可以说上两句的话题，又因为其利弊都十分显著，人们从不同的立场、不同的角度论说高考，往往会得出不同的看法。但是，对高考这样一个影响重大的国家考试制度进行评述，不能只凭一腔热情和激愤，还需要冷静和理性，否则所发言论就可能变得情绪化而缺乏科学性。

由于高考是至为复杂的大规模选拔性考试，是一个“横看成岭侧成峰，远近高低各不同”的制度，站在某一特定的立场去评说，从某一特定的角度去观察，可能所见都是事实，所言也都有一定道理，但也可能会以偏概全、脱离实际。因此，在评价高考时，必须全面和客观。要理性、全面地评价高考，提出切实可行的改进意见，必须对高考做深入的研究。

40年来，高考制度历经许多变化，无论是考试的内容和题型还是试卷的难度等，现在的高考与1977年的高考都不可同日而语。但高考也有其不变的方面，其中最主要体现在始终坚持公平性。社会大众对高考最大的期望是能够发挥公平选才的作用。高考的主要机制是公平竞争、择优录取，与推荐等其他选才方式不同。尽管高考制度历经各种变化，但是它的公平竞争、择优录取理念还是保留了下来。高考成绩一直作为高校录取学生的主要依据，自主招生、推荐面试、三位一体综合素质评价等其他招生方式在总的比例中占比还不是很高，虽然这些方式在尝试推广，统一考试成绩可能会逐渐减少权重，但在未来相当长的时间内，应该还是中国高校招生的主要依据。

高考制度是社会的“稳定器”和“减压阀”，它事关千家万户的切身利益，事关国家的长治久安，事关全面建成小康社会目标的顺利实现。坚持高考制度，有利于维护我国改革发展稳定的大局。高考制度有其局限和弊端，但它仍是目前相对最公平的招考方式。对目前的中国而言，高考制度不可少。高考不改不行，但急于求成也不行。

欣逢恢复高考40年的盛事，全国媒体又在对1977年恢复高考进行“集体性怀旧”，各地各校将举办一系列的77级同学会、高考恢复40周年座谈会和纪念会。作为中国考试研究的一个重镇，厦门大学考试研究中心也在积极筹备恢复高考40周年学术研讨会。

今年，许多人会再度回忆恢复高考时那青春燃烧、壮怀激烈的岁月。我们既要关注个人关于高考的回顾和故事叙说，更应注重恢复高考的全景扫描和历史复原，尤其要关注对高考改革的学术探讨，思考和展望高考的发展和改革，从而为高考改革提供可资参考的理论依据。回顾高考40年的发展历程，不仅具有历史价值，而且具有现实意义。

2017年，必将成为又一个中国的“高考年”。

“不惑之年”论高考①

如果要大家举出40年来对中国历史发展影响特别重大的事件，恢复高考无疑会是为数不多的几个选项之一。今年是恢复高考40周年，在中国的传统文化中，有“四十不惑”之说，恢复高考已经到了不惑之年。

经历11年的中断，国家在1977年决定恢复高考，首先遇到的一个重大难题，就是解决报考者众多与录取率极低的矛盾。

从1952年到1965年，每年高考的报考人数从未突破40万；从1959年到1965年每年考生数多为30余万，1965年为35万，14年中考生数总和也不过382.6万人。关于录取率，高的年份，1958年为96.9%，1952年为90.35%；低的年份，1962年为27.43%，1963年为33.36%，“文化大革命”前最后一次高考——1965年高考的录取率为46.92%。

但是，1977年恢复高考，考生数是空前的多，录取率则是空前的低。起初预计报考者可能会有2000多万人，原定计划招生20万人，录取率是1%。后来不少省市采取了地区初试，按计划录取数的2—5倍筛选出考生，参加正式的高考，最后这一年全国实际考生数为570万人。

后来经邓小平提议，国家计委、教育部决定扩大招生，最后扩招本科生2.3万人，各类大专生4万人，共扩招6.3万人，扩招比例达29.3%，最后录取了272971人，录取率约4.8%，这是中国高考史上最低的录取率。高校招生规模远远小于学生报考人数，供求矛盾十分突出。

当时，为了让广大知识青年得到公平竞争的机会，没有限制报考人数，而是尽量考虑如何克服困难，为考生服务。当然，也在各种文件和通知中要大家抱着“一颗红心，两种准备”的态度参加高考。高考实行预选考试，这

① 本文发表于《中国科学报》2017年6月6日。

在“文化大革命”前是从未有过的，发展到1982年，共有18个省施行，后来随着报考人数下降才逐渐取消。

1977年国家恢复高考，并开始打破“唯成分论”的陈腐规定，对考生放宽政审条件、家庭出身方面的限制。1978年以后，又改变了之前高考不公布分数的做法，将考生的分数公之于众，极大地减少了暗箱操作的可能。

因此，恢复高考既是对原有制度的回归，更是拨乱反正后的新生。1977年的高考是中国历史上最特别、最壮观的一次高考，不仅在中国历史上是空前绝后的，而且在世界高等教育史上也是绝无仅有的，是一次值得不断重温的传奇。

欣逢恢复高考40年的盛事，全国媒体又对1977年高考进行“集体性怀旧”。2017年5月27日，厦门大学考试研究中心、厦门大学教育研究院与江苏省教育考试院在厦门大学联合举办了“恢复高考40周年暨高考改革学术研讨会”。这次研讨会还得到中国高等教育学会、中国教育学会、《光明日报》教育研究中心的大力支持，以及《中国教育报》、新浪教育、中国教育在线等媒体的关注。

作为中国考试研究的一个重镇，厦门大学考试研究中心的师生发表和出版了大量高考研究方面的文章、论著。近年又推出了“高考改革研究丛书”和“高考制度变革与实践研究”两套丛书，算是我们为恢复高考40周年献上的一份礼。

山不在高，有仙则名；水不在深，有龙则灵；会场不大，胜友如云。这次研讨会有100余位代表出席，集中了中国研究高考制度的主要学者。钟秉林、瞿振元、戴家干以及本人4位国家教育咨询委员会委员到场，我们4人还都兼任国家教育考试指导委员会委员，参与了中国高考改革的顶层设计。目前为止所有关于高考的教育部哲学社会科学重大课题攻关项目、国家社会科学基金重大项目的5位首席专家钟秉林、袁振国、文东茅、刘志军和我本人也都悉数到场。出席研讨会的还有厦门大学校长朱崇实、厦门大学教育研究院名誉院长潘懋元先生，以及撰写过高考研究专著的多数学者，真可谓群贤毕至，高朋满座。

这次研讨会虽然没有叫“高峰论坛”“峰会”等名称，但确实可以说是中国高考改革研究的盛会。开幕式致辞和作主题报告的8位专家中，有4位是恢复高考当年考上大学的，也从一个小小的侧面说明77级大学生成才比例较高。

温故可以知新，鉴往可以知来。每次重温恢复高考的历史，都会给中国教育和中国社会带来满满的正能量。因此，今天我们回顾恢复高考的历程不仅具有深远的历史意义，而且具有重大的现实意义，可以为中国的高考改革增加前行的动力。

恢复高考的重大意义与深远影响

1977年恢复高考是中国现代史上的重大事件，它不仅改变了许多青年学子的命运，而且改变了国家和民族的命运，成为令人刻骨铭心的历史记忆。今年是恢复高考40周年，重温那段激动人心的历史，分析恢复高考在教育、社会与政治方面的重大意义与深远影响，会给中国教育和中国社会带来满满的正能量，增加高考与教育改革前行的动力。

一、恢复高考的政治与社会意义

“文化大革命”期间，高考被废止11年，全国高校实行“推荐与选拔相结合”的招生办法，这一招生办法存在影响教育公平、使得高等教育质量下滑、造成思想混乱以及导致人才匮乏等弊端。[①]1976年10月粉碎“四人帮”以后，到1977年中，恢复高考已是人心所向、大势所趋，因为一个正常的社会，人才选拔一定要走向有序。要实现四个现代化，人才是根本，因此高考迟早会恢复。原计划1977年高校基本上还按之前的办法来招生，后来决定1977年就恢复高考，则是必然中的偶然。恢复高考是改变国家命运的重大决策，在政治、社会等方面都具有重大的意义。

（一）政治意义

1977年6月29日—7月15日，粉碎“四人帮”后的第一次全国招生工作座谈会在山西太原召开。会议就教育部草拟的《关于一九七七年高等学校招生工作的意见（讨论稿）》展开了讨论。根据会议精神，1977年8月4日形成了《教育部关于全国高等学校招生座谈会的情况报告》，并附《关于一九七七年高等学校招生工作的意见》。这份招生意见与过去相比，有些规定，

①邓微达．“文革”期间高考的废除及其危害[J]. 教育与考试, 2017(1).

如改变以往只要求有初中毕业以上文化程度便可推荐上大学的规定，改为“一般要有高中毕业或相当于高中毕业生的文化水平”，“也要招收有研究才能、钻研有成绩的应届高中毕业生直接上大学”，试招人数4000到10000人，约占全国招生总数的2%—5%，对考生要进行“文化考查”等。不过，基本还是按“自愿报名，群众推荐，领导批准，学校复审”的招生办法招生，而且规定“招收应届高中毕业生的政治条件与工农兵学员相同”。也就是说，这次招生工作会议总体上并没有突破过去的“十六字”方针。

1977年8月，刚刚复出不久的邓小平，高瞻远瞩地决定当年就恢复高考。1977年10月，国务院正式公布恢复高考的消息，1977年12月举行高考。恢复高考的招生对象是：工人、农民、“上山下乡”和回乡知识青年、复员军人、干部和应届高中毕业生。

为早出人才、快出人才，做出恢复高考的重大决策，在当时确实是一个英明之举。为了在1977年就恢复高考，中央决定将考试时间安排在12月，入学时间延迟到第二年春季。在中国现代高等教育史或高考史上，还从来没有过这样的时间安排，后来也没有过全体本科生在春季入学的情况。

而且，1977年的高考不仅仅是恢复，还有突破。1977年10月正式公布的报考政治条件为：“政治历史清楚，拥护中国共产党，热爱社会主义，热爱劳动，遵守纪律，决心为革命学习。”这一邓小平亲自修改的报考政审条件，主要看本人政治表现，对考生放宽政审条件、家庭出身方面的限制，破除了血统论，不仅为许多因家庭出身被挡在大学之外的人提供了公平竞争的机会，而且为后来平反一系列冤假错案打开了制度的缺口，开始打破“唯成分论”的陈腐规定，具有重大的意义。①相对“文化大革命”前高考重视家庭出身和“文化大革命”中招生高度重视政审，1977年的高考报名条件大大放宽了，不拘一格选拔人才，是政治方面的重要进步，成为日后其他各方面改变“唯成分论”的突破口。虽然1977年高考也有一些报名阻力、招生阻力、政审难题等，但总体而言，多数人的报名和政审还是没有受到阻拦。

高考是在“两个凡是”还没有被打破的情况下恢复的，恢复高考有力地

---

①刘海峰. 高考改革的回顾与展望[J]. 教育研究，2007(11).

推动了拨乱反正的进程，是推翻“两个凡是”的前奏。[①]在中共中央十一届三中、六中全会之前，恢复高考成为准确、完整地理解毛泽东思想的典型，它的意义远远超出了教育领域，成为扭转“左”的思想、破除“两个凡是”的突破口，奏响了破除“两个估计”的陈旧思想枷锁、确立实事求是思想路线的序曲，成为否定“文化大革命”、为所谓“修正主义路线”平反的开端，成为全国思想解放的先导，也是改革开放的先声。因此，恢复高考，标志着中国现代史翻开了崭新的一页，具有重大的政治意义。

（二）社会意义

恢复高考同时具有重要的社会意义，概括而言，包括以下三个方面。

一是改善社会风气。恢复高考后，招生采用公平竞争、择优录取的原则，使原来走后门找关系上大学的风气为之一变，净化了社会风气。社会学家李强认为，“文化大革命”后期采用“自愿报名，群众推荐，领导批准，学校复审”的办法，所谓“推荐”，实际上根本没有标准，导致在很多地方，谁有关系谁就可以上大学，当时流传着“学好数理化，不如有个好爸爸”的说法。恢复高考，实际上给社会树立了一个目标，告诉大家，考试制度是一个公平选拔人才的机制，用“分数论”打破了“成分论”。因此，恢复高考40年最大的社会意义在于抵制“走后门”。在分数面前人人平等的做法，对中国社会具有巨大的意义。[②]恢复高考大大改善了社会风气，中国社会从此迎来了尊重知识、尊重人才的春天，公平竞争、择优录取的意识，成为中国社会的普遍信念，不仅向整个教育生态系统蔓延，而且逐渐扩展到中国社会的各个领域。

二是促进社会流动。表面上看，高考不过是高等学校招生考试，但是，它的社会作用却远远超出考试、招生、教育。就其本质而言，高考是由国家主持的、对年轻一代完成基础教育任务之后，所进行的一次大规模的、基础性社会分工。20世纪90年代以前，凡通过高考进入高等学校的，毕业后即成为脑力劳动者，农民即转为城市居民。年轻人高中毕业后，高考是他们一

①刘道玉．刍议恢复统一高考的得失与对策[J]. 教育与考试，2017(3).

②李强．恢复高考40年最大社会意义是抵制“走后门”[EB/OL]. 澎湃新闻网，http://www.thepaper.cn/newsDetail_forward_1700623.

生中决定性的第一步。这是社会各界高度关注高考、每年高考都像盛大节日一样的根本原因。[①]高考使许多人跳出农门，成为“准干部”身份的大学生。在当时，高考可以改变人的身份和地位，促进社会阶层流动的功能相当强大。许多“上山下乡”和回乡知识青年，以及在工厂劳动的青年，从田间地头和工厂车间进入大学，变化相当大，毕业后多数人走上重要岗位，许多人后来成为社会的中坚力量。

三是维护社会稳定。恢复高考在当时犹如一声号令，使全民的精神为之一振，使社会风气发生了根本的转变，它荡涤了“读书无用论”“唯成分论”的浊流，为百废待兴的中国大地吹来了第一阵尊重知识、尊重人才的春风。恢复高考是拨乱反正的重要举措，使中国的人才培养重新走上健康的轨道，在中国社会由乱而治的过程中发挥了至关重要的作用。广大青年从迷茫、躁动、灰心转为积极、冷静、向上，社会秩序迅速得以恢复，整个国家也开始重新走上正轨。从此，高考一直发挥着维护社会秩序和社会稳定的功能，对中国的经济、科技发展和社会进步起着重要的作用。

二、恢复高考的教育意义与深远影响

作为中国当代最重要的历史事件之一，恢复高考还产生了深远的影响。高考是国家教育考试，恢复高考在教育方面的意义和影响更为直接。

一是提升学生的学习积极性。高考制度的好处之一是成功与否主要靠自己的努力，而不必求别人，因此高考能够促人向学、催人奋进。采用其他选才方式往往需求人，而且能否成功基本上取决于他人。1977年8月6日，在邓小平主持召开的科学和教育工作座谈会上，有人建议将原来“自愿报名，群众推荐，领导批准，学校复审”的招生“十六字”方针，改为“自愿报考，单位同意，统一考试，择优录取”。应该说这已经比原来的好多了，采用统一考试，而且既不用“群众推荐”，也没有“领导批准”的字样，改变了以往的招生办法。但是，邓小平主张将拟定的招生办法中的“单位同意”一条去掉。去掉“单位同意”这一条至关重要，因为没有这道隐形报考门槛，高考才算是真正的自由报考。高考不靠天不求人，就看自身的水平和

①杨学为. 30年后话高考[J]. 中国考试(研究版)，2007(8).

实力，自然可以调动广大青少年的学习积极性。恢复高考使广大知识青年好似久旱逢甘霖，学习积极性空前高涨。

二是提升教育水平。恢复高考迅速提升了教育水平，进而保障了高校的生源水平和高等教育的质量。刚恢复高考时的高考跟现在的高考相比，差异非常大。1977年决定恢复高考，从10月21日发布恢复高考的消息到12月中旬正式高考，不到两个月，时间很紧。当时是分省命题、分省考试，经过11年的中断，很多人都不知道高考是怎么回事了，而且在“读书无用论”盛行的年代，多数青少年不读书，考生总体文化水平相当低。当时有的考题在现在来看简直是小儿科，例如，1977年福建省的文科语文卷作文占70分，其他的有语文知识填充题等，其中几道题是这样的：“我国汉代著名的文学家、史学家司马迁写了一部有名的著作《______》”，“杜甫是______的著名诗人，辛弃疾是______朝的著名词人”。若干年后，许多地方小升初的考题都很少有这样浅显的题目了。可是，在当时，很简单的试题就足以拉开分数。1977年高考，只有报考外语系的人才需要加试外语。现在的高考难度跟当年完全不可同日而语，提升了很多，说明中学的教育水平也提升了很多。

三是为改革开放选拔培养了大量人才。恢复高考所恢复的不仅是参加了那场考试的570万考生的信心与希望，它还使数千万知识青年认识到知识的重要性、教育的重要性，因此恢复高考在一定意义上，可以说是一场“教育复兴运动”。高考选拔培养了一大批刻苦钻研、富有创造力和求学精神的人才，造就了77、78、79级这三届后来被称作“新三级学人”的近百万大学毕业生，这些学子在大学毕业投身社会建设后，迅速成长为支持改革开放、经济起飞、社会进步的中坚力量，其中有不少成为国家的栋梁之材。后来陆续通过高考进入高等学校深造的大学生，也多是有理想、有抱负，具有使命感和责任心的青年人才，在中国改革开放和经济建设中发挥了重要作用。

恢复高考打破了思想坚冰，给广大知识青年和全社会带来巨大的正能量，为中国拨乱反正、改革开放注入了无比强大的动力。恢复高考释放出了巨大的精神力量，当时有人形容，恢复高考的消息“像爆炸了一颗原子弹，震撼了整个中国大地”。[①]1997年，《人民日报》曾举办纪念恢复高考20周年

①杨学为. 中国高考史述论[M]. 武汉：湖北人民出版社，2007：257.

征文活动，仿佛一下子打开了千百万人记忆的闸门，来稿像潮水一般涌进了编辑部。“做梦都没有想到”“简直不敢相信自己的耳朵”“真是绝处逢生”“整整一代人得救了”……是什么使人们对恢复高考记忆犹新？无论是考上的还是落榜的，都对恢复高考唱出发自肺腑的赞歌。恢复高考，不仅仅是恢复了一种考试制度，它还是“文化大革命”后拨乱反正的一个开端，是中国走向改革开放的伟大起点。因此，《人民日报》用“伟大的转折”为题综述这次活动，并引用一位教育家的话概括说：“任何有希望的民族都高度重视教育，恢复高考，挽救了我们的民族和国家。”①

高考是一个亿万家庭共同关注的热门话题，也是一项事关国家前途命运的重大制度设计。正如教育部部长陈宝生在2017年全国普通高校招生考试安全工作电视电话会议上所指出的：“高考是教育领域具有政治意义与全局意义的重要工作，关系国家发展大计，关系千万学子前途命运，关系社会和谐稳定。”高考的政治意义与全局意义在1977年恢复高考中体现得特别明显，从恢复高考的历程便可以看出高考事关重大、影响深远。恢复高考的深远历史意义到今天还在不断显现。

温故可以知新，纪念是为了创造更好的未来。高考制度有其局限和弊端，但它仍是目前相对最公平的考试。对中国而言，高考制度不可少。高考不改不行，但急于求成也不行。由于高考改革是一项牵一发而动全身的系统工程，对其改革既要积极推进，又要谨慎稳妥，这样，才能使高考为中国教育的水平提升、社会的稳定和谐、国家的长治久安，继续发挥出强大的作用。

①伟大的转折——“恢复高考二十周年回顾”征文综述[N].人民日报，1997-11-21.

科举评价与高考改革①

主持人栗洪武：各位老师、同学，大家早上好！今天我们邀请厦门大学的刘海峰教授来为我们作学术报告。刘海峰教授是厦门大学教育研究院院长、博士生导师、厦门大学考试研究中心主任，兼任国家学位委员会教育学科评议组成员、教育部全国高等学校设置考试评议委员组专家等。刘教授的主要研究方向是高等教育历史和理论、科举学和考试制度。刘教授是我国著名的科举史和高考制度改革研究方面的专家，他讲的这个问题很有价值。让我们以热烈的掌声欢迎刘教授为大家作报告！

刘海峰：谢谢栗教授！今天很高兴能够来到陕西师范大学和大家一起交流关于科举与高考的问题。陕西师范大学我以前就来过几次，最早是1983年来的，当初我是作为一名硕士研究生过来访学的。2006年我来这里参加教育史年会，陕西师范大学的教育史学科有深厚的底蕴。陕西师范大学的教育学科已经走上了良性的发展轨道，不仅学科建设取得了很大的成绩，而且人才培养方面也蒸蒸日上。今天我来谈一下科举评价与高考改革，主要谈四个方面的内容。第一，简单谈一下什么是科举，这个实际上在座各位都有相当程度的了解，但可能了解得不是很全面，我再做一下简单的阐述；第二，谈一下科举评价的变迁；第三，谈一下科举与高考两者的对比和相关性；最后，谈一下高考改革何去何从，即高考改革的问题。

先谈第一个问题，什么是科举。对于科举，在座的有一些是教育史专业的硕士研究生，应该有相当程度的了解。其实，对科举，不要说接受过高等教育的和正在接受高等教育的知识分子了解，就是不识字的老太太大概也能

① 本文为2009年10月18日在陕西师范大学的演讲记录，被收于郝文武主编的《教育学人演讲录》（第三卷），北京师范大学出版社2015年1月出版。

讲出一点东西，也许说科举她可能还不太明白，但是她可以讲古时候考状元、考秀才的故事。说到科举，也许有些人会想到孔乙己、范进这些，对他们的印象很深。以往对科举的评价负面的多，这些年，已经在慢慢转变了，积极的评价多了起来。我们上中学时学的都是《范进中举》这类课文，当时对科举制度批评得一塌糊涂。

那么究竟什么是科举？科举不是我们原来印象中那么单一、负面的。先来看几道题目："美国禁止华工，久成苛例，今届十年期满，亟宜援引功法，驳正原约，以期保护侨民策。"这是1904年的一道科举考试题目。19世纪末，中国的劳动力输出很多，实际上有很多人是被骗到美国去修西部铁路或者做一些苦力活的。当时美国对他们有很多限制，美国政府和清朝政府订有条约，禁止这些人将来干什么，这是非常苛刻的。当时这个条约设定的时限是十年，十年以后，要重新修订。1904年要重新修订该条约，中国政府想要"援引公法，驳正原约"，把原来不平等的条约修订过来，来保护我们的侨民。这种题目也是科举考试题目。还有一道题目："日本变法之初，聘用西人，而国以日强。埃及用外国人至千余员，遂至失财政裁判之权而国以不振。试详言其得失利弊策。"说的是19世纪末20世纪初，很多东方国家、非洲国家都聘请外国人，如日本，他们在明治维新的时候聘请了很多的西方顾问、教师，日本因此很快就强盛起来了。埃及当初也请了很多外国人，"至千余员"，但是他们的财政司法权都被外国人掌握了，结果慢慢变成殖民地了，"国以不振"。这道题要考生详细阐述一下其中的"得失利弊"。有的国家聘请了外国人变得很强盛，有的国家却没有强盛起来，当时中国也聘请了很多外国人，这道题让考生谈如何才能使这些外国人为我所用，促进中国的发展。这是清朝最后一次科举考试的考题，它与国计民生密切相关，而且这道题考测了学生的能力。

还有一道题与教育相关："学堂之设，其旨有三，所以陶铸国民，造就人才，振兴实业。""陶铸国民"一般是指我们现在的基础教育、国民教育，"造就人才"是指高等教育、人才教育，"振兴实业"是指职业教育、实业教育。接着还有一些展开："国民不能自立，必立学以教之，使皆有善良之德、忠爱之心、自养之技能、必需之知识，盖东西各国所同，日本则尤注重尚武之精神，此陶铸国民之教育也（就是基础教育）；讲求政治、法律、理财、外交诸专门，以各任使，此造就人才之教育也（就是高等教育）；分设农、工、商、矿诸学，以期富国利民，此振兴实业之教育也（就是职业教育、实业教育）。”这是1904年会试的考题，讲了这三个方面，当时财政困难，先办高等教育、基础教育还是职业教育，有一个轻重缓急的问题，没有办法全面发展。“三者孰为最急？”问考生认为应该优先发展哪一个，是基础教育呢，还是高等教育，又或者是职业教育？现在仍然有这个问题，有人认为基础教育最重要，有人认为要想快速振兴，必须要先发展高等教育，也有人强调要重视职业教育的发展。但是经费有限，要有轻重缓急。对这种题目，考生能讲出道理来，并且可以自圆其说，都可以得到好的评价。这种题目我觉得是典型的考测能力的题目，当然也要有一定知识，对背景和知识不了解，就很难回答清楚。这种题目是能考出一个人的能力的。

我再举一个例子，光绪二十八年，也就是1902年，江南乡试，是在南京举行的，当时江苏和安徽两个省是一起在南京贡院里面考的。1901年废除八股文以后，当时的科举考试是考三场，第一场是中国政治史论，考“唐代时关中沃野千里，极其发达，现在怎么会衰落了”这样的题目。第二场是中外政治比较，涉及外国的情况。共有五道题，第一道题是：“中外刑律颇有异同（这是法律方面的），自各口通商日繁，交涉应如何参酌损益，妥订章程，令收回治外法权策。”当时西方国家在华享有很多治外法权，要考生提出应对策略。第三道题是：“各国改用金币始于何时（这是考知识的，当时各国用金本位来结算），金价日增，其故何在？（黄金价格又涨了，为什么会这样？）主之者何人？（谁在操纵）若中国偿款用金，亏损甚巨，急筹抵制之方策。”1901年，中国与西方列强签订了《辛丑条约》，中国要赔西方国家4.5亿两白银。那个时候金价一直在涨，如果我们用黄金赔款，则亏得太多。这有点像今天的外汇汇率，美元一贬值，我们的外汇储备就会亏很多。这道题要考生回答解决办法。还有其他农、工、商方面的题目。当时规定第三场考四书五经题，但是规定“均不准用八股文程式”。明清两代，大部分时候是用八股文程式，考四书五经的内容，考试题型、文体是固定的；1901年以后，规定不准用八股文。我认为明清时候的八股文好比现在高考和研究生入学考试中的英语，英语很重要，如果你的英语考不好，就很难考高分。但是光英语好，专业课不好也不行。科举考试在明清时候也是这样的，必须八股文写得很好才行，才考得过，但是后面还有两场，第二场要考其他，第三场考策问。第三场有五道问答题，都是和国计民生相关的。所以明清时代科举考试的八股文是脱离实际的，但是后面的策问与民生实际是密切相关的。

科举考试的形式有很多种，内容主要是儒家经典，还有应用文体的写作。科举考试的形式或题型，唐宋时主要有帖经、墨义、策问、诗赋四种。明清两代科举考试乡试和会试一般是考三场，比较规范的科举考试主要包括四个层级，童生试（地区一级考试），乡试（省级考试），会试（全国考试），还有一场没有淘汰的殿试，最后发榜。最主要的是乡试和会试。考试时间五百多年间基本不变，乡试头场是农历八月初九，二场是八月十二，第三场是八月十五。会试是在乡试的第二年，头场是二月初九，二场是二月十二，三场是二月十五。头一场是考八股文，在明代和清代初期二场考的是论、判、诏、表。论是论述题；判是法律方面的判词；诏是以皇帝的口吻写诏令，因为当时考上的人可能会进入朝廷中枢，代皇帝起草诏书；表是下级官员向上汇报的奏表。第三场考的就是经史时务策，这个是和国计民生密切相关的，特别是时务策，是非常具体的。比如今年发生地震了，可能就出一道题让考生回答地震发生后的应对策略、怎么救援之类。

乡试和会试的时间是固定的，每三年一次。明清时期，陕西的考生，包括甘肃、宁夏的考生都必须到西安来参加乡试，后来收复新疆后，新疆的考生也到西安来考。光绪元年后甘肃才有了独立的考场。有些人要赶路十几天才能走到考试的地方来，更远的要一个多月。有史料记载，唐代时人们要考上进士，可谓舟车劳顿，远的要三个多月才能到长安来。所以说当时关中一带的人很幸福，可以在这里以逸待劳，和外地赶来的人进行智力比赛。唐代时大部分都是咱们这一带的人比赛赢了，而广东、福建那边的人能考上的寥寥无几，不过宋代以后情况就变了。陕西乡试每一科考完以后，《陕西乡试录序》会把考上的人的名字登出来，主考官会做一篇序，副考官会做一篇后序。这本《陕西乡试录序》是光绪辛卯年（1891年）的（多媒体播放），这一年的主考官叫“刘世安”，副考官叫“樊鲁”，樊鲁曾经是状元，他在后序中讲了怎么考试，怎么发掘英才。当时西北的考生除了甘肃的，都要来这里考试，所以西安是西北的一个中心。现在西北地区的师资培育中心、干部培训中心都设在西安，其实自古以来皆如此。

贡院是以前科举考试的一个场所，贡院规模宏大，是无形的科举制度的有形体现，是科举文化的具体象征。以前很多人把贡院形容得很可怕，说什么进去考试前后考九天，很辛苦，“三场辛苦磨成鬼，两字功名误煞人”，在里面很可怕。实际上我觉得对贡院也不要一味的骂。明清贡院的形制，是总结几百年科举考试的经验和教训的结果，凝聚着许多人的智慧。古今中外有很多考场，但是贡院是很特别的。贡院一般规模非常大，比如陕西贡院，前面是头门、二门、三门，当时考生进场前都要搜身，要将衣服脱开进行检查。贡院四周都是很高的围墙，北边是考官居住的地方，南边一间间的就是考生的考场，有很多间。考场都非常大，比如北京贡院有一万多间这样的小间。江南贡院最多的时候有20644间小间，当然并不是一直都有这么多间，刚开始有一万多间，扩招以后，考场又慢慢增加。考场实行一人一间，宽大概一米，高前面是一米八，后面是两米，进深是一米三。以前科举都是男的考，男生至少会有一米六，如果躺在里面是没办法伸直脚的。怎么考呢？号舍里有木板，左右墙壁突出来的砖隙，是用来架木板的，木板放到前面就成了桌子，晚上把它拿出放到下面的砖隙与后面做椅子的木板连成一体，就变成一张床，这是充分利用空间。每一场考试要在里面待一天多，将近两天，一直坐在里面也不行，晚上可以在里面躺着休息。

会试时，八月初九考第一场，八月初八就开始进场。会事先通知各府、州、县，大概在几时几刻排队点名进场。有时候从凌晨就开始点名进场，因为进场很慢，要给一万多人搜身、发座位号。天没亮或晚上进场的时候，就升起标明次序的灯笼。考生进入贡院后在里面的时间很长，早进去的要在里面待两天，迟进去的也要待一天多，当天晚上就要在里面睡觉。初九天亮的时候开始发卷子，发下来给一天的时间慢慢答卷。吃的饭要自己带，可以带米进去煮，号舍后壁凹槽处还可以点油灯或蜡烛。备考的材料很详细，有“考生须知”会告诉考生，要带几枚钉子在前面挂一油幕，即使下雨也不会滴水，还会告诉考生要带吃的东西，最好带几片人参。初九考完，初十出来；十一又要入场，十二考一天，十三出来；十四又要入场，十五考一天，十六出来。所以考试时间和现在是非常不一样的。

现在回过头来看看，什么是科举？科举就是一种通过考试来选拔人才的制度或方式。隋炀帝大业元年，也就是公元605年，建立了进士科举制度，一直到1905年被废止，科举制实行了1300年之久，其间有很多变化。比如唐宋时候考明算科和明法科，明算科是数学考试，明法科是法律考试，是专门招收数学人才和法律人才的考试；还有明经科和进士科，这是考儒家经典和文学为主的考试。明清两代科举的文体是八股文。还有1902到1904年间，主要考中西政治、经济、内政、外交知识的近代考试制度，之前举的那些例子就是那个年代的考题，这也是科举。另外，李自成建立大顺政权后，曾废止八股文，建立以策论为主要考试形式的考试制度，这也是科举考试。太平天国时期，也举行过科举考试，考试内容是《旧约》《新约》《天王诏书》等基督教的内容，这也是科举考试。还有清代的时候，以满文和蒙文为考试内容的翻译科考试，以及清朝末年的经济特科，都属于科举考试。虽然考试内容和形式不断变化，但是万变不离其宗，科举制的本质是一种开放报名、公平竞争、择优录取的考试制度，是一种以才学来竞争的考试制度。考试的内容和题型不断变化，但这些都不是科举制度的本质，通过考试来竞争择优，才是科举制度的根本特征。

为了理解这点，我用船来比喻。什么是船？大家一时半会很难说清。帆船是不是船？当然是船。独木舟是船，万吨巨轮是船，远洋货轮是船，航空母舰也是船。船是漂浮在水上的一种运载工具，这是它根本的特征。你不能说帆船是船，独木舟就不是船，它也是船。就像你不能说明清时考的八股文是科举考试，唐朝时考的明经科和明法科就不是科举考试，它们都是科举考试。具体的船是各种各样的，但无论其大小、形状、动力如何变化，都离不开在水上漂浮行驶这一根本特征。

对于什么是科举考试，要看它的本质特征，不能说只有考了八股文的才是科举考试。科举考试通过考试选才，遵循的是能力本位或才学本位，代替以往的权力本位或家庭本位。因此，考试在中国古代被称为“量才尺”。就是通过考试来测量一个人的才干。所以科举考试是才学本位，或者说是能力本位的。

古人对科举考试的正面评价远多于负面评价，这是以往很多人不大了解的，比如欧阳修就说过这样的话："国家取士之制，比之前世，最号至公。……其无情如造化，至公若权衡，祖宗以来不可易之制也。"认为科举非常客观，非常公平。从他的话中也可以看出来，科举在当时是一种非常刚性的、客观的考试制度。古代这样的言论还有很多，如苏东坡就讲了很多关于科举改革的话，他比较维护科举制度。宋代时科举考试也出现了一些和现在一样的问题。用考试来选拔人才必然会引发不少问题，比如它会造成"考什么学什么，不考就不学"，或是"考什么教什么，不考就不教"的问题，造成教育畸形发展，还会导致不注重体育、忽视德育等。这是竞争性考试一定会出现的现象。俗话说，"登山何必扛着船"。很多学生认为，既然只考这几门，就不用管那些不考的科目了。就像参加奥运会，哪个运动员不是集中精力准备自己的单项？不比赛的项目当然不会去练。宋代时就有人提出来要大力改革科举，应该考虑以德取士，设立一些德行科目，类似现在说的要考察学生的综合素质，看他平时的表现、成长记录。一千多年来不断有人提出，不能只看一个人的考试成绩，还要看他的"德"，包括"体"。但这些方面很难量化，很难作为录取标准。苏东坡就认为，如果要用德行来取士，一定会有人作假，因为"德行"是没办法客观衡量的，它没有一个刚性标准，没办法量化。就像现在每个省的高考改革方案都说要将综合素质测评作为高考录取参考，但是哪个省真的把它作为参考了？因为没办法量化。

苏东坡认为没办法以德取士，如果硬要这样的话，可能会出现"勇者割股"。"股"是指大腿，古代时认为最孝的举动就是"割股疗疾"，就是说父母病重，实在没办法治好的时候，子女把自己的大腿肉割一块下来，放到药里煎，煎完以后给父母喝。考察德行可能会导致很多人这样去做以表现孝道。以德取士还可能导致"怯者庐墓"。古代父母死了，子女要守孝三年，也就是三年内不能当官、不能结婚、不能生孩子，等等。"庐墓"这事件发生在东汉。汉代时要推举孝廉，就是有德行的人，有个人的父母死后，他不仅守孝，而且在墓道里住了五年，大家都认为他很孝，于是推举他当了大官。后来有人揭发他，说这个人作假，因为他守孝的五年内生了四个孩子！

一般守孝时要求禁欲，但是他还生了四个孩子，这是明显的假孝。高考评价综合素质和古代考察德行有点像，要看一个人的综合素质怎么样，平时表现怎么样，很难做到。因为这种表现很难量化。而且一般中学老师给学生的评语写的都是比较好的，怎么评比？

元、明、清时期，各省贡院的中心位置都有一座名为“至公堂”的建筑，它将“至公”理念具体化，也是考试公平性的象征。明代时，科举被人们视为天下最公平的一种制度，以至于有“科举，天下之公……科举而私，何事为公”之说。就像现在老百姓讲的，高考是现在最公平的一种考试制度，当然作弊是另外一回事，没有作弊的话，高考是最公平的。据说教育部考试中心一位副主任曾在延安碰到一个满脸皱纹的老农，问他对高考的看法，这个老农讲：“高考好，我的娃认真读书，他就上大学了，县长的娃不认真读书，就上不了大学。”他讲的是最简单、最朴实的道理。如果看综合素质、看表现，条件较好的家庭可能有钢琴，孩子见多识广、能说会道，老农的娃还怎么去上大学呢？实际上科举也是这个样子的。明代还有人说：“我朝二百年公道，赖有科场一事。”现在的很多书上讲古人怎么批判科举，实际上不是这样的。

现在谈一下科举评价的变迁。现代人对科举往往是盲目批判的多，真正了解的少；人云亦云的多，独立思考的少。废止科举过去一个多世纪之后，冷静代替了激愤，理智代替了情绪。我们对待科举，不应一味地嘲讽和批判，而应在了解的基础上再作分析。过去我们对科举的评价往往是以偏概全的，比如很多人一提起科举，就会想起范进、孔乙己这样的形象，但是实际上范进、孔乙己都是文学作品中虚构出来的人物，不是真实的人物，当然在一定程度上范进、孔乙己也反映了当时的真实情况，肯定有类似的事情、有原型，反映了一定的历史真实，但是它毕竟是小说，而不是真人真事。古人对科举的评价，往往也与自身的体验与经历有关，金榜题名与名落孙山者对科举的感受是大不一样的。比如《范进中举》出自《儒林外史》，作者吴敬梓曾经屡试屡败，考举人一直考不上，所以他对科举非常讨厌。就像我现在问在座各位，高考好不好，在座的可能觉得还可以，但若去问没考上大学的人，他的答案可能是不一样的。个人经历会影响到对科举的看法。

真实的科举人物是什么样的呢？科举是否能选拔真才呢？我认为科举可以选拔当时历史条件下所需的人才，我举一些真实的人物：文天祥、史可法、林则徐都是进士，而且文天祥还是状元；白居易、柳宗元、欧阳修、苏轼，以及柳公权、颜真卿也都是进士，而且柳公权也是状元；包拯、海瑞这些著名清官都是进士；科学家沈括、徐光启都是进士，宋应星是举人。我曾经做过统计，从隋唐到明清，大部分文学家是进士或者举人。但是我们的书里讲到科举却很少讲他们，讲的都是孔乙己、范进，你们看以偏概全造成的负面影响有多大。其实，韩愈、朱熹、蔡元培这几个著名的教育家也都是进士。科举是否能够选拔真才？我认为在当时的社会历史条件下是可以的。当然，当时选拔的人才肯定不会像现在这样要求会电脑、会PPT。

给你们看几张进士殿试卷。他们的字写得很好，大部分人考场上都能写出这样的字。我认为这也是素质教育，能够把书法写得这么好的人，文化素质一定不低。

我们多年来习惯把科举看成一个贬义词，把科举制妖魔化了，现在亟须还历史以本来面目。

过去我们对科举，采用“一元史观”，同一个人的不同言论，若是反科举的，便是进步的、有见识的；若是肯定科举，则属于落后的、没有批判精神的，而且多数论者往往有意无意省略肯定科举的人物和言论。这方面可以举出很多例子。比如书院，20世纪80年代以后都说书院很好，其实70年代时一直对书院持批判态度。当时书院和科举一样，也是负面名词，后来才肯定它，说书院出了很多大师，王阳明、张载、朱熹，还说书院具有反科举的传统。实际上不尽然，这些著名的书院大家，包括朱熹、王阳明、程灏，绝大多数是进士。实际上朱熹既批判科举，也肯定科举，他从来没有反对学生考科举，因为他自己就是进士。就好比大学教师自己是博士，却跟学生讲你们都不要读博士，怎么可能呢？如果是这样的话，就不是以身作则。其人不正，焉能正人？

我举一个比较典型的例子。梁启超在戊戌变法中批判科举，我们经常把他批判科举的言论摘出来引用，而将他肯定科举的言论全部省略掉。比如他讲：“科举，法之最善者也……世卿为据乱世之政，科举为升平世之政。”是说科举非常好，是选拔人才中最好的方法。而且在1910年，科举制废止5年后，梁启超讲了一段著名的话："夫科举，非恶制也，所恶夫畴昔之科举者，徒以其所试之科不足致用耳。"他说科举制不是不好的制度，戊戌变法时他批判科举制，是因为科举制没有引导学生学以致用。但是戊戌变法失败他逃到日本后，了解到美国借鉴了中国的科举制，建立了文官考试制度，1893年开始改用这种考试的办法，美国人将之称为"政治上的新纪元"。德国、日本也参考了这种考试办法。1910年，梁启超正式提出要恢复科举，这是以往很少人知道的。他说："世界万国中行此法最早者莫如我，此法实我先民千年前之一大发明也。自此法行，而我国贵族寒门之阶级永消灭；自此法行，我国民不待劝而竞于学，此法之造于我国也，大矣！人方拾吾之唾余，以自夸耀，我乃惩末流之弊，因噎以废食，其不智抑甚矣。吾故悍然曰：复科举，便！"他当时也是冒着被别人批判封建、落后的风险提出要恢复科举的，但我们以往的研究材料多把这个给忽略掉了。戊戌变法时他批判科举，我们讲得很多，后来他讲恢复科举就没有人讲，这就是以偏概全。

孙中山的观点更典型，他在很多场合都说科举考试有它积极的方面，这在陕西师范大学教育学院田建荣写的《中国考试思想史》里面有详细的介绍。孙中山在私下的对话记录、书信里都有讲科举，但是公开场合他不讲科举，只说"古代的考试制度"，因为科举在民国初年时是一个很负面的词，后来建立"考试院"以后才好一点。孙中山说："唐宋厉行考试，明清峻法执行，无论试诗赋、策论、八股文，人才辈出；虽所试科目不合时用，制度则昭若日月。"他对科举给予高度评价，甚至说八股文也是有价值的。1918年时，孙中山说："往年罢废科举，未免因噎废食，其实考试之法极良，不过当日考试之材料不良也。"这和他前面的说法有点不一样，他前面说策论、八股文考试使得人才辈出，后来他说科举考试制度很好，但是内容不好。

胡适对科举也非常肯定，他说："这种制度确实十分客观、十分公正，学子们若失意考场，也极少埋怨考试制度不公。"这和现在的高考一样，通过其他制度、方式来选拔，很多人会对社会、制度有意见。高考没上线，考生一般不会怪高考制度，最多怪自己运气不好，也不大会怪政府，因为政府、社会已经给了所有人机会。

国学大师钱穆对批判科举的言论也有颠覆性的说法。他在1951年就说："清末人却一意想变法，把此制度也连根拔去。民国以来，政府用人，便全无标准，人事奔竞，派系倾轧，结党营私，偏枯偏荣，种种病象，指不胜屈。不可不说我们把历史看轻了，认为以前一切要不得，才聚九州铁铸成大错。"他认为废科举的做法是错误的。

现在很多人也提出为科举制平反的观点。曾任教育部考试中心主任十余年的杨学为谈到，以前念书的时候，读的书、听的报告，几乎都说科举及其考试不好，他也这样认为。后来从事考试工作，又学习了一些资料，才感到原来的认识不全面，转而认为考试是中国的伟大发明，是对人类文明的伟大贡献，甚至可以和四大发明相媲美。

复旦大学的葛剑雄认为：科举制不愧为"中国传统文化的杰作"，其积极作用值得我们继承和发展。复旦大学的蒋德海还发表过一篇文章说，在传统中国文化中，科举制在中国近代受到的遭遇恐怕是最缺乏理性的，由于科举制的废除，中国干部人事裁判制度实际上倒退到科举制以前的诸形态。"科举制以前的诸形态"大家想想是什么形态，九品中正制、察举制，还有世袭制，都是比较落后的。

科举中最为人诟病的八股文，现在也有很多人为它翻案。不少文学家、散文家写过专著，对八股文作出了比较客观的评价。启功认为八股文是一种"无善无恶"的文体。田启霖还编了一本书，叫《八股文观止》，用了"观止"，那是相当正面的评价。

我认为科举制就是一个选拔官员的考试制度，它本身不见得就那么恶，将科举说成罪大恶极实在不够客观全面。"科举" 是一个含义非常丰富的词语，我们不应将其看成一个贬义词，而应该把"科举"看成一个中性词。

2005年，也就是科举制废止100周年的时候，厦门大学举办了"科举制与科举学国际学术研讨会"，我发表了一篇文章《为科举制平反》。一些教育学界的人说怎么能够为科举制平反呢，实际上我认为他们并不了解科举的实质。为科举制平反，我是有理有据的。《新华文摘》转载了这篇文章，而且产生了比较大的影响。2005年"新浪年度文化人物"入围12人，我也是其中一个，其他几位是金庸、刘心武、贾平凹、陈丹青等。像我这样的“小人物”能够置身其中，说明我的观点还是为多数人所认可的。

我之所以提出要为科举制平反，也是受到了外部因素的刺激，一个是韩国对待科举的态度，还有越南珍视科举的做法。这两个国家也长期实行科举制度，他们直到现在都把科举制度当作一笔非常珍贵的遗产。韩国对科举制度的评价历来都是非常正面的。1994年，韩国废止科举制度100周年的时候，韩国政府还在首尔举办了一次纪念韩国废止科举制度100周年的模拟科举考试。百年之后，韩国再现科举考试盛况，考生穿着过去的服装，用毛笔和宣纸作答，考的还是汉诗，与科举时一样，考完发榜以后还要进行状元游街，非常隆重。而且韩国现在不单单是首尔，连地区一级的，比如道和下面那些州，每年也都举行模拟科举考试。他们把科举考试看成是一笔珍贵的文化遗产，举行这种模拟科举考试是将它作为一种复兴传统文化的方式。这很值得我们思考。

西方人对科举的评价是很正面的。曾经当过京师大学堂校长的丁韪良，在中国待得非常久，是一个真正的“中国通”，很多近代出版的西方书籍都是他翻译过来的，像《万国公法》。他在他的英文著作《中国环行记》中提到科举制，他认为科举是中国文明最好的方面，它的突出特征令人钦佩，这一制度在上千年中缓慢演进，但它需要移植一些西方的理念以使之适应变化了的现代生活环境。如今在英国、法国和美国正在取得进展的文官考试制度，正是借鉴中国的科举而来的。我曾经在《中国社会科学》上发表过一篇两万多字的论文《科举制对西方考试影响新探》。我在里面举出了非常多而且详细的证据，来论证科举对西方考试制度的影响。以前已经有学者研究过这个问题，我在他们的基础上又推进了一大步。丁韪良认为，尽管有其缺陷，但科举制对维护中国的统一和帮助它保持一个令人尊敬的文明水准，起到了比任何其他制度更大的作用。他对科举的评价很高。

西方还有很多学者对科举的评价也很高，有人甚至认为它比四大发明还要伟大，说科举制“是中国对世界最大的贡献”。

总之，对科举这么一个选拔了中国从隋唐到明清大部分政治家、文学家和著名学者的制度，对一个与1300年间中国几乎所有知识分子，几乎所有地区和绝大多数书籍都有关的制度，对一个中国发明的被西方国家所借鉴的制度，我们绝不应该仅将其作为批判的靶子继续敲打，而应对科举文化进行全面的清理研究。

接下来我谈一下科举与高考。过去科举是这样（正襟危坐），现在高考是这样（趴在书桌上睡着了），说明高考让学生学得很辛苦。现代人要参加高考真的是一次很大的挑战，负担很重。

中国高考制度的建立与发展有着深远的历史渊源和深厚的文化土壤。目前高考改革遇到一系列的两难问题，而要全面认识高考改革中一些带有根本性和规律性的问题，如统一高考制度产生与存在的必然性等，必须将其放在历史发展的长河中才能看得更为清晰。这是一个过程，不能就事论事。

前几年我应邀到北大百年讲堂录制了一个节目，题目叫“从古代科举到当今高考”，对两者进行了比较，当然也谈一些高考的问题。现代高考与古代科举有许多共同之处，有些甚至是惊人的相似。比如两者都是竞争性的选拔考试，这个我想不必详细讲，大家很容易就能明白——它们都是竞争性、选拔性的，而且都是政府举办的。

为什么要研究科举呢？就是因为科举与高考有共同之处，高考可以从科举中借鉴经验，吸取教训。研究科举，一是了解考试历史，二是掌握考试规律，三是提高理论素养，最关键的是还可以服务考试现实。

我举一个例子，2007年9月，在澳门特区举办了一个“教育名家讲座”，这次讲座的题目叫“教育改革与科举文化”，请的是香港大学原副校长程介明，我，还有台湾师范大学的周愚文。这个题目是程介明教授所起，我问他怎么会想到讲这个，他说他每次到台湾，谈来谈去都是这个应试问题。和大陆一样，台湾的考试指导教学，或者说高考指挥棒问题也非常明显。而且科举文化还深深制约着现在的教育改革，他觉得很有必要来探讨这个问题。科举与高考是密切相关的，它可以为现代的教育改革提供借鉴与参考。

比如关于考试存废利弊之争，历史上有过6次科举存废之争。而且从宋代到清代，很多人讨论的问题都差不多，就是“德”和“才”怎么权衡、考试利弊得失怎样、到底要不要考试这类的问题，跟今天谈论的问题有惊人的相似之处。

再比如考试公平与区域公平之争，这也是个千古难题。从自由竞争到分区定额是一个发展的过程。最早科举考试完全是自由竞争，全国一张卷，科举全国统一分数线。唐代多数时候在长安考，少数年份在东都洛阳考，考上的人中北方人占90%以上，到唐朝后期，南方人才多了一点。南方人考上的极少，但是他们也没什么意见，因为当时南方人没什么发言权。可是到宋代就不一样了。北宋的时候，因为长期战乱，经济重心开始转移到南方，到北宋中期时，科举录取情况出现了南北对调的状况，考上的90%都是南方人。如果陕西一带讲我们这个地方状元、进士特别多，我猜十有八九是指唐宋以前的，到明清时这一带考上进士的就比较少了。这种不平衡在北宋中叶的时候表现得特别明显，每次考中的进士90%都是南方人，而且朝廷官员中南方人越来越多。后来来自北方的司马光就听从底下人的建议上奏，认为科举考试应该考虑地区均衡问题，应该按比例来录取。南方出身的欧阳修就反对，他说既然是科举考试，当然是按成绩来录取。这场争论后来不了了之，考上的大部分还是南方人。

这种情况到明代初期发展到了极致。洪武三十年，就是公元1397年，会试和殿试发榜以后，录取的52名进士中没有一个北方人，于是北方的举子就闹事了，说主考官都是南方人，“私其乡”，肯定作弊了。朱元璋听到这件事情后觉得是个大案、要案，要彻查，就叫另外一批考官来重新评卷。几千份试卷重新密封起来，复评出来以后，发现最好的还是这些卷子，说明考试是公正的，没作弊，建议维持原榜不变。后来北方举子又闹事，朱元璋大怒，把考官、初评考官和状元等人都杀了，把其他人流放了。第二次重新考试，考完以后录取的全是北方人，没有一个南方的。一榜是南方人，一榜是北方人。这是一次政治事件，叫“南北榜事件”。实际上这不是一次作弊事件，是当时为了安抚北方地区的人士，作出的一个政治决定。后来慢慢发展，到明代中叶时开始实行“南北卷”制度，就是在会试的时候所有卷子封面都标有“南”字、“北”字或者“中”字，按比例来录取。北方包括陕西这一带，一直到山东全是属于“北卷”，“中卷”包括现在四川、贵州、广西、云南以及安徽中部这一带，“南卷”就是南方的省份。规定北方录取35%，中部录取10%，南方录取55%，这个比例考虑了人口多寡和文风高下，即不同的文化和教育水平。可是这样还是不行，到了康熙五十一年（1712年），这之前有一两科，同样是考南方卷的，广东和福建没有一人考上，考上的主要都是江浙人。江浙一带的人读书很厉害，现在去查院士的祖籍，可以发现很多人祖籍是江浙一带，近代以来的著名人士很多是江浙一带的，那是几百年积淀下来的深厚文化底蕴。到康熙五十一年，认为分南、北、中卷还不行，于是实行分省定额录取，按各省应试人数多少和文风高下确定会试的录取比例，这个办法一直延续到科举制被废除。这跟现在的高考分省定额录取制度有点类似，但不完全等同，因为现在是高校自主决定在哪个省投放多少个名额。在中国这么一个幅员辽阔、人口众多、各地经济文化及教育水平相差很大的国家，考试公平和区域公平问题很难完全得到解决，这是一个千古难题。尽管每年在全国“两会”期间都有代表提出统一高考分数线、开放异地高考等提案，我认为这些是不可能彻底解决的。比如，古代的科举“冒籍”和现代的“高考移民”如出一辙。既然规定必须回原籍报考，就有人“冒籍”。现在也有人到新疆、西藏去“冒籍”报考，就是“高考移民”。

再来讲讲关于防止作弊的措施和方法。这个问题很容易理解，我想不必详细讲，有考试就肯定有作弊。一部科举史，实际上就是考官为了防止考生作弊和考生挖空心思作弊的斗争史，是“道”和“魔”较量的历史。现在每年都有一些考试作弊事件被揭露出来。一些科举考试时采用的防止作弊的办法，现在高考中依然在使用。

下面谈谈考试科目与内容的演变，这也是值得高考参考借鉴的方面。唐代时，考试科目很多，当时常科至少就有六科，特别的科目有一百多科，有一百多个名目。六科里面除了考经学、文学以外，还有我刚才讲的明算科和明法科、明书科（专考书法文字的科目），可是后来慢慢统一到只剩下进士科。为什么会这样呢？是为了追求公平和具有可比性。现在有些省的高考方案，比如广东省，三年前他们为了对接新课改，推出了新的高考方案。高中新课改强调选修、模块、多样化，因此他们的高考里面也有选科，结果最后考出来的成绩没有可比性，考生和家长意见很大，后来广东决定取消选考科目。原来他们是考语文、数学、外语三门，加文综、理综，再加一门选科，考生可以从物理、化学、生物等科目里面选择一门自己感兴趣的科目，但最后考生都选可能得高分又比较容易学的学科，比如生物，不去选物理，因为物理比较难，导致偏科。而且考不同科目成绩很难比较。这在古代也是一样的。像明清的时候，考四书五经，五经里面，诗、书、礼、易、春秋各占一经，考生各考一经。因为五经各有一个第一名，有五个第一名。到后来大家水平都很高，就没办法区分，清代乾隆的时候就规定所有人都得考五经，同时考，要求大家把五经全都背下来。当时五经有多少字呢？共有40多万字！当时多数参加科举考试的人都能背下来。经过这样的训练，考生的记忆力非常好。现在有人认为中国人的智商高，和以前考八股文、四书五经有关。所以科举考试的科目和内容、形式的演变，跟现在的高考有点类似。刚开始八股文考试很好，它运用四书五经里面通俗易懂的题目来考，比如“学而时习之，不亦说乎？有朋自远方来，不亦乐乎？”但不能老考这些，否则就被揣摩透了，很难拉开差距，而且容易重复，于是慢慢地，只好出些偏题、怪题以拉开分数。就像高考，要决定谁上北大清华，谁上陕西师大，谁上高职，考试成绩就要有区分度。而要保证区分度，就要提高难度。水涨船高，考生训练水平越来越高，考题只能越出越难，最后只好出偏题、怪题，古今如出一辙。八股文后来走向偏难琐碎，专出各种怪题，包括一些截搭题，也是和考试命题的规律有关的。

最后谈一下高考改革何去何从。高考在相当多的时候都被当成素质教育的障碍，或者是拦路虎，现在咱们辨析清楚了。20世纪90年代末，很多人认为高考是素质教育的障碍。高考对开展素质教育确实有一定影响，因为应试的压力非常大。即使进入高等教育大众化阶段以后，高考压力也没有减轻。原来大家以为高等教育大众化，上大学机会增加以后，高考的压力就会减轻，应试的激烈程度就会减轻，然而实际上并没有。以前我就说过，社会永远是分层的，职业永远是分类的，大学也一定是分层分类的。不可能所有人都上重点大学，如果都上重点大学，就无所谓重点大学和非重点大学了。实际上，社会各行各业的压力都越来越大了，不单单是教育界，不单单是高考，大家都有这种感受。在整个社会竞争越来越激烈、压力越来越大的情况下，要叫高考的压力降下来是很难的，这是社会竞争加剧在教育上的反映。

关于高考改革，实际上有不同的看法，有一派是激进的，认为应该迅速进行彻底的改革，有一派认为应该渐次进行，我们分别把他们称为激进派和稳健派。我是属于典型的稳健派。高考存废之争，即关于高考的"统独之争"，这十几年来很激烈。所谓废，就是认为招生考试应该改成各校分别考试，像美国一样，由高校自主录取。我认为在中国现有国情下很难进行，应该在统一考试为主的格局下对高考进行各方面改革。还有，高考改革是否以美国招考模式为依归？那些提出将统一高考改为各校单独招考的人，大多数认为美国模式好，它采用"三合一"的录取，既看学生的SAT、ACT成绩，又看其中学表现，包括平时成绩、社区服务等，还看推荐信，这样最好。从理论上来讲，如果能实行确实很好，但是我觉得将这套体系移植到中国来，只怕会水土不服。因为中学的表现我刚刚讲过很难客观评定。比如人的德行怎么衡量呢？尊师算吧？那么今天给老师送一张卡片，明天送一篮水果，后天送一盒月饼，算不算尊师呢？扶老太太过马路算不算表现好？如果不和功利的升学目的挂在一起，学生做好事，我相信多半是真的。但是如果扶一次老人过马路加一分，扶两次加两分，那就说不准了，如果一个学生老站在马路边一天扶了十次老人怎么办？再比如拾金不昧，学生今天交十块钱，明天交二十块，隔一个星期又交五十块，他说他是捡来上交的，如何判断衡量？没有刚性的标准，就很难衡量。加上我们的诚信体系还没有完全建立起来，重人情、拉关系、爱面子的风气没有转变，要客观地评价学生的平时表现很难做到。真要将中学的评价成绩带到高考来，会带来各种问题。比如让班主任来写评语，那他的权力就会无限大，肯定会有人走后门。美国大学招生参考中学成绩，实际上美国很多州的中学，现在很多科目也进行统考。而且他们的社会文化不像我们这么高度甚至过度重视教育，很多家长对孩子的升学问题持轻松的态度。文化的差异使得我们无法直接模仿国外的考试制度。

大体而言，中国的高考改革方向是从统一走向多样，从招考合一走向招考分离，最终建立符合中国国情的以统考为主、统分结合的多元招生考试制度。

兼顾统一性与多样性，是高考改革的方向。中国具有重人情与关系的文化传统，而文化传统的变迁是缓慢的，传统习惯并非短时间能完全改变。参照同样具有高度重视教育传统的日本、韩国等国的经验，即使高等教育进入普及化阶段，名牌大学的入学考试竞争仍然相当激烈。我国京、津、沪地区实际上已经进入高等教育普及化阶段了，但是这些城市的高考竞争一样激烈，学生的压力依然非常大。

每到诺贝尔奖颁布的时候，总会有人说，就是因为高考压制了学生的创造力和创新性，所以中国人总是拿不到诺贝尔奖，必须彻底改革高考制度，中国人才有可能获得诺贝尔奖。我认为，存在激烈的考试竞争不见得就拿不到获得诺贝尔奖。为什么呢？最简单的参照就是日本。日本几十年前就被叫作“考试地狱”，现在仍然这样。日本有一个说法叫作“四上五落”，这是什么意思？在日本，要考短期大学容易得很，基本上都可以进。而要考名牌大学，比如东京大学、京都大学，晚上睡四个小时的人可能考得上，睡五个小时的人就会落榜，这就叫“四上五落”。韩国也是这样，他们的应试程度一点不比中国轻，而且他们的私塾，就是课外辅导班特别多。实际上整个东亚地区都有应试的问题，和文化传统有关。

我专门写过一些关于高考制度的论文，我在一些论文中曾经分析过，高考改革有八对两难问题，包括我刚才讲的考试公平与区域公平问题、保持难度与减轻负担问题等。实际上把八对矛盾抽象出来，就是理想和现实之间的矛盾，或者说是公平和效率之间的矛盾。理想谁都知道，高考应该德、智、体全面衡量，择优录取，我们的招生文件也是这么写的。但是现实操作中只能根据分数录取，因为其他方面很难操作。高考改革牵一发而动全身，改一种办法可能有利于这个省，不利于那个地区；有利于那部分群体，不利于这部分群体。另外，高校自主招生不等于自行举办招生考试。有人认为扩大高校自主权，就应该让高校自己举办考试，实际上，考试是一件专业性很强的事情，应该由专业考试机构来实行。

高考改革的目标是：逐步建立起以国家统一考试为主，与多元化考试评价和多样化选拔录取相结合，高校自主招生、自我约束，政府宏观指导、调控，专业机构命题和组织考试，社会有效监督的具有中国特色的高校招生考试制度。具体来说，第一是建立统考为主、统分结合的高考模式。比如建立若干区域性的高校入学考试中心或考试院来统一命题。现在是分省命题，它虽然分解了考试泄题的风险，但也带来重复劳动和财政投入较大等问题。还有，分省命题的质量往往不如全国命题。为提高试卷的科学性和稳定性，使高考分数更具有可比性，并提高命题效率，减少泄题的概率，我认为应允许委托命题。第二是在统一高考的大格局之下，采取多样化的入学方式。部分高校可以试行两次高考。这有点像日本，它有统一的全国共同学力第一次考试，很多私立大学也参加，第二次是到高校去考，这有点类似研究生招生考试。第三是探讨分层次的高考录取改革。比如有的省的高职高专，可以用会考成绩来代替文综、理综成绩，高考只要考语文、数学、外语三科就可以了，可以减轻一些负担。第四是推进考试形式与内容改革。部分科目，比如外语这样稳定性比较强的科目，可以考虑实行自适应考试，或者允许考生进行多次水平测试。要这么做必须防止替考，因为高考里面外语考试最有可能替考，而且大家最想替考的就是外语。第五是高考管理改革，要制定国家教育考试法和招生考试法，加强依法治考、依法治招，加强高校招生考试管理。

总之，高考改革也可以借鉴一句话——治大国若烹小鲜。这是什么意思呢？就是说治理大国就像烹煮小鱼。煎过鱼的都知道，要一面煎得差不多的时候，再翻过来才行，要是不停地翻来翻去，鱼就会被捣烂。对高考这么重大的、牵一发而动全身的改革，应该在长远规划和全面研究的基础上渐进地推行。

我回过头来讲“科举学”。科举学是研究科举的一门学问。科举有很多值得借鉴之处。科举学将古、今、中、外，文、史、政、教等方面的科举研究熔于一炉，是一门融会古今、贯通中外的学问。科举学不单单研究静止不动的科举历史，还关注动态发展的考试现实。科举跟今天的高考有密切的关系。科举学非常广博，现在有很多专门学问，比如敦煌学、红学、甲骨学、文选学等，很多是关注一个人、一本名著、一个地区，一般多涉及中国文化史的局部，而科举学却是与隋唐以后中国的大多数名人、大多数书籍、大多数地区密切相关的，即与中国传统文化整体相关的一门专门学问。每个人可能跟它都有关系，不相信？你们可以找一些族谱来看看，我相信这些族谱里面多半有关于祖先中进士或者中举的记载。你们可以看看老家的地方志，一定有这方面的内容，所以科举学跟在座的每个人可能都有一定关系。

最后我谈一下我前不久在《中国教育报》发表的一篇文章《文字会影响健康吗》。我认为一定意义上说，文字是有味道的，有的文字清香扑鼻，有的文字臭不可闻。有的文字甜美怡人，读后沁人心脾，可以延年益寿；有的文字味同嚼蜡，读起来一点味道都没有，甚至影响健康。很多大学老师说学生的文字功力不够，而这真的会影响导师的健康，为了导师的健康着想，你们要好好写文。我认为文章的功力和水平有四个层次或境界：第一个是词能达意、文从字顺；第二个是运用自如、流畅优美；第三个是得心应手、炉火纯青；第四个是最高的境界，叫妙笔生花、出神入化。我觉得能达到第一个层次，词能达意、文从字顺，就不错了。当然观点和内容也是很重要的。好，我就讲到这里，谢谢各位！

栗洪武： 刘老师谈古论今，把好多问题讲得既有历史内涵，又有现实意义。下面我们再用二十多分钟时间，大家提一些问题，让刘老师解答。

提问者1： 我觉得中国两千多年的封建社会中，科举制存在了一千多年，对中国的经济文化产生了重大影响。我们知道，科举制是由文化催生的，我想知道它对中国人的文化性格有何影响。

刘海峰： 这个问题问得相当专业。科举确实对中国的政治、社会、文化，包括教育和心理等方面都产生过重大而深远的影响。比如，在心理方面，中国人形成了根深蒂固的“在分数面前人人平等”的观念，对考试公平的追求很强烈。有人觉得科举对威权人格的塑造很有影响，因为考试是考书面的，当时的法定教材是四书五经，考生必须服从儒家的理论和思想，不按这个来就是出格，肯定是不会被录取的。科举对中国人的进取心理和比较积极的人生态度也有关系。因为科举考试是强调入世的，修身、齐家是为了治国、平天下，所谓学而优则仕。《弟子规》里有一句说“少小需勤学”，还有一句叫“为官须做相，及第早争先”。为官须做相，就是说做官就要争取做宰相，就像西方讲的不想当将军的士兵不是好士兵。中国人这种“为官须作相”的进取心，是和科举考试密切相关的。现代中国人无论是做什么，进取心一般也都是比较强的。而有些国家的人就容易安贫乐道，知足常乐。你们想，过去交通不便，要从福建到长安考试是多么艰难，坐车一阵，坐马一阵，走路一阵，还要坐船，要不断转换，要经历多少艰苦磨难才能到长安。如果没考上，回去的话路上又要几个月，有的人就十年二十年待在这边备考，这需要很强的进取心和很坚定的信念。

提问者 2：我想问一下，目前高考招生地区间不均衡的现状，能否用类似研究生招生这样的全国统招、差额录取形式来改变？或者根据每个地区的报考人数按比例确定录取人数。这两种方法是否可行？另外，怎样保障少数民族考生的利益？

刘海峰：关于高考录取公平的问题，现在是各界非常关注的问题。每年“两会”期间都有人大代表和政协委员提出议案，要求解决这些问题。这个问题确实很突出，解决起来难度也很大。中国幅员辽阔、人口众多，各地经济、政治、文化教育水平差异很大，这个问题可说是一个千古难题，一直没办法彻底解决。可以进行调整，但是确实很难完全解决。有人说要统一高考分数线，这个实际上是不可能做到的。要统一高考分数线，还得把边远地区划分开来，因为这些地区必须给予照顾。而且全国统一试卷，不见得每个省份考上北大、清华的名额会很均匀，可能比现在还不平衡。这种情况是可能出现的，因为历史上就有过类似的情况，当时考中进士的绝大多数是江南学子，而其他省份考中的很少。所以完全按分数录取的做法我觉得做不来。按人口比例来录取行不行？这个逐渐加以调整完善是有可能的。而且现在政策已经开始朝这方面调整了，但是不可能一步到位，因为这个问题太复杂了。恢复高考那一年（1977 年）是分省命题的，1978 年开始全国统一考，当时全国统一考卷，北京市的录取分数线是全国最高的。可是到 1997 年的时候，全国除了西藏等边远地区外，各省市中北京的分数线是最低的。真要按人口比例投放指标，一些大学在一些人口大省要增加几倍的招生指标，而有的地方则要大幅减少，会引起很大争议，因此只能逐步调整。而且各个地方的情况不一样，所以完全按人口均衡划分也是很难的。现在教育部出台政策要逐步调整各省、区、市招生名额，这个问题已经有所改善。还有对少数民族的照顾，这几年做得也比较好。对于照顾少数民族、边远地区考生，多数人都没意见。现在要加强管理，防止有人“冒籍”到少数民族地区参加高考。

提问者3：刘老师您好！很荣幸听您的讲座，我想问您一个问题。刚才我们说了一些高考和科举制度的对比，但是我注意到高考和科举还是有很大区别的。科举主要承担的是教育产品的输出和评价选择职能，也就是说教育的最终结果这样一个作用，而高考承担的更多的是一种继续教育准入的职能，相应的高校就承担了一部分教育产品的培养、选择和评价职能，所以我想请刘教授从高校教育管理方面谈一下高校教育职能的转变问题。谢谢！

刘海峰：你刚刚提到的是两个问题，一个是高考和科举相异的方面，因为我刚才只讲了相同的、相似的方面，没讲相异的方面。高考和科举相异的方面很多，比如考试内容差别很大，考生的出路也不一样。高考只是一个进入高等教育的起点；科举考试如果考上进士或举人，它是当官的起点，就是就业的起点。这方面我就不详细讲了，我在十几年前发表过一篇文章《高考存废与科举存废》，里面专门对高考和科举的同与异作了辨析。高考的职能只能说相当于科举职能的一部分，因为科举既有文官考试性质，又有教育考试性质，而高考是纯教育考试，如果硬要对比的话，可能高考和公务员考试加起来才等于科举。高等教育的管理问题又是另外的问题了，我要回答起来就太多了，这里我就不再详细讲了，谢谢！

提问者4：刘老师您好！感谢您给我们带来了关于科举的辩证思考。我也是通过高考从山沟里走出来的，我本人对高考有很深厚的情感，但是当我看到现实当中有许多的学校、老师和家长为了高考，为了考试，不惜一切去挤压学生的作息和活动时间的时候，我心里真感到不是滋味。特别是当我的孩子今年上了初一，我看见他那瘦小的身影每天早上不到6点就“披着星星”到学校，晚上9点再“戴着月亮”到家里，中午就不到一个小时的休息时间，真的觉得心疼。其实高考并不可恶，但是现实中高考和孩子全面发展这个度怎么就这么难把握呢？怎么才能把握好？请刘老师给我们讲一讲。谢谢！

刘海峰：好，谢谢！这个问题是很多家长都会碰到的问题。确实，我们看到在应试教育的压力下，很多学生成为一个个辛苦而不快乐的个体。确实，有高考就会有应试，应试负担逐渐加大以后，会一直往下延伸。我们看到很多学生起早贪黑地学，近视率攀升，体质下降，而且不快乐，这确实是个很大的问题。有的中学实行半军事化管理，然而它们的高考成绩很突出。这种种情况确实令我们感觉考试竞争造成的负面影响比较大，所以很多人认为高考应该改革，而且要彻底改革才能解决这个问题，因为局部调整没办法解决这个问题。我觉得这种情况其实就是我刚才讲的高考改革两难问题中的一难——公平选才与减轻负担的问题，要解决这个问题是很难的。要公平选才就要保持一定的难度，而压力增加以后造成的负面影响确实很突出。谁都知道，考试造成的弊端很大，可是不用考试怎么办？我认为高考是一个没有办法的办法，它是有很多坏处，但是我们又要看到它是一个目前而言最不坏的制度。不要考试可能会造成什么情况？很有可能是恶性竞争，不是学生自身才学的竞争，而是用父母的权力、金钱、关系来竞争。考试这个制度确实有很多问题，它是没有更好办法的办法，用高考分数来录取学生，是根据考生自身的水平和才学来选才。如果没有考试，必然带来更大更多的问题。问题大家都看到了，但是怎么解决它是一个很难的问题，需要我们深入研究，寻找科学的改革措施。我就回答这么多，谢谢！

栗洪武：我们的提问环节到此结束。中国实行科举1300年，加上后来各种考试100多年，考试在中国已有1400多年，确实是有很多话题，很难在短时间内给大家谈完。刘老师给我们作了一次非常好的报告，将历史与现实联系起来，引发我们的思考。各位同学刚才提的一些问题也能引发我们思考。刘老师是研究中国教育史的，创立了中国教育史新学科——科举学，在中国和世界上许多国家都很有影响。他给我们作的报告非常精彩，对各位一定都很有启发，我们再一次对他表示衷心的感谢。今天的报告就到此结束，谢谢大家！

后 记

“高考比什么都重要”，这是曾经在一所中学大门口外面挂出的标语。不仅准备参加高考的高中毕业生、家长、教师、学校重视高考，社会各界其他人士也十分关注高考。在中国，多数经历过高等教育的人，都明白高考是人生道路上的关键环节之一，而且是受教育生涯中最关键的一环。大家从不时出现的高考方面的重大问题，认识到高考是教育领域最敏感、最复杂的事情，而且没有“之一”。

高考的重要性从恢复高考的重大意义可以更明显地看出来。1966年停废高考，后来“复课闹革命”之后，中小学教育形式上是恢复了，大学也逐渐恢复招生了，但当时大学教学水准很低，中小学教学也很不正规。20世纪70年代初，我读初中时用的教材是《农业基础知识》《工业基础知识》，没有分数学、物理、化学，更没有生物科。当时“读书无用论”盛行，多数学生根本不想学习或无心读书。现在想起来，主要是因为多数同学都觉得学了也没有什么用，因为当时无论是招工还是大学招生，都不看成绩。

1977年10月，中央宣布恢复高考，犹如“平地一声雷”，引起强烈的震动，中国教育从此拨乱反正，走上了正常的发展轨道。中学还是那些中学，大学还是那些大学，但由于高考的恢复，整个中国教育发生了翻天覆地的变化。大家都认识到，高考是考知识和才学，上大学要靠自己的努力，于是中学教学水平迅速恢复和提高，大学教学也与过去不可同日而语。仅仅是恢复高考，就让整个教育由乱而治，足见高考制度的重要性，确实是中国教育的关键环节。

在恢复高考30周年的时候，全国媒体出现了“集体性怀旧”现象，对高考做了大量报道。2017年是恢复高考40周年。在中国的传统文化中，有“四十不惑”之说，恢复高考已经到了不惑之年，今年高考一定会成为大家关注的热点。一届届意气风发的大学生，毕业后在中国的政治、经济、文化舞台上大显身手，很多人已成为政界、商界、学界的中坚力量。大家一起来回顾恢复高考时壮怀激烈的青春岁月，能够给中国教育增加正能量。

与纪念恢复高考30周年的时候人们对高考的看法还比较不一致相比，十年来，人们对高考制度的认识更加理性，已经不像十多年前那样不时听到要废除高考的言论。从2011年以来，我的主要精力从科举学转到高考改革研究方面，发表的论文也以高考方面的为多，我对高考制度的研究有了进一步的深入。高考改革是一个谁都可以说上两句的话题，同时又是一个专业性很强的问题，有许多实际问题需要进行理论分析与探讨，因此是一个大有可为的研究领域。

本书为本人第四本高考研究论文集，所收各篇与之前出版的高考研究论文集不重复。有些发表在报纸上的文章，因为受篇幅限制等原因，做了一些删减，本书所收文章呈现的面貌更全面。这些文章多发表于不同时期、不同媒体，有的产生了较大影响，有的文章之间存在重复的地方，收入本书时做了一些删减和调整。有的重要文章为尽量呈现全貌，仍保留了部分重复内容。2013年，我在浙江教育出版社出版了《高考改革论》一书，产生了较大的影响，还于2015年获得第七届高等学校科学研究优秀成果奖（人文社会科学）一等奖。后来，该社又策划并约请我主编这套“高考制度变革与实践研究”丛书，并申请获得了2017年国家出版基金支持。在组织丛书与编纂本书的过程中，浙江教育出版社的编辑花费了大量的时间和心力，在此特表感谢。

高考改革研究符合国家的重大需求，也是社会各界高度关注的领域。高考又是一个永远的热点，是一个常出常新的问题，值得长期研究。高考研究将伴随我走到学术生涯的终点，在一定意义上，可以说我的人生是“高考人生”。

刘海峰 谨识

2017年10月10日

图书在版编目(CIP)数据

高考制度变革综论 / 刘海峰著. —杭州: 浙江教育出版社，2017.12

(高考制度变革与实践研究)

ISBN 978-7-5536-6771-3

Ⅰ.①高… Ⅱ.①刘… Ⅲ.①高考-教育改革-研究-中国 Ⅳ.①G632.474

中国版本图书馆CIP数据核字(2017)第321676号

责任编辑 王凤珠　　责任校对 谢 瑶
美术编辑 韩 波　　责任印务 陈 沁

高考制度变革与实践研究
GAOKAO ZHIDU BIANGE YU SHIJIAN YANJIU

高考制度变革综论
GAOKAO ZHIDU BIANGE ZONGLUN

刘海峰 著

出版发行 浙江教育出版社
(杭州市天目山路40号 邮编：310013)
图文制作 杭州林智广告有限公司
印刷装订 杭州富春印务有限公司
开　　本 710mm×1000mm 1/16
印　　张 15
插　　页 2
字　　数 230000
版　　次 2017年12月第1版
印　　次 2017年12月第1次印刷
标准书号 ISBN 978-7-5536-6771-3
定　　价 35.00元
联系电话 0571-85170300-80928
网　　址 www.zjeph.com